Der nachschaffende Hörer

Ulrike Kranefeld

Der nachschaffende Hörer

Rezeptionsästhetische Studien zur Musik Robert Schumanns

Verlag J. B. Metzler
Stuttgart · Weimar

Die Deutsche Bibliothek - CIP-Einheitsaufnahme

Kranefeld, Ulrike:
Der nachschaffende Hörer / Rezeptionsästhetische Studien zur Musik Robert Schumanns / Ulrike Kranefeld.
- Stuttgart ; Weimar : Metzler, 2000
ISBN 978-3-476-45256-6
ISBN 978-3-476-02750-4 (eBook)
DOI 10.1007/978-3-476-02750-4

M & P Schriftenreihe für Wissenschaft und Forschung

Ursprünglich erschienen bei J.B.Metzlersche Verlagsbuchhandlung und Carl Ernst Poeschel Verlag GmbH in Stuttgart 2000

"Es verhält sich mit der Aufgabe der Aesthetik nicht viel besser, als mit der Quadratur des Zirkels. Zwischen Theorie und Praxis, Regel und Beispiel, Gesetz und Freiheit bleibt immer ein unendlicher Bruch uebrig und vielleicht ist eben dieser Bruch mehr werth, als das Ganze. Das Schöne wäre vielleicht nicht mehr schön, wenn irgend ein Denker das Geheimnis enträthselte."

Robert Schumanns Abschrift eines Ausschnitts
aus Wolfgang Menzels Artikel *Ästhetik* im
Literatur-Blatt (MS VI, E 20)

Danksagung

Mein besonderer Dank gilt meinem Betreuer und Doktorvater Prof. Dr. Martin Geck (Universität Dortmund) für viele wertvolle Anregungen während der Entstehung dieser Studien. Fruchtbare künstlerische Impulse sowohl im Hinblick auf die Klaviermusik Robert Schumanns als auch auf weit darüber hinausgehende ästhetische Fragen verdanke ich meinem musikalischen Lehrer Prof. Gregor Weichert (Musikhochschule Detmold, Abteilung Münster). Vielen Dank zudem an Prof. Dr. Eva-Maria Houben und Dr. Ulrich Tadday für eine Vielzahl hilfreicher Hinweise. Dank schulde ich außerdem Beate Frey, Willi Hagemann, Benno Hammerschmidt und Frank Schasse für ihre nimmermüden Korrekturarbeiten in der Endphase der Fertigstellung dieser Arbeit. Nicht zuletzt herzlichen Dank an meine Eltern, die mir meine umfassende künstlerische und wissenschaftliche Ausbildung ermöglicht haben. Die vorliegende Arbeit wurde durch ein Graduiertenstipendium des Landes Nordrhein-Westfalen gefördert und ist vom Promotionsausschuß des Fachbereichs 16 der Universität Dortmund als Dissertationsschrift angenommen worden.

Inhaltsverzeichnis

Zur Zitierweise

Zur Vereinfachung werden im folgenden bei dem Hinweis auf häufig zitierte Literatur Abkürzungen verwendet:

GS I-IV Robert Schumann: *Gesammelte Schriften über Musik und Musiker*, 4 Bände, Leipzig 1854, Reprint in 2 Bänden mit einem Nachwort von Gerd Nauhaus, Wiesbaden 1985.

KR I, II Robert Schumann: *Gesammelte Schriften über Musik und Musiker*, hrsg. von Martin Kreisig, 5. Aufl., mit den durchgesehenen Nachträgen und Erläuterungen zur 4. Auflage und weiteren, 2 Bände, Leipzig 1914.

JB *Jugendbriefe von Robert Schumann*, nach den Originalen mitgetheilt von Clara Schumann, Leipzig 1885.

BW I/II Clara und Robert Schumann. *Briefwechsel*. Kritische Gesamtausgabe, hrsg. von Eva Weissweiler, 3 Bde., Bd. I: 1832-1838, Basel und Frankfurt a. M. 1984, Bd. II: 1839, Basel und Frankfurt a. M. 1987.

BNF *Robert Schumanns Briefe*. Neue Folge, hrsg. von Friedrich Gustav Jansen, 2. verm. und verb. Auflage, Leipzig 1904.

MS Leander Hotaki: *Robert Schumanns Mottosammlung. Übertragung, Kommentar, Einführung*, Freiburg i. Br. 1998. In der jeweiligen Literaturangabe bezeichnet die römische Ziffer die Nummer des Heftes, das E mit arabischer Ziffer die entsprechende Nummer des Notats und die dazugehörige Anmerkung.

KA *Kritische Friedrich-Schlegel-Ausgabe*, hrsg. von Ernst Behler, München 1958 ff.

TB I-III Robert Schumann: *Tagebücher*, Bd. I: 1827-1838, hrsg. von Georg Eismann, Leipzig 1971, Basel und Frankfurt a. M. o. J., Bd. II: 1836-1854, hrsg. von Gerd Nauhaus, Leipzig 1987, Basel und Frankfurt a. M. o. J., Bd. III: Haushaltsbücher, hrsg. von Gerd Nauhaus, 2 Teile, Teil 1: 1837-1847, Teil 2: 1847-1856, Leipzig 1982, Basel und Frankfurt a. M. o. J.

NZfM *Neue Zeitschrift für Musik*, Leipzig 1834 ff.

JP Jean Paul: *Sämtliche Werke*, hrsg. von Norbert Miller, München 1959 ff.

Einleitung

In einer 1836 entstandenen Rezension über den Klavierzyklus *Phalènes op. 15* des um ein Jahr älteren Franz Otto schreibt Robert Schumann:

> "Wenn ich noch bemerke, daß sie sich auf dem Papier und in der zurückspiegelnden Phantasie um vieles bedeutender ausnehmen, als im wirklichen Klangkörper [...]" (GS I, 314)[1]

Schumanns Annahme der Existenz einer Musik in der *zurückspiegelnden Phantasie* ist ebenso bemerkenswert wie die selbstverständliche Differenzierung zwischen erklingender und notierter Musik. Fast wie Aggregatzustände grenzt Schumann verschiedene Zustandsformen der Musik voneinander ab. Nimmt man diese Unterscheidung ernst, so führt sie direkt ins Zentrum seiner ästhetischen Überlegungen zur musikalischen Rezeption und eröffnet eine interessante Perspektive auf sein kompositorisches und musikschriftstellerisches Schaffen.

Die vorliegende Arbeit unternimmt den Versuch, sich dem Rezeptionskonzept Robert Schumanns – bildlich gefaßt im Phänomen der zurückspiegelnden Phantasie des *nachschaffenden* Hörers – zu nähern. Der Begriff des *nachschaffenden* Hörers entstammt Schumanns Rezension der *Sinfonie C-Dur* Franz Schuberts:

> "Und diese himmlische Länge der Symphonie, wie ein dicker Roman in vier Bänden etwa von Jean Paul, der auch niemals endigen kann und aus den besten Gründen zwar, um auch den Leser hinterher nachschaffen zu lassen."(GS III, 201)

Schumanns Blick auf den Rezeptions- und Vermittlungszusammenhang von Kunst setzt hier die spezifische Struktur des Kunstwerks – in diesem Falle die Länge und Offenheit des Werkes – in Beziehung zu seiner Rezeption. Die produktive Auseinandersetzung, das *Nachschaffen* des Hörers oder Le-

---

[1] In den von Martin Kreisig (1914) herausgegebenen *Gesammelten Schriften über Musik und Musiker* von Robert Schumann heißt es anstelle zurück*spiegelnder* Phantasie: zurück*spielende* Phantasie. (KR I, 186) Im entsprechenden Artikel in der NZfM lautet es dagegen ebenfalls: zurück*spiegelnde* Phantasie. (NZfM 38 (1836), 10.5.1836, 158).

sers, wird durch die spezifische musikalische oder dichterische Gestaltung herausgefordert: Schumann geht davon aus, daß der Komponist oder Autor den Rezipienten nachschaffen *läßt*.

Um sich dem Phänomen des Nachschaffen*lassens* im musikschriftstellerischen wie kompositorischen Schaffen Robert Schumanns zu nähern, folgt diese Arbeit dem Ansatz werkorientierter Rezeptionsästhetik, also dem Prinzip, "beim Werk dort anzusetzen, wo es erkennbar an der Formung des Rezeptionsvorgangs beteiligt ist"[2], wie es Wolfgang Kemp in seiner Aneignung der literaturwissenschaftlichen Rezeptionstheorie des Prager Strukturalismus und der Konstanzer Schule für die Kunstwissenschaft formuliert. Daß hierbei der Schwerpunkt deutlich auf die Konstruktion des Werkes gelegt wird, also auf eine noch zu bestimmende Betrachter- bzw. Hörerfunktion eines *einkomponierten* oder *impliziten* Hörers in der Werkgestalt[3], soll nicht darüber hinwegtäuschen, daß diese nicht ohne Zuhilfenahme eines *historischen* Hörers gedacht werden kann. Denn die Betrachtung künstlerischer Werke unter rezeptionsästhetischem Blickwinkel zeigt, daß eine wie auch immer gefaßte und gestaltete Betrachterfunktion im Werk nicht ohne einen Erfahrungshorizont des Rezipienten erschlossen werden kann, der unweigerlich in seiner kompositions-, ideen- und sozialgeschichtlichen Bedingtheit eine historische Dimension eröffnet.

Die Problematik einer methodischen Aneignung der literaturwissenschaftlichen Rezeptionsforschung durch unterschiedliche und doch schwer von einander abgrenzbare Forschungsrichtungen der Musikwissenschaft in Form der Rezeptionsforschung, der Rezeptionsgeschichte und der Rezeptionsästhetik ist in den letzten Jahren und Jahrzehnten immer wieder eingehend

---

[2] Wolfgang Kemp: *Der Anteil des Betrachters. Rezeptionsästhetische Studien zur Malerei des 19. Jahrhunderts*, München 1983, 31.

[3] S. hierzu Helga de la Motte-Haber: *Der einkomponierte Hörer*, in: Der Hörer als Interpret, hrsg. von Helga de la Motte-Haber / Reinhard Kopiez, Frankfurt a. M. 1995, 35-41; und auch Rainer Cadenbach: *Der implizite Hörer? Zum Begriff einer "Rezeptionsästhetik" als musikwissenschaftliche Disziplin*, in: Hermann Danuser / Friedhelm Krummacher (Hrsg.): Rezeptionsästhetik und Rezeptionsgeschichte in der Musikwissenschaft, Laaber 1991, 133-164. (Publikationen der Hochschule für Musik und Theater Hannover; Bd. 3)

diskutiert worden.[4] Gerade beim Versuch der Übernahme literaturwissenschaftlicher Begrifflichkeiten, die in ihrem ursprünglichen Kontext meist in Auseinandersetzung mit der literarischen Gattung des Romans entstanden sind, zeigt sich eine Schwierigkeit in der Heterogenität der Künste und ihrer Wirkungsweisen. Eine rezeptionsästhetische Kategorie wie etwa die der Unbestimmtheitsstellen, die Roman Ingarden[5] prägte, wird sich an der differenzierenden Frage nach der spezifischen Bestimmtheits- und Unbestimmtheitsqualität in den einzelnen Künsten bewähren müssen.

Die methodische Diskussion, inwieweit literaturwissenschaftliche und kunstwissenschaftliche Erkenntnisse, in welcher Art und Weise auch immer, auf musikwissenschaftliche Forschung angewendet werden können oder sollen, ist aber auf keinen Fall müßig, sondern birgt in sich schon das produktive Potential, sich der wesensmäßigen Einzigartigkeit der Musik im Versuch der Kunstanalogie zu vergewissern.

Für Robert Schumann war die ästhetische Denkfigur eines Ineinanderspiels der Künste und ihrer Wahrnehmungsbedingungen für seine kunsttheoretischen Überlegungen grundlegend:

> "Die Aesthetik der einen Kunst ist die der anderen; nur das Material ist verschieden." (GS I, 43)[6]

---

[4] Eine Übersicht zum Stand der musikwissenschaftlichen Rezeptionsforschung gibt Klaus Kropfinger: *Rezeptionsforschung*, in: Die Musik in Geschichte und Gegenwart. Allgemeine Enzyklopädie der Musik, begründet von Friedrich Blume, zweite, neu bearbeitete Ausgabe, hrsg. von Ludwig Finscher, 21 Bände in zwei Teilen, Sachteil, Bd. 8, Kassel 1998, Sp. 200-224. Methodische Grundlagen der Rezeptionsästhetik und ihre Konsequenzen für den Werkbegriff reflektiert Siegfried Mauser: *Rezeptionsästhetik als Paradigma postmoderner Theoriebildung*, in: Wiederaneignung und Neubestimmung. Der Fall "Postmoderne" in der Musik, hrsg. von Otto Kolleritsch, Wien und Graz 1993, 14-21. Außerdem sei hingewiesen auf drei grundlegende Aufsatzsammlungen der letzten Zeit zu diesem Thema: Helmut Rösing (Hrsg.): *Rezeptionsforschung in der Musikwissenschaft*, Darmstadt 1983; Hermann Danuser / Friedhelm Krummacher (Hrsg.): *Rezeptionsästhetik und Rezeptionsgeschichte in der Musikwissenschaft*, Laaber 1991 (Publikationen der Hochschule für Musik und Theater Hannover; Bd. 3) und Helga de la Motte-Haber / Reinhard Kopiez: *Der Hörer als Interpret*, Frankurt a. M. 1995.

[5] Roman Ingarden: *Konkretisation und Rekonstruktion*, in: Warning, Rainer (Hrsg.): Rezeptionsästhetik. Theorie und Praxis, 2. Auflage, München 1979, 43.

[6] In gleichem Sinne: "Die Regeln einer Kunst passen zu jeder. Darum les ich Winkelmann oft." (TB I, 314).

So soll in dieser Arbeit die kunstübergreifende Perspektive immer wieder methodisch zum Bild werden, auf dessen Hintergrund überraschende Entsprechungen der Rezeptionsphänomene der unterschiedlichen Künste ebenso Raum finden wie die notwendige Differenzierung mit Blick auf die Heterogenität der Zeichensysteme und medialen Sichtweisen.[7]

Während sich die Kapitel II und III mit dem appellativen Charakter der Notation bzw. der erklingenden Werke Schumanns auseinandersetzen, soll das erste Kapitel *Musik in der zurückspiegelnden Phantasie* beispielhaft an einer ausgewählten Rezension aus der *Neuen Zeitschrift für Musik* Schumanns Blick auf äußere und innere Bedingungen des individuellen Rezeptionsprozesses zeigen. Schumanns Überlegungen zur Hörerrolle sind keine systematischen oder systematisierbaren, umfassen aber Rezeptionsphänomene wie das poetische Gestimmtsein oder die Möglichkeit von ästhetischer Synästhesie genauso wie die zeitlichen und räumlichen Verhältnisse der Aufführung. Dabei zeigt sich Schumanns grundsätzliche Annahme einer mehrdimensionalen, mehrperspektivischen Aneignung des Kunstwerks, die kein objektives Kriterium kennt, sondern vielmehr abhängig zu sein scheint von den Vorerfahrungen und der Beschaffenheit der zurückspiegelnden Phantasie des Hörers.

Musikwissenschaftliche Rezeptionsästhetik, die sich einem kunstübergreifenden Ansatz öffnet, steht vor der Aufgabe, die wesensmäßige Eigenart der Zeitkunst Musik zu reflektieren. Dazu gehört – insbesondere bei der Auseinandersetzung mit Instrumentalmusik des 19. Jahrhunderts – die Anerken-

---

[7] Die Methodik einer gattungsübergreifenden Kunstanalogie kann insofern der Schumannschen Kompositions- und Schaffensweise nahekommen, als das analogische Denken – wie Hans Joachim Köhler (1994 b) zeigt – zu Schumanns Wesenseigenschaften gehört: "Ein Moment der erlebten Wirklichkeit wird in ihm [...] zum Stimulus eines komplexen Vorganges, der sich vorwiegend in der Bildung von Analogien vollzieht." (189) Köhler bezieht diesen Begriff des analogischen Denkens sowohl auf die Organisation des musikalischen Materials wie auch auf inspirierende oder beeinflussende Momente außermusikalischer Bezugssysteme, die – wie Köhler betont – "auch bei der Rezeption wieder präsent werden."(190) S. Hans Joachim Köhler: *Schumann, der Autodidakt. Zum genetischen Zusammenhang von variativem Prinzip und poetischer Idee*, in: Schumann-Studien 3/4, im Auftrag der Robert-Schumann-Gesellschaft Zwickau hrsg. von Gerd Nauhaus, Köln 1994, 188-198.

nung des spezifischen Vermittlungszusammenhangs einer doppelten Rezeption: Der hörenden Rezeption eines Werkes geht die lesende, die die Notenschrift in Klang umsetzende Rezeption des Interpreten voraus. Robert Schumann hat wie kaum ein anderer Musiker in der ersten Hälfte des 19. Jahrhunderts dieser Differenzierung Rechnung getragen, indem er zwischen *Musik in der zurückspiegelnden Phantasie*, *Musik auf dem Papier* und *Musik als Klangkörper* unterschied. Diese ästhetische Grundannahme spiegelt sich nicht nur in seinen musiktheoretischen Schriften und in seinen Rezensionen für die *Neue Zeitschrift für Musik*, sondern vor allem auch in seinem eigenen kompositorischen Schaffen und hier besonders in seinem Augenmerk auf die Gestaltung der Notation als appellative künstlerische Struktur, die in der musikalischen Rezeption des Interpreten auf klangliche Realisation dringt. So ist in dieser Arbeit das zweite Kapitel *Musik auf dem Papier* dieser ersten Rezeption, also der lesenden bzw. verklanglichenden gewidmet und beschäftigt sich anhand ausgewählter Beispiele mit Notationsgewohnheiten bzw. Notationsbesonderheiten Robert Schumanns und ihren Konsequenzen für die Rezeption.

Im Kapitel *Musik als Klangkörper* werden kompositorische Strukturen auf der Folie gesamtkünstlerischer Wahrnehmungsprinzipien betrachtet. Anhand von Analysen ausgewählter früher Klavierwerke Robert Schumanns wird der Frage nachgegangen, inwieweit sich, wie Schumann es postuliert, die Künste in einer gemeinsamen Ästhetik treffen können.

I Musik in der zurückspiegelnden Phantasie

1. Momente zurückspiegelnder Phantasie

> "Ich will nicht versuchen, der Symphonie eine Folie zu geben, die verschiedenen Lebensalter wählen zu verschieden in ihren Text- und Bildunterlagen". (GS III, 200)

Die Symphonie, die Robert Schumann meint, ist die von ihm wiederentdeckte Große Symphonie C-Dur von Franz Schubert. Das notwendige *Nachschaffen* des Rezipienten, das er – wie bereits erwähnt[8] – in der gleichen Besprechung für die Romane Jean Pauls betont, findet hier seine Entsprechung: In der Wahl von Text- oder Bildunterlagen beim Hörerlebnis liegt ein Moment des Nachschaffens, ein Akt der zurückspiegelnden Phantasie. Was es aber für Schumann bedeuten kann, zu einem instrumentalen Musikwerk Texte und Bilder zu unterlegen, zeigt er in seiner quasi szenisch angelegten Rezension der *Deutschen Tänze* Franz Schuberts op. 33 (D 783): Die Besprechung ist Teil des Sammelartikels *Tanzliteratur* aus dem Jahre 1836. In ihr beschreibt Schumann eine musikalische Soirée, bei der sich die Anwesenden gegenseitig aus verschiedenen Tanzsammlungen von Keßler, Thalberg, Clara Wieck, Meyer und Schubert vorspielen. Es handelt sich um die fiktive Zusammenkunft gleichgesinnter Künstler des Davidsbundes[9], unter ihnen Zilia, Florestan, Eusebius, Serpentin, Fritz Friedrich und Walt. Als Höhe- und Schlußpunkt der Soirée spielt Zilia alias Clara Wieck nach den *Ersten Walzern* op. 9, Heft 1, auch die *Deutschen Tänze* Franz Schuberts und löst damit ein rauschhaftes Musikerlebnis aus:

> "Dagegen tanzt freilich in den "deutschen Tänzen" ein ganzer Fasching. "Und trefflich wärs," schrie Florestan dem Fritz Friedrich [Anm. Schumanns als Fußnote: Dem tauben Maler] ins Ohr, "du holtest deine Laterna magica und schattetest den Maskenball an der Wand nach." – Der mit Jubel fort und wieder da.

---

[8] S. *Einleitung*, 1.

[9] Zur ästhetischen Bedeutung des Davidsbundes siehe Kap. II 2. *Heterogenität der Zeichen: Schriftsprache und Notenschrift*.

Die folgende Gruppe gehört zu den lieblichsten. Das Zimmer matt erleuchtet — am Clavier Zilia, die verwundende Rose in den Locken — Eusebius im schwarzen Sammetrock über den Stuhl gelehnt — Florestan (desgleichen) auf dem Tisch stehend und Ciceronesirend — Serpentin, Walts Nacken umschlingend mit den Beinen und manchmal auf und ab reitend — der Maler à la Hamlet, mit Stier-Augen seine Schattenfiguren auskramend, von denen einige spinnenbeinigte schon von der Wand zur Decke liefen. Zilia fing an und Florestan mochte ungefähr so sprechen, obgleich alles viel ausgearbeiteter: Nr. 1. A dur. Gedränge von Masken. Pauken. Trompeten. Lichtdampf. Perückenmann: "es scheint sich alles sehr gut zu machen." — Nr. 2. Komische Figur sich hinter den Ohren kratzend und immer "pst, pst" rufend. Verschwindet. — Nr. 3. Harlekin die Arme in die Hüften gestemmt. Kopfüber zur Thür hinaus. — Nr. 4. Zwei steife vornehme Masken; tanzend, wenig miteinander redend. — 5. Schlanker Ritter, eine Maske verfolgend: habe ich dich endlich schöne Zitherspielerin. — "Laßt mich los." — Entflieht. — 6. Straffer Husar mit Federstutz und Säbeltasche. — 7. Schnitter und Schnitterin, selig mit einander walzend. Er leise: "Bist du es?" Sie erkennen sich. — 8. Pachter vom Land zum Tanz ausholend. — 9. Die Thürflügel gehn weit auf. Prächtiger Zug von Rittern und Edeldamen. — 10. Spanier zu einer Ursulinerin: "sprecht wenigstens, da ihr nicht lieben dürft." Sie: "dürft' ich lieber nicht reden, um verstanden zu sein!...."

Mitten aber im Walzer sprang Florestan vom Tische zur Thür hinaus. Man war so etwas an ihm gewohnt. Auch Zilia hörte bald auf und die Andern zerstreuten sich hierhin und dorthin.

Florestan pflegt nämlich oft mitten im Augenblick des Vollgenusses abzubrechen, vielleicht um dessen ganze Frische und Fülle mit in die Erinnerung zu bringen. Diesmal erreichte er auch, was er wollte — denn erzählen sich die Freunde von ihren heitersten Abenden, so gedenken sie allemal des achtundzwanzigsten Decembers 18**.—" (GS II, 12 f.)

Abstrahiert man vom grellen Bild, das Schumann hier entwirft, und von der Komik in ihrer deutlichen Überzeichnung, so erhält man das Idealbild einer Rezeptionssituation, in der die zurückspiegelnde Phantasie tätig wird.

1.1. Das gesamtkünstlerisch - schöpferische Moment

"Bogen – [Zirkel] – Wellenlinie –
in der Musik, Tanzkunst, Mahlerei, Linie –
Baukunst.
Poesie
Musik
Mahlerei
Baukunst
Tanzkunst
Schauspielerkunst." [10]

Die von Schumann vermittelte Szene gleicht dem Happening eines Aktionskünstlers: Es erklingt Musik, dazu wird rezitierend und gestikulierend eine Szene entworfen, Schattenbilder huschen über die Wand. So berührt die Rezension unterschiedliche künstlerische Sphären.[11] Der *ciceronesirende* Florestan verweist auf die Ebene der Rede und Literatur, die dann folgenden Regieanweisungen für das Maskenballgeschehen sind deutlich der Welt des Theaters und Dramas entlehnt, verweisen aber auch darüber hinaus auf das von Schumann nachweislich besonders intensiv wahrgenommene Kapitel *Larven-Tanz* aus den Flegeljahren Jean Pauls.[12] Die Musik Schuberts ertönt gespielt von einer hervorragenden Pianistin. Walt stammt aus der Welt des

[10] TB I, 313.

[11] Appel (1993) beschreibt zwei interessante Ausprägungen gesamtkünstlerischen Experimentierens im gesellschaftlichen Leben des 19. Jahrhunderts: (1) das Stellen von "Lebenden Bildern" nach klassischen Vorbildern, das häufig auch durch Musik untermalt wurde, und (2) die szenische Illustration von Musik. S. dazu Bernhard R. Appel: *"Mehr Malerei als Ausdruck der Empfindung". Illustrierende und illustrierte Musik im Düsseldorf des 19. Jahrhunderts*, in: Akademie und Musik. Erscheinungsweisen und Wirkungen des Akademiegedankens in Kultur- und Musikgeschichte. Institutionen, Veranstaltungen, Schriften. Festschrift für Werner Braun zum 65. Geburtstag; zugleich Bericht über das Symposium "Der Akademiegedanke in der Geschichte der Musik und angrenzender Fächer" (Saarbrücken 1991), hrsg. von Wolf Frobenius u. a., Saarbrücken 1993, 255-268. (Saarbrücker Studien zur Musikwissenschaft, NF; 7)

[12] Siehe hierzu auch das Kapitel III 2. 1. *Brüche und rascher Wechsel bei Jean Paul und Schumann.*

Romans und die Schattenbilder des tauben Malers Fritz Friedrich[13] deuten in ihrem optischen Erleben auf die bildende Kunst. Dabei spielen die einzelnen Künste ineinander: Die Musik inspiriert die durch die Worte Florestans angedeutete Szene, Musik und Rezitation Florestans wirken wiederum auf den Maler, der diese *nachzuschatten* hat, Bild und Wort ihrerseits mögen das Spiel der Pianistin beeinflussen. Die Künstlerfreunde verbindet gemeinsames Erleben und gegenseitige Inspiration. In der Rezeptionssituation, die Schumann in seiner Szenerie präsentiert, erscheint sogar ein grundlegender Unterschied zwischen den Künsten vorübergehend überwunden, den er im Dezember 1828 in seinem Tagebuch vermerkt:

> "Das ist eben der Vorzug der Musik u. der Schauspielkunst, daß wir sie gemeinschaftlich genießen können, in demselben Moment zugleich ergriffen oder entzükt werden; die andren Künste haben dies nicht, Bildhauerey, Mahlerey; selbst die Poësie nicht, wenn nicht die Schauspielkunst ihre Hebamme wäre, die sie zum allgemeinen Leben bringt." (TB I, 154)

Durch die Schattenbilder des Malers als – im weiteren Sinne – Phänomene der bildenden Kunst ist diese in das gemeinschaftliche Erleben wie im Rausch miteinbezogen. Mit dem Zusammenführen von Musik, Malerei und Dichtkunst in der Rezension gelingt Robert Schumann zudem eine Rückübersetzung der besprochenen Musik in die kunstübergreifende Sphäre ihrer Entstehung: Franz Schubert hat über die gesamte Zeit seines Schaffens hinweg Tänze für Klavier komponiert, vor allem Walzer, Ländler und Deutsche Tänze. Ihre Inspirationsquelle und der Ort ihrer Entstehung waren die geselligen Zusammenkünfte mit seinen Freunden, die Schubertiaden und Hausbälle, bei denen Schubert oft stundenlang zum Tanz aufspielte. Bekanntermaßen gehörten zu Schuberts Freundeskreis neben wenigen Musikern vor allem Dichter und Maler, die sich bei ihren gemeinsamen Treffen über Fragen der Kunst und der Künste auseinandersetzten.

---

[13] Hinter dem Pseudonym Fritz Friedrich verbirgt sich der Komponist, Musikschriftsteller und Maler Joh. Peter Theodor Lyser (1804-1870). (TB I, 513)

Die Rezension der *Deutschen Tänze* Franz Schuberts zeigt, daß Schumann die ästhetische Denkfigur des Ineinanderspiels der Künste nicht nur als Inspirationsquelle für das Komponieren versteht, sondern ihr ebenso Bedeutung für den musikalischen Rezeptionsprozeß zumißt. Im Hinblick auf Schumanns eigenes Phantasieren am Klavier ist aus seinen Tagebuchaufzeichnungen bekannt, daß er sich oftmals zunächst der Lektüre widmete, um dann im Anschluß frei zu phantasieren. So notiert er etwa am 12. März 1830 in sein Tagebuch:

> "– dann Shakespeare's Sturm u. "Was ihr wollt" – Weber – aus Alfieri u. Schakespeare u. Zwerchfellerschütterungen – dann fantasiert bis 12 Uhr –" (TB I, 235)

Es ist das Phänomen des poetischen Gestimmtseins, das sowohl die musikalische Produktion in Form des Phantasierens bzw. Komponierens wie auch die musikalische Rezeption und somit das Tätigwerden einer rezipierenden, schöpferischen Phantasie anregen kann. Im Fall der *Sonate für Violoncello und Clavier op. 45* von Mendelssohn schlägt Schumann vor, daß sie

> "am Besten etwa nach einigen Goethe'schen oder Lord Byron'schen Gedichten zu genießen" ist. (GS III, 87)

Durch vorherige Lektüre soll auf diesem Wege das Musikerlebnis intensiviert und bereichert werden.[14]

Die beschriebene Szene ist ein Bild synästhetischen Erlebens, in einer weitreichenden Bedeutung als Wahrnehmung, bei der sich beim Musikhören Erlebensmomente anderer Künste einstellen können. Schumann selbst gibt hierfür an anderer Stelle ein Beispiel, wenn er in seinem Tagebuch notiert:

---

[14] In diesem Sinne ist auch Schumanns Eigenart zu bewerten, einigen seiner eigenen Werke (etwa op. 17 oder op. 6) ein literarisches Motto voranzustellen: Es geht darum, den Interpreten oder informierten Hörer poetisch zu stimmen. Tadday (1999) betont dabei, "daß Schumann *Text- und Bildunterlagen* zur Musik als poetische, nicht aber als programmatische Notwendigkeiten der ästhetischen Rezeption verstanden wissen will." (38) S. Ulrich Tadday: *Das schöne Unendliche. Ästhetik, Kritik, Geschichte der romantischen Musikanschauung*, Stuttgart und Weimar 1999.

> "Harring sagte einmal: es wäre während meines Fantasirens ein Gemälde in ihm entstanden; wenn mir ein Bild behagt, so ist´s als taute es meine Seele ab." (TB 1, 343)

Das *Nachschaffen* des Hörers erscheint hier als tätiger, aktiver Prozeß. Dabei ist das von Schumann beschriebene Phänomen nicht zu verwechseln mit der Chromaestesia, also dem Farbenhören, bei der die Wahrnehmung von Musik und Sprache unwillkürlich Farbbilder auslöst, sondern erscheint hier als künstlerisches Produzieren in der Vorstellung. Michael Lingner nennt diesen Prozeß in seiner Untersuchung zur Malerei Philipp Otto Runges[15] *ästhetische* Synästhesie und hält diese keineswegs für

> "eine unmittelbar sinnliche Empfindung, sondern eine gleichsam vorgestellte Empfindung, die der objektive visuelle Reiz über die gemeinsame Menge der Empfindungsassoziationen seines und des synästhetisch mitgegebenen Sinnes hervorrufen kann; oder besser, sie ist eine sich vorzustellende Empfindung, welche der Rezipient aus dem visuellen Reiz mental zu er–sinnen versteht: Die Phantasie, die Einbildungskraft des Betrachters ist gefordert."[16]

Was Lingner hier im Zusammenhang mit der bildenden Kunst und ihren visuellen Reizen konstatiert, gilt in ähnlicher Weise für die musikalische Rezeption[17]: Die Phantasie hat die Aufgabe zu *er-sinnen*.

Robert Schumanns Bildersehen bei der Aufnahme von Musik[18] mag zunächst manchem ungewöhnlich erscheinen, ist aber im Bereich der Dichtung ein oft praktiziertes literarisches Rezeptionsverfahren. Sprachliche Beschreibungen etwa von Personen und Gegenständen in Romanen fordern die

---

[15] Michael Lingner: *Die Musikalisierung der Malerei bei P. O. Runge. Zur Vorgeschichte der Vergeistigung von Kunst*, in: Der Hang zum Gesamtkunstwerk. Europäische Utopien seit 1800. Ausstellungskatalog Kunsthaus Zürich 1983, Aarau 1983, S. 150-154.

[16] ebd. 151.

[17] Akio Mayeda (1992) spricht im Hinblick auf Schumanns kompositorisches Schaffen von "Sinnenintegration" und seinem "hohen Grad der audiovisuellen Synästhesie in der poeto-musikalischen Einbildungskraft." (91) S. Akio Mayeda: *Robert Schumanns Weg zur Symphonie*, Mainz 1992.

[18] "Ein Leichtes wär' es mir, die Ouverture [zu *Waverley* von Berlioz] zu schildern, sei's auf poetische Weise durch Abdruck der Bilder, die sie in mir mannichfaltig angeregt, sei's durch Zergliederung des Mechanismus im Werke." (GS III, 130)

bildnerische Kraft unbewußt heraus.[19] Ausgiebige Lektüre fördert dieses Bildersehen und die assoziative Kraft, die ermöglicht, daß sich auch bei Musik Bilder einstellen können. Bei der Instrumentalmusik ist die Phantasie um so mehr gefordert, weil die Musik anders als die entsprechenden zeitgenössischen literarischen Werke – wie Schumann es formuliert – "*unbestimmt* anregt".[20] Robert Schumanns eigene Beiträge zur *Neuen Zeitschrift für Musik* geben beredtes Zeugnis seiner Affinität zum Bildersehen, auch wenn einschränkend zu bedenken ist, daß sich natürlich Form und Darstellung von Bildern in den Rezensionen nicht mit Schumanns tatsächlichem Erleben in der aktuellen Rezeptionssituation decken müssen, da die erscheinenden Bilder vorrangig ihrer Funktion gerecht werden sollen, die Intention des Musikschriftstellers Schumann innerhalb einer Kritik zu vermitteln.

Zusammenfassend läßt sich über die Beschaffenheit der zurückspiegelnden Phantasie im Sinne Schumanns zunächst sagen, daß sie auf gesamtkünstlerisches Erleben ausgerichtet und ihrem Wesen nach schöpferisch-produktiv ist. Betrachtet man die von Schumann beschriebene Rezeptionssituation der *Deutschen Tänze* Franz Schuberts als Bild für die Tätigkeit des Nachschaffens, also für innere Vorgänge, die sich bei jedem Menschen während eines Musikerlebnisses einstellen können, so kann man von inneren Schattenbildern und inneren Szenarien als Momenten der zurückspiegelnden Phantasie sprechen. Unter dieser Voraussetzung bekommt auch die äußere Bewegung der handelnden Personen in dieser Rezension eine neue Dimension, etwa der *auf und ab reitende* Serpentin oder der in großer Eile seine Laterna magica holende Maler Friedrich. Die äußere Bewegung der Darstellung spiegelt die mögliche innere Bewegtheit des Hörers im Musikerleben. In Sätzen wie "Der mit Jubel fort und wieder da" zeigt sich dabei die

[19] Iser (1984) weist darauf hin, daß die individuell unterschiedlichen Ergebnisse in Form von inneren Bildern heutzutage meist erst dann evident werden, wenn sie etwa in der Verfilmung eines Romans nicht dem eigenen gemachten Bild entsprechen. S. Wolfgang Iser: *Der Akt des Lesens. Theorie ästhetischer Wirkung*, 2. Auflage, München 1984, 221.
[20] GS I, 31.

schriftstellerische Qualität Schumanns, der diese pulsierende Bewegung im Verzicht auf ein Verb sprachlich umzusetzen versteht.

1.2. Das synthetisierende Moment

Über die genauen räumlichen Bedingungen der Szene erhält der Leser der Schumannschen Rezension wenig Information, dennoch erfahren wir etwas über die Lichtverhältnisse: das *matt erleuchtete Zimmer* wird zur Chiffre für den Zustand poetischen Gestimmtseins. Strahlendes, helles Licht würde die Dinge unterscheidbar machen, fast automatisch den klaren Verstand aktivieren, der dann die Phänomene analysierend zerlegen würde. Die zurückspiegelnde Phantasie lebt in einem Zwischenbereich zwischen der schneidenden Helligkeit extremer Verstandeskraft und absoluter Dunkelheit unzugänglicher Seelentiefe, partizipiert aber an beiden Welten. Sie ist demnach weder hell noch dunkel, sondern spielt mit dem Licht. Genau diese Eigenschaft des *matten Lichts* als Rezeptionsmoment meint Schumann, wenn er in der Rezension zu Mendelssohns *Serenade und Allegro für Klavier und Orchester op. 43* fragt:

> "Wozu viel Worte über solche Musik? Die Grazie zu zerlegen, das Mondlicht wiegen zu wollen, was nützt es! Wer Dichters Sprache versteht, wird auch diese verstehen." (GS III, 205)

Dem Zauber des Mondlichts, des matten Lichts, ist eben mit reiner Verstandeskraft nicht beizukommen. Es gilt zu *verstehen*, ohne *zerlegen* oder *wiegen* zu wollen; nur so entfaltet das Nachschaffen des Hörers seine produktive Kraft. Mondlicht und Sonnenlicht als konträre Wahrnehmungsbedingungen zeigt auch Schumanns Bemerkung zum Betrachten des Straßburger Münsters:

"Doch hat es auch sein Gutes, überläßt man der Phantasie den ersten Eindruck eines Werkes, etwa wie im Mondschein die Massen zaubrischer wirken, als im Sonnenlicht, das bis in die Arabesken dringt." (GS I, 113)[21]

Anders als Sonnenlicht steht das Mondlicht nicht für den klaren, analytischen Blick, sondern für die synthetisierende Kraft der Phantasie. Die Notwendigkeit des Tätigwerdens einer zurückspiegelnden Phantasie im Sinne einer synthetisierenden Instanz erkannte auch Jean Paul, Schumanns erklärter Lieblingsdichter, in seiner *Vorschule der Ästhetik*. Über die unterschiedlichen Grade der Phantasie heißt es dort:

"Der kleinste ist, wo sie nur empfängt. Da es aber kein bloßes Empfangen ohne Erzeugen oder Erschaffen gibt; da jeder die poetische Schönheit nur chemisch und in Teilen bekommt, die er organisch zu einem Ganzen bilden muß, um sie anzuschauen;" (JP V, 49)

Diese organische, synthetisierende Tätigkeit scheint die zurückspiegelnde Phantasie übernehmen zu können. Stets ist sie aktiv, *erzeugt* und *erschafft*. Die Unproduktivität des analytischen Blicks als Rezeptionsmodus auf dem Wege zum ästhetischen Erleben im Sinne Schumanns zeigt ein Detail in seiner Rezension: Extreme Helligkeit würde die entstehenden Schattenbilder zwangsläufig unsichtbar machen. Nur eine gewisse Abdunklung ermöglicht die Tätigkeit des inneren Malers, der mit Schattenbildern *nachschattet*.[22]

---

[21] Hier, in seiner Besprechung der dritten Symphonie von Christian Gottlieb Müller, zitiert Schumann (leicht verändert und ohne es als Zitat zu kennzeichnen) ein Exzerpt, das er in seine Mottosammlung aufnahm. Es ist bisher nicht gelungen, die Herkunft des Notats zu ermitteln. S. dazu Leander Hotaki: *Robert Schumanns Mottosammlung. Übertragung, Kommentar, Einführung*, Freiburg i. Br. 1998, 467 und Anm. 56.

[22] Vgl. auch die Kapitel III 2. 2. *Verwirrte Phantasie als Rezeptionsphänomen bei Jean Paul, Shakespeare/Tieck und Schumann* und III 3. *Zwischen Träumerei und Traumes Wirren. Traum, Kunstrezeption und Opiumvergiftung*.

1.3. Das mehrperspektivische Moment

"In jedes Kunstwerk ohne Ausnahme
muß Unzähliges hineingedacht werden;
seine Wirkung kom[m]t beim Beschauer
weit mehr von in[n]en heraus,
als von außen hinein."
Herbart.[23]

Die zurückspiegelnde Phantasie kennt kein objektives Kriterium. Das zeigt schon die mehrperspektivische Anlage der Szene: Zu den handelnden Personen (Zilia, Florestan, der Maler) treten andere, hörende, hinzu, die nach außen passiv wirken. Doch gerade, wer Walts Konzerterlebnis als Romanfigur kennt, weiß, zu welch reichem inneren Erleben der Musik er fähig ist. In seinem Roman *Flegeljahre*, der bekanntermaßen zur bevorzugten Lektüre Robert Schumanns zählte, läßt Jean Paul den schwärmerisch veranlagten Walt ein Konzert miterleben:

> "Wie eine Luna ging das Adagio nach dem vorigen Titan auf – die Mondnacht der Flöte zeigte eine blasse schimmernde Welt, die begleitende Musik zog den Mondregenbogen darein." (JP II, 744)

Auch in der weiteren Beschreibung des Konzerts fließen in gleicher Weise Sprachpoesie, Poesie der Bilder und musikalisches Erleben zusammen. In Schumanns Rezension bleiben die Gedanken Walts zwar unausgesprochen, für denjenigen aber, der mit der literarischen Figur vertraut ist, sind sie als Möglichkeit und so als Öffnung der Perspektive vorhanden. So fügt sein musikalisches Erlebenspotential für den Eingeweihten der Szene eine weitere Rezeptionsdimension hinzu, die allerdings nur erahnt werden kann.

Niemand der handelnden Personen erhebt den Anspruch auf eine gleichsam gültige Interpretation. Das Miteinander der Künste und der me-

---

[23] Johann Friedrich Herbart in Schumanns Mottosammlung (MS IV, E 4).

dialen Sichtweisen ist so angelegt, daß sie sich gegenseitig nicht ausschließen, sondern sich im Gegenteil wechselseitig neue Assoziationsräume eröffnen. Aber nicht nur zwischen den Agierenden, sondern auch zwischen den vermeintlich Passiven und den künstlerisch Tätigen kann es nach Schumann zu Wechselwirkungen kommen, wie er es an anderer Stelle in einem Nachruf auf den Hauptmann von Breitenbach beschreibt:

> "Sein praktisches [musikalisches] Können mochte also mit einem Worte nicht hoch anzuschlagen sein, desto höher war es der Genuß, ihn Musik hören zu sehen. Keinem Menschen spielte ich lieber und schöner vor, als ihm. Sein Zuhören erhöhte; ich herrschte über ihn, führte ihn, wohin ich wollte, und dennoch kam es mir vor, als empfing' ich erst Alles von ihm." (GS II, 118)

Der Rezipierende wird hier zum Gebenden. Diese rückwirkende Interaktion ist in der Rezension der Schubertschen Tänze zwar nicht expressis verbis ausgesprochen, liegt aber vor dem Hintergrund der von Inspiration erfüllten Atmosphäre nahe.

Verlegt man – wie schon zuvor – versuchsweise die gesamte Szene in die Phantasie eines einzelnen Hörers, so mögen die einzelnen Personen unterschiedliche Aspekte der zurückspiegelnden Phantasie repräsentieren, die miteinander in einen inneren, produktiven Diskurs treten. In bezug auf die bildende Kunst ist es interessant zu bemerken, daß Robert Schumann in seiner Rezension der Schubert-Tänze nicht auf die Malerei zurückgreift, sondern auf Schattenbilder der Laterna magica. Das Wesen eines Schattenbildes ist seine Flüchtigkeit, Skizzenhaftigkeit und Wandelbarkeit. Es entspricht so im Allgemeinen dem flüchtigen Charakter der Zeitkunst Musik und im Besonderen der Form der losen Reihung im Tanzzyklus Schuberts. In dieser Wahl der *Bildunterlage* zeigt sich Schumanns Absicht, in Zusammenhang mit der zurückspiegelnden Phantasie auf eine geronnene Bildhaftigkeit zu verzichten. Das "Nachschatten" (schon in der Klanglichkeit des Wortes, aber auch seiner Bedeutungsqualität in offensichtlicher Nähe zum *Nachschaffen*) mit der Laterna magica bleibt wandelbar. In seiner Schemenhaftigkeit läßt es Raum für weitere Assoziationen und verweist auf die Unabschließbarkeit der Rezeption. Zudem lebt das Schattenspiel durch seine Prozeßhaftigkeit und nicht – wie etwa das Produzieren eines Gemäldes – durch die Ausrichtung auf ein fertigzustellendes Ganzes. Dem gleichen Prinzip der Offenheit und Skizzenhaftigkeit folgt auch die Vermittlung der Worte, die Florestan auf dem Tisch stehend spricht. Denn Schumann verzichtet auf eine genaue Wiedergabe: "Florestan mochte ungefähr so sprechen, obgleich alles viel ausgearbeiteter" (a.a.O.). Die Ausarbeitung überläßt Schumann aber dem Leser der Rezension. Und tatsächlich sind die folgenden Worte Florestans ebenso schemenhaft wie die Schattenbilder an der Wand es sein mögen. Sie bestehen größtenteils aus einer Reihung von Namen und Substantiven, die jeweils durch Gesprächsfetzen der Ballteilnehmer durchbrochen werden. Gerade bei der ersten Nummer zeigt sich auch die große Nähe zum erwähnten Kapitel der Flegeljahre:

> "Endlich geriet er, da er das hereinströmende Nebenzimmer prüfen wollte, in den wahren schallenden brennenden Saal voll wallender Gestalten und Hüte im Zauberrauch hinaus." (JP II, 1048)

Bezeichnenderweise sprechen die kurzen Regieanweisungen, die Schumann in seiner Version gibt, gleich mehrere Sinne an: Neben die Erwähnung der handelnden Personen (Perückenmann, Masken) tritt in synästhetischer Manier die Nennung akustischer und optischer Reize (Pauken und Trompeten bzw. Lichtdampf). In der Rezension stehen die einzelnen Beiträge, so etwa die Schattenbilder des Malers und die Maskenballbeschreibung Florestans, in ihrer Skizzenhaftigkeit und Offenheit nebeneinander, ohne sich aber aufgrund der Heterogenität ihrer Zeichensysteme gegenseitig auszuschließen. Sie treten möglicherweise im Gegenteil in einen produktiven Austausch, in ein Verhältnis gegenseitiger Inspiration ohne Anspruch auf eine jeweilige Allgemeingültigkeit. Ihre fragmentarisch angelegte Darstellung verweist auf ein mehrperspektivisches, auf Unendlichkeit ausgerichtetes Wesen der zurückspiegelnden Phantasie.[24]

1.4. Individueller Erfahrungshorizont

> "*Wer unerregt,*
> *Wenn Künstler singen u. Saiten klingen,*
> *Ist taub an Ohren u. krank geboren.*"[25]

In der Szenerie der Schubert-Rezension offenbart sich der ästhetische Diskurs nicht als intellektueller Akt der Teilnehmer, sondern als ein intuitiv-spontanes Spiegeln bzw. Nachschatten des Gehörten, das allerdings jenseits aller Beliebigkeit aus den Kunst-, Musik- und Lebenserfahrungen der Anwesenden gespeist wird. Daß der zur Verfügung stehende Assoziationsraum durch die individuellen Vorerfahrungen geprägt wird, macht Schumann deutlich, wenn er als Erklärung zu seiner These von den *Bild- und Textunterlagen*[26] hinzufügt:

> "...der 18jährige Jüngling hört oft eine Weltbegebenheit aus einer Musik heraus, wo der Mann nur ein Landesereigniß sieht, während der Musiker weder an das Eine, noch an das Andere gedacht hat, und eben nur seine beste Musik gab, die er auf dem Herzen hatte." (GS III, 200)[27]

---

[24] Bei Carl Maria von Weber fand Schumann eine Äußerung über die Fähigkeit der Musik, gleichzeitig unterschiedlich gestimmte und fühlende Menschen zu erreichen: Schumann übertrug in seine Mottosammlung: "Was die Liebe den Menschen, ist die Musik den Künsten / u. den Menschen, denn sie ist ja wahrlich die Liebe selbst; / die reinste ätherischste Sprache der Leidenschaft, tausendseitig allen Farbwechsel derselben in allen / Gefühlsarten enthaltend u. doch nur einmal / wahr, doch von tausend verschieden fühlenden / Menschen gleichzeitig zu verstehen." (MS I, E 40)

[25] Schumann notiert diese Verse Andreas Tschernings in seine Mottosammlung. (MS I, E 105)

[26] S. I 1. Momente zurückspiegelnder Phantasie, 6.

[27] Die Nähe dieser These zu Schumanns eigener Abschrift von Teilen aus Wolfgang Menzels dreiteiligem Artikel *Aesthetik* im *Literatur-Blatt* in die Mottosammlung ist offensichtlich: "Das ist eben am Schönen das Schönste, daß es relativ ist, / dass auch das seligste Gemüth das Meer der Seligkeit / nicht ausschöpft, daß das, was mich nicht selig macht, / einen Andern beseligt, daß ich selbst im fünfzehnten / Jahre genoß, was

Neben der musikalischen Vorbildung und der hier anklingenden allgemeinen Lebenserfahrung als prägende Momente der Subjektivität der zurückspiegelnden Phantasie sind es vor allem die Natur- und Kunsterfahrungen, die nach Schumann die Wahrnehmungsprozesse beeinflussen. So zeigt etwa Schumanns Besprechung der Variationen über *Là ci darem la mano* von Frédéric Chopin, daß das Natur- und Landschaftserlebnis[28] zur Assoziationsfolie beim Hörerleben werden kann:

> "Er habe, so beschloß Florestan, nur in der Schweiz eine ähnliche Empfindung gehabt, wie bei diesem Schluß. Wenn nämlich an schönen Tagen die Abendsonne bis an die höchsten Bergspitzen höher und höher hinaufklimme und endlich der letzte Strahl verschwände, so träte ein Moment ein, als sähe man die weißen Alpenriesen die Augen zudrücken. Man fühlt nur, daß man eine himmlische Erscheinung gehabt." (GS I, 6 f.)

In dieser Äußerung Florestans offenbart sich ein Grundzug der Schumannschen Hinwendung zur Natur im Zusammenhang mit einer Analogiebildung zur Musik, denn bezeichnenderweise ist das Objekt, das zum Vergleich herangezogen wird, nicht die Natur selbst, sondern eine *ähnliche Empfindung* des rezipierenden Subjekts beim Betrachten der Natur. Aus diesem Grunde läßt Schumann in seiner Rezension den fiktiven Autor Julius antworten:

> "Herzens-Florestan, erwiederte ich, diese Privatgefühle sind vielleicht zu loben, obgleich sie etwas subjectiv sind;" (ebd., 7)

Die in diesem Fall mit der kommunikativen Anlage der Rezension gestärkte These von der Subjektivität des Hörerlebnisses zeigt sich bereits früh in Schumanns ästhetischem Denken. In seinem Schulaufsatz *Warum erbittert uns Tadel in Sachen des Geschmackes mehr, als in anderen Dingen?* unter-

---

ich jezt nicht mehr geniessen kann / und jezt, was mich damals gleichgültig ließ." (MS VI, E 24).

[28] S. hierzu Tadday (1999), der ausdrücklich auf den landschaftsästhetischen Hintergrund der "romantischen" Musikanschauung verweist und am Beispiel der "romantischen" Rheinlandschaft zeigt, daß diese bei Schumann zum "symbolischen Stimmungsträger", zur "Seelenlandschaft" verklärt wird. (30)

scheidet Schumann zwischen ästhetischen und logischen Urteilen und begründet so die Subjektivität des Kunsterlebens:

> "Bey letzterem [dem logischen] ist das Urtheil / von den Regeln des Verstandes, nach welchem Be=/griffe erzeugt werden, abhängig: beym ästhetischen / oder Geschmacksurtheile aber wird nur auf den Zustand / des Subjectes reflectirt, indem man ein gewisses / Wohlgefallen am Objecte findet und es um dieses / Eindrucks willen d.h. wegen seiner Beziehung / auf das Gefühl der Lust oder Unlust für schön oder / erhaben erklärt."[29]

Freilich sind Schumanns frühe ästhetische Überlegungen noch in der Entwicklung begriffen. In seiner frühen *Tonwelt*, einer Sammlung ästhetischer Fragmente und Aphorismen von 1828, meint er noch vor dem Hintergrund des kunstübergreifenden Vergleichs plakativ:

> "Tonkunst ist dem inneren Leben näher als Malerei, weil sie allein das natürliche Gefühl in Anspruch nimmt, während Malerei eine Verfeinerung der Kultur erheischt, um recht verstandenzuwerden. Der wilde Indianer wird eine Madonna mit ganz anderen Gefühlen ansehen, als der gebildete Europäer, u. dieser umgekehrt das gemalte Götzenbild des Indianers, während eine feierliche Kirchenmusik gewiß einen gleichen Eindruck bewirken wird, obschon der Wilde den ihr unterlegten Text nicht versteht. "[30]

Die These des Schülers Schumann, daß die Musik gewiß auf jeden Menschen den gleichen Eindruck macht, egal welche kulturellen Kunst- und Lebenserfahrungen er besitzt, wird er später nicht aufrecht erhalten, sondern vielmehr zugunsten eines differenzierteren Blicks die Subjektivität der musikalischen Rezeption betonen. So beendet er in seiner Besprechung von Moscheles *Ouverture zu Schillers Jungfrau von Orleans, op. 91* seine assoziative Identifikation von Gestalten aus Schillers Drama mit Passagen aus der Musik

---

[29] Zitiert nach Kristin R. M. Krahe: *Robert Schumanns Schulaufsatz: Warum erbittert uns Tadel in Sachen des Geschmakes mehr, als in andern Dingen?* in: Bernhard R. Appel / Inge Hermstrüwer (Bearb.): Robert Schumann und die Dichter. Ein Musiker als Leser, Katalog zur Ausstellung des Heinrich-Heine-Instituts in Verbindung mit dem Robert-Schumann-Haus in Zwickau und der Robert-Schumann-Forschungsstelle e. V. in Düsseldorf, hrsg. von Joseph A. Kruse, Düsseldorf 1991, 33 f.

[30] Zitiert nach Frauke Otto: *Robert Schumann als Jean Paul-Leser*, Frankfurt a. M. 1984, 72.

mit einem Satz, der die Grundbedingung der zurückspiegelnden Phantasie exemplarisch formuliert:

> "Hier thut bei Jedem die Phantasie das ihrige." (GS I, 242)

Mehr noch als die Naturerfahrung sind es der Umgang und die Erfahrungen mit anderen Künsten, die die zurückspiegelnde Phantasie nähren können. Eine ästhetische Synästhesie im oben beschriebenen Sinne[31] ist nur möglich, wenn innere Bilder vorhanden sind und sich in der Rezeption von Musik einstellen können. Zu diesem Zweck bedarf es einer *Veredelung der Phantasie*, wie Robert Schumann sie in der Besprechung des *Großen Duos für zwei Pianoforte's op. 92* von Ignaz Moscheles fordert:

> "Gleich wie in immerwährender Umgebung vorzüglicher Menschen, oder steten Angesichts hoher Kunstschöpfungen, deren Sinnesart, deren Lebenswärme sich den Empfänglichen beinahe unbewußt mittheilt, daß ihnen die Schönheit gleichsam praktisch wird, so sollte man, die Phantasie des Volkes zu veredeln, es bei weitem mehr in den Gallerieen der Meister und der zu diesen aufstrebenden Jünglingen herumführen, als es von einer Bilderbude in die andere Schleppen." (GS I, 305/306)

Prinzip der Verknüpfung von inneren Bildern und Musik ist die Analogie. Gerade in seinen frühen Schriften und Tagebuchaufzeichnungen finden sich immer wieder Kunstanalogien, wie zum Beispiel in Form von Gleichsetzungen von Musikern und Dichtern[32]:

> "Wenn ich Beethovensche Musick höre, so ist's, als läse mir jemand Jean Paul vor; Schubert gleicht mehr Novalis, Spohr ist der leibhaftige Ernst Schulze oder der Carl Dolci der Musick." (TB I, 97)

Schumanns prinzipielles Interesse an Kunstanalogien offenbart außerdem eine Tagebucheintragung aus dem Jahr 1830: Am 25. Februar beschäftigt er sich mit A. F. Justus Thibauts *Über die Reinheit der Tonkunst*. Thibauts

---

[31] Vgl. Kapitel I 1. 1. *Das gesamtkünstlerisch-schöpferische Moment.*

[32] S. auch Schumanns Abschrift einer im *Morgenblatt* erschienenen Aufstellung Carpanis, die im Sinne einer Analogie insgesamt dreiundzwanzig Paare aus Komponisten und Malern bildet. (TB I, 281)

These, Händel sei der Shakespeare der Musik, reizt Schumann zum Widerspruch und zur Präsentation einer eigenen Analogiereihe:

> "Thib.[aut] vergleicht mit Unrecht Händel mit Shakespeare. Händel steht zwischen Klopstock u. Shakespeare. Händel ist Götz von Berlichingen, er tanzt nicht, meint Thibaut; ebendeshalb ist er Shakespeare unähnlich, der immer tanzt u. die Welt durch andre Gläser ansah, als Händel mit seiner einseitigen Größe. Mir dünkt, es giebt ein[en] Unterschied zwischen universellen u. idealen Künstlern – Raphael ist idealer als Buonarotti, Buonarotti universeller; meine Parallelen sind

Shakespeare Mozart M.[ichel] Angelo	als Universalgenies
Schiller (Klopstock) Händel Raphael	als Idealmenschen"[33]

In Schumanns eigenen musikkritischen Schriften führt diese Vorliebe für kunstübergreifende Analogiebildung zu einer Vielzahl phantasievoller, assoziativer Verknüpfungen, die weit über die Qualität einer pauschalen Gleichsetzung hinausgehen. Er folgt dabei dem Leitsatz:

> "Wer Dichters Sprache versteht, wird auch diese verstehen". (GS III, 205)

Auch hierbei spielt – wie bei der zuvor erwähnten Verknüpfung mit der Naturerfahrung – das Kriterium der *ähnlichen Empfindung* während oder auch nach der Rezeption von Kunst eine Rolle: In der bereits zitierten Besprechung der *C-Dur Symphonie* Franz Schuberts schreibt Schumann, die Sphäre des Schauspiels berührend, von einem "holde(n) Gefühl etwa wie nach einem vorübergegangenen Märchen- und Zauberspiel." (GS III, 202)

---

33 TB I, 230.

Im Falle der Ouverture *Die Najaden* von W. Sterndale Bennett unterscheidet Schumann zwei Typen von Hörern. Die einen haben "lebhafte Phantasie", die anderen sind eher "prosaische Köpfe", dennoch finden beide Zugang zum Werk:

> "Es gehört wenig Phantasie dazu, und jede irgend lebhafte wird es von selbst, während des Hörens der Ouverture sich allerhand schön verschlungene Gruppen spielender badender Najaden zu denken, wie denn die weichen Flöten und Oboen auf umstehende Rosenbüsche und kosende Taubenpaare gedeutet werden können; prosaischen Köpfen kann man aber wenigstens einen ähnlichen Eindruck versprechen, den Goethe mit seinem "Fischer" bezweckt, das Gefühl des Sommers nämlich, das sich in den Wellen abkühlen will, so wohlthuend und spiegelhell breitet sich die Musik vor uns aus." (GS II, 243)

Robert Schumann stellt die Verbindung mit Goethes *Fischer* also wiederum aufgrund der *Ähnlichkeit* des Eindrucks, die beide Kunstwerke beim Rezipienten hinterlassen, her.[34] Entsprechend begründet er in einem Jugendaufsatz[35] die *innige Verwandtschaft der Poesie und Tonkunst* damit, daß sie nicht nur den gleichen Ursprung haben, sondern auch "gleiche Wirkung".[36] Die Qualität und Menge von Text- und Bildunterlagen, die sich beim Hören von Instrumentalmusik einstellen können, hängen ab vom Bilderreichtum und der Assoziationskraft der durch die individuellen Lebens-, Kunst- und Naturerfahrungen gespeisten zurückspiegelnden Phantasie.

---

[34] Über die Wirkung einer Rhapsodie von Burgmüller schreibt Schumann in entsprechender Weise: Sie "zählt nur sechs Seiten, aber den Eindruck möcht' ich beinahe der ersten Wirkung des Goethe'schen Erlkönigs vergleichen. Welch meisterliches Gebilde, wie in Einem Moment gedacht, entworfen und vollendet, und mit wie wenig Aufwand, wie bescheiden vollendet!" (GS III, 147).

[35] Robert Schumann: *Über die innige Verwandtschaft der Poesie und der Tonkunst* (KR II, 173 ff.).

[36] KR II, 174.

1.5. Äußere Bedingungen

Im Juli des Jahres 1831 exzerpiert Schumann einige Abschnitte der "Bemerkungen über Kunst" aus dem Kunstblatt, der Beilage zum *Morgenblatt für gebildete Stände*[37], in sein Tagebuch. Darunter auch der folgende:

> "Man denke nur welche Umstände sich vereinigen müßen, wenn das Schöne in seiner ganzen Würde u. Herrlichkeit auftreten soll: Wir fordern dazu 1) große, tiefe Intention, Idealität eines Kunstwerkes; 2) Enthusiasmus der Darsteller: 3) Virtuosität der Leistung, harmonisches Zusammenwirken wie aus einer Seele: 4) inneres Verlangen u. Bedürfniß des Schauenden, Genießenden; momentane günstige Stimmung (von beiden Seiten. Zuhörer u. Spieler) 5) Glücklichste Constellation der Zeitverhältniße und Interessen im Allgemeinen, so wie des speziellen Moments, der räumlichen und anderen Nebenumstände 6) Ungehemmte Leitung u. Mittheilung des Eindrucks, der Gefühle, Ansichten, Wiederspiegelungen der Kunstfreude im Auge des Andern. Ist ein solches Zusam[m]entreffen nicht ein Wurf mit sechs Würfeln von sechs mal sechs. Kunstblatt: 1831. p. 140".[38]

Neben der Qualität des dargebotenen Kunstwerks und der notwendig überzeugenden Leistung der Darstellenden erwähnt der Autor das *innere Verlangen des Schauenden* und seine *momentan günstige Stimmung*. Eben dieses Zugeständnis an die Subjektivität des Augenblicks macht Schumann, wenn er in seinem Artikel über *Zwei charakteristische Stücke op. 25* von Hartmann vorschlägt:

> "In ihr Inneres zu dringen, möge man sie sich aber öfter und zu verschiedenen Zeiten spielen und anhören." (GS III, 114)

Auch die *glücklichste Constellation der Zeitverhältnisse* und der *räumlichen und anderer Nebenumstände* als äußere Bedingung einer Musikdarbietung kann zum Tätigwerden der zurückspiegelnden Phantasie beitragen und findet bei Schumann in dessen Schriften zur Musik oftmals Erwähnung. Über Franz Liszts Konzert in Dresden 1840 schreibt Schumann:

---

[37] Nr. 35 vom 3. Mai 1831, S. 140 (lt. TB I, Anm. 348).
[38] TB I, 347 f.

"Die schönen hellen Räume, der Kerzenglanz, die geschmückte Versammlung, dies alles erhöht die Stimmung des Gebenden wie des Empfangenden. [...] Aber man muß das hören und auch sehen, Liszt dürfte durchaus nicht hinter den Coulissen spielen; ein großes Stück Poesie ginge dadurch verloren." (GS III, 232 f.)

Der Begriff *Poesie*, den Schumann in diesem Zusammenhang wählt, verweist auf eine optische Qualität des Lisztschen Spiels jenseits aller äußerlichen, leeren Effekthascherei. Gerade der optische Eindruck spielt also neben dem akustischen Wahrnehmen eine wichtige Rolle.[39] In diesen Bereich gehört auch seine These, die er anläßlich einer Aufführung des Oratoriums *Paulus* von Mendelssohn aufstellt:

"Wie aber der Ort, wo wir Musik hören, von größtem Einfluß auf Stimmung und Empfänglichkeit ist." (GS II, 125)

Schumann hebt unter anderem die akustische Qualität der Kirche, die "ruhige wellenförmige Ausbreitung des Tones" hervor und weiß "in Sachen Musik keine günstiger gebaute". (ebd.) Er beschreibt aber auch den Eindruck, den die St. Marienkirche in Zwickau mit ihren Altarbildern von Lucas Cranach, den vergoldeten Schnitzarbeiten, den alten aufbewahrte Fahnen und den mächtigen Spinnweben auf ihn macht.

In seinen Schriften betont Schumann innere und äußere Bedingungen jenseits des eigentlichen Kunstwerks, die die zurückspiegelnde Phantasie beflügeln können, allen voran die subjektiven Vorerfahrungen des Hörers, die zur Folie des Musikerlebens werden können, seien sie nun aus dem Bereich der Kunst-, Lebens- oder Naturerfahrung gespeist. Auch die äußeren Bedingungen des Hörerlebnisses spielen für Schumann eine Rolle und bedingen die Subjektivität des Augenblicks während der Aufführung.

---

[39] Schumann notiert auch eine entsprechende Äußerung Novalis' in seine Mottosammlung und benutzt sie später auch in seinen Schriften: "Man sollte plastische Kunstwerke nie ohne Musik sehen, musikalische Kunstwerke hingegen nur in schön dekorierten Sälen hören. Poetische Kunstwerke aber nie ohne beides zugleich genießen." (MS IX, E 187)

Die zurückspiegelnde Phantasie des *nachschaffenden* Hörers arbeitet nach dem Prinzip des *Nachschattens* im Zustand poetischen Gestimmtseins. Sie ist gesamtkünstlerisch und schöpferisch angelegt. Bild für ihren Wahrnehmungsmodus ist das Mondlicht und seine synthetisierende Kraft. In ihrer ästhetischen Subjektivität ist sie autonom und kennt kein objektives Kriterium.

2. Zurückspiegelnde Phantasie und appellative Struktur des Kunstwerks

"Drum bin ich kurz. Ein Umriß ist das Beste,
Die Phantasie verhilft hier schon zum Reste."[40]

Interessanterweise entzündet sich Schumanns sprühende literarische Phantasie als Rezensent gerade an den *Deutschen Tänzen* Franz Schuberts. Auf den ersten Blick erscheint diese Musik im Vergleich zum übrigen kompositorischen Schaffen Schuberts eher unspektakulär. Doch bei genauerem Hinsehen und mit Blick auf ihren Entstehenszusammenhang offenbart sich eine bemerkenswerte musikalische Gestalt: Neben ihrem Unterhaltungswert als Gesellschaftsmusik boten die Tänze, die Schubert oft stundenlang im Rahmen der Hausbälle und Schubertiaden zum Tanz aufspielte, die Möglichkeit, auf kleinstem Raum mit dem musikalischen Material zu experimentieren. Die meist nur sechzehntaktigen Gebilde bildeten die schlichte äußere Form, innerhalb derer sich der Komponist improvisierend neuen Spieltechniken, überraschenden harmonischen Wendungen und nicht zuletzt der Formung der Melodiegestalt widmen konnte. Neben diesem experimentellen kompositorischen Geist dieser Musik, für den Schumann sicherlich äußerst empfänglich war und der seine Phantasie entzünden konnte[41], ist es zudem

---

[40] Auszug aus Lord Byrons *Don Juan*, den Schumann in seine Mottosammlung aufnimmt (MS V, E 286) und auch der NZfM vom 6. September 1842 als Motto voranstellt.

[41] Die Tanzzyklen Schuberts hatten nachweislich Einfluß auf Schumanns frühes Komponieren am Klavier;

eine besondere ästhetische Idee, die den Tänzen Schuberts in Schumanns Augen diesen inspirierenden Charakter verleihen mochte: Schumanns Annahme einer zyklischen Idee oder besser gesagt: seine eigene zyklische Rezeption.

Die Frage, ob die von Franz Schubert zum Druck zusammengestellten Tänze jeweils von einer zyklischen Idee getragen werden, ist in der Schubert-Forschung umstritten[42] und muß wohl von Werk zu Werk neu beantwortet werden. Als mögliche Hinweise auf einen zyklischen Gedanken nennt Litschauer (1990) die Durchnummerierung des Manuskripts, den Zusatz "Fine" am Ende eines Manuskripts, die Art der Wiederholungsvorschriften, eine geplante Tonartenfolge im Zyklus durch Fortschreiten im Quintenzirkel oder Terzverwandtschaft, das Auftauchen einer *Introduktion* oder *Coda*, Notierung von Auflösungszeichen zu Beginn einzelner Tänze, wodurch die Tonart-Vorzeichnung des vorausgehenden Tanzes aufgehoben wird und schließlich Anschlußtakte am Ende eines Tanzes, um einen besseren Übergang zum folgenden herzustellen.[43]

Der Interpret muß also entscheiden, ob er eine Tanzsammlung Schuberts sozusagen als Fundus nutzt, aus denen einzelne Tänze herausgegriffen werden können und sollen, oder ob es sich um Zyklen handelt, die eine geschlossene Aufführung erfordern. Für die in Robert Schumanns Rezension *Tanzliteratur* besprochenen zwei Werke Schuberts (neben den bereits genannten *Deutschen Tänzen* bespricht er auch die *Walzer op. 9*) gelten in die-

man betrachte nur Schumanns frühe *Polonaisen* oder sein Opus 2, die *Papillons*. Siehe hierzu u.a. Mayeda 1992, 92 f. und Anmerkung 62, 117 f.

[42] Grundsätzlich gegen den Gedanken einer zyklischen Verknüpfung spricht sich P. Mies (1958) aus: "Die von Schubert veröffentlichten Tanzreihen stellen keine Großzyklen dar, die hintereinander zu spielen wären. Aus ihnen können beliebige Gruppen herausgegriffen, auch wiederholt werden." S. P. Mies: *Der zyklische Charakter der Klaviertänze bei Franz Schubert*, in: Bericht über den Internationalen musikwissenschaftlichen Kongreß Wien Mozartjahr 1956, hrsg. v. E. Schenk, Wien 1958, S. 411; dagegen Walburga Litschauer (1989 und 1990), die in ihrer Einschätzung einer zyklischen Struktur von Werk zu Werk differenziert; vgl. Walburga Litschauer: *Vorwort*, in: Werke für Klavier zu zwei Händen, Bd. 6, Tänze I, XII und ebd., Bd. 7, Teil a, Tänze II, IX f., in: Neue Ausgabe sämtlicher Werke, hrsg. von der Internationalen Schubert-Gesellschaft, Kassel u.a. 1989 (Bd. 7) und 1990 (Bd. 6).

[43] Ebd. Bd. 6, XII und Bd. 7, IX.

ser Hinsicht unterschiedliche Voraussetzungen. Schon der Umfang der *Sechsunddreißig Walzer* op. 9 (D 365) deutet darauf hin, daß wohl nicht an eine zyklische Wiedergabe gedacht ist.[44] Auch im Falle der *Sechzehn deutschen Tänze* op. 33 (D 783), auf die sich Schumanns phantasievolle Szene bezieht, läßt sich ein zyklischer Gedanke nicht auf den ersten Blick erkennen. Ein mögliches Indiz für die Verbindung der Tänze untereinander ist lediglich das Erscheinen eines Anschlußtaktes am Ende des ersten Tanzes, der, rhythmisch unvollständig, den auftaktigen Beginn des zweiten vorbereitet. Die Vorstellung von einer intendierten zyklischen Gestaltung bleibt aber eher vage.

Doch auch und gerade jenseits eines komponierten Zusammenhangs besteht für den Rezipienten die Möglichkeit, die Tänze entweder jeden für sich als singuläres kleines Werk zu hören oder sich durch die Erwartung einer zyklischen Idee im Hören oder Spielen leiten zu lassen. Die Annahme einer zyklischen Anlage würde das Inkraftsetzen einer Instanz bedeuten, die nach Zusammenhang oder geheimen Verbindungen sucht, seien sie überdeutliche oder allein assoziativ erlebbare Relationen. Konsequenz dieser Rezeptionshaltung ist eine Ästhetisierung der Zeit zwischen den Tänzen: Sie offenbart sich nun als Teil der musikalischen Gestalt. Ein versierter Pianist wird mit den Pausen spielen und sie, um mit einem Begriff aus der Literaturtheorie zu sprechen, in ihrer Qualität als *Leerstellen*[45], als *Unbestimmtheitsstellen*[46] des Werkes würdigen. Im Modus des Erinnerns und Erwartens wird die Phantasie des Hörers aufgefordert, sich zu entfalten.

Im Versuch, den Begriff der Unbestimmtheitsstellen auf die musikalische Kunst zu übertragen, zeigt sich eine grundsätzliche Schwierigkeit der Aneignung literaturwissenschaftlicher Rezeptionstheorie für eine musikwissenschaftliche Betrachtung. Bestimmtheit und Unbestimmtheit als literarisches

---

[44] Allerdings lassen sich auch hier in Untergruppen zyklische Ordnungsprinzipien erkennen. (Litschauer (1990), X)

[45] S. zum Begriff der Leerstelle Wolfgang Iser (1984), darin die Kapitel IV. B. 2 *Die Leerstelle als ausgesparte Anschließbarkeit* und IV. B. 3 *Die funktionale Struktur der Leerstelle.*

[46] S. zum Begriff der Unbestimmtheitsstelle Ingarden (1979), 43.

Gegensatzkorrelat sind mit Blick auf die selbstreferentielle Struktur der Musik in diesem Sinne nicht auf die Nachbarkunst übertragbar. Eine der literaturwissenschaftlichen Terminologie analoge Bestimmung von Unbestimmtheitsstellen ist nicht möglich und stößt an die Grenzen des Wesens musikalischer Kunst: Schon die Literaten der Frühromantik um 1800 haben die Unbestimmtheit als ästhetische Kategorie erkannt und hierbei gerade die Differenz zwischen der Musik und den anderen Künsten betont.[47] Gerade die Instrumentalmusik zeichnet sich ihrer Ansicht nach verglichen mit anderen Künsten a priori durch eine große inhaltliche Unbestimmtheit aus. Die Sprache dagegen bleibt immer an ihre – mehr oder weniger – eindeutige Relation von Bedeutendem und Bedeutetem gebunden. Die Frühromantiker gehen deshalb soweit, das Musikalische zum allgemeinen Prinzip ihrer projektierten "Universalpoesie" zu machen:

> "Jede Kunst hat musikalische Prinzipien und wird vollendet selbst Musik ", schreibt Friedrich Schlegel. (KA XVI, 213)

Über den Schall, also über ein Moment des Klanglichen, das Sprache und Musik verbindet, bemerkt er:

> "Er hat [...] unendlichen Vorzug, insofern er etwas durchaus Bewegliches ist; denn dadurch entfernt man sich schon einen Schritt weiter von der Starrheit und Unbeweglichkeit des Dings zur Freiheit." (KA XII, 345)

Auch Schumann selbst benutzt in diesem Zusammenhang den Begriff der Unbestimmtheit, wenn er in seinem Dicht- und Denkbüchlein schreibt:

---

[47] Aus den umfangreichen Veröffentlichungen zum Moment des Musikalischen in der Frühromantik seien nur folgende genannt: Barbara Naumann: *Musikalisches Ideen-Instrument. Das Musikalische in Poetik und Sprachtheorie*, Stuttgart 1990 und dies. (Hrsg.): *Die Sehnsucht der Sprache nach der Musik. Texte zur musikalischen Poetik um 1800*, Stuttgart und Weimar 1994; ebenso auch Christine Lubkoll *Mythos Musik. Poetische Entwürfe des Musikalischen in der Literatur um 1800*, Freiburg i. Br. 1995; zum gleichen Thema siehe auch Giovanni di Stefano: *Der ferne Klang. Musik als poetisches Ideal in der deutschen Romantik*, in: Musik und Literatur. Komparatistische Studien zur Strukturverwandtschaft, hrsg. von Albert Gier und Gerold W. Gruber, Frankfurt a. M., 1995; Christoph von Blumröder: *"Streben nach musikalischen Verhältnissen...". Novalis und die romantische Musikauffassung*, in: Die Musikforschung 33 (1980), S. 312-318; Alexander von Bormann: *Der Töne Licht. Zum frühromantischen Programm der Wortmusik*, in: Ernst Behler / Jochen Hörisch (Hrsg.): Die Aktualität der Frühromantik, Paderborn 1987, 191-207.

> "Musik redet die allgemeinste Sprache, durch welche die Seele frei, *unbestimmt* angeregt wird; aber sie fühlt sich in ihrer Heimath." (GS I, 31)

Interessant ist zu bemerken, daß Schumann hier auf ein Fragment Novalis' zurückgreift, das sich als Exzerpt in Schumanns *Mottosammlung* findet:

> "Die Musik redet eine allgemeine Sprache, durch welche der Geist frei unbestimmt angeregt wird; dies thut ihm so wohl, so bekannt, so vaterländisch, er ist auf diese kurzen Augenblicke in seiner Heimath.[...]" (MS IX, E 190)[48]

Besonderes Augenmerk verdienen bei der Schumannschen Aneignung des Gedankens Novalis' die Veränderungen, die er dabei vornimmt: Neben seiner Zuspitzung der Formulierung *eine allgemeine Sprache* zu *die allgemeinste Sprache* und dem Ersetzen des Begriffs *Geist* durch den der *Seele*, was eine Angleichung an seine eigene Terminologie einer Musik als *Seelensprache*[49] bedeutet, ist in unserem Zusammenhang die kursive Hervorhebung des Wortes *unbestimmt* zu betonen: Es scheint ihm überaus wichtig, die wesensmäßige Unbestimmtheit der musikalischen Wirkung auf diese Weise zu akzentuieren.

Zentrales ästhetisches Projekt der literarischen Frühromantik war die Musikalisierung aller Künste, denn ihr Ziel ist, wie es in Schlegels 116. Athenäumsfragment heißt, die *progressive Universalpoesie*, die

> "am meisten zwischen dem Dargestellten und dem Darstellenden, frei von allem realen und idealen Interesse auf den Flügeln der poetischen Reflexion in der Mitte schweben, diese Reflexion immer wieder potenzieren und wie in einer endlosen Reihe von Spiegeln vervielfachen" kann. (KA II, 183)

---

[48] An diesem Beispiel zeigt sich Schumanns Neigung, seine Mottosammlung nicht nur als Fundus für die regelmäßig vorangestellten Mottos der *NZfM* zu benutzen, sondern die Exzerpte auch oftmals ohne Kennzeichnung ihrer Herkunft in seine musikschriftstellerischen Arbeiten einfließen zu lassen. (S. Hotaki 1998 b, 99 ff.)

[49] *Aus Meister Raro's, Florestan's und Eusebius' Denk- und Dichtbüchlein*: "Das wäre eine kleine Kunst, die nur klänge, und keine Sprache noch Zeichen für Seelenzustände hätte! – Fl." (GS I, 35)

Voraussetzung des Gelingens eines solchen Projektes ist für die Literaten der Jenaer Frühromantik die Opposition zum Systemdenken.[50] Aus diesem Grund machen sie zum Beispiel das Fragment zur bevorzugten Form ihrer poetischen Reflexionen. Ästhetisch betrachtet, offenbart sich in dieser Form der Reflexion ein Dualismus von Geschlossenheit und Offenheit. Über das einzelne Fragment schreibt Schlegel in seinem 206. Athenäumsfragment:

> "Ein Fragment muß gleich einem kleinen Kunstwerke von der umgebenden Welt ganz abgesondert und in sich selbst vollendet sein wie ein Igel." (KA II, 197)

Gleichzeitig aber veröffentlichen die Frühromantiker ihre Fragmente stets in einer Fragmentsammlung, in der sich

> "die einzelnen Fragmente wechselseitig ergänzen und relativieren, bestätigen und in Frage stellen, Parallelen und Kehrseiten bieten, wenn nicht gar widersprechende Ansichten; in dem sie, kurz gesagt, sich nur als einzelne Denkschritte, auch manchmal Fehltritte, einer Denkbewegung im großen erweisen."[51]

Erst in der Gesamtschau offenbaren die Fragmente also ihren Reiz, gerade in ihrer dadurch erfahrbaren möglichen Differenz liegt ihr Potential. Dies erfordert aber eine besondere Rezeptionshaltung: Es bedarf eines Lesers, der sich auf diese systematisch-unsystematische Denkungsart einläßt, damit sich die Fragmente, die Novalis in Anbetracht ihrer appellativen Struktur als *Litterarische Sämereyen*[52] bezeichnet, entfalten können.

Robert Schumann geht in seiner Rezension der *Deutschen Tänze* Schuberts im Grunde nicht anders vor. Auch er setzt eine Gesamtschau der Tänze voraus und eröffnet nicht zuletzt mit der damit verbundenen Ästhetisierung der Pausen eine neue Wahrnehmungsperspektive. Übrigens findet sich ein ähnliches Vorgehen Schumanns auch noch in einer anderen Rezension. Über eine *Etüden*-Sammlung Stephan Hellers schreibt er:

---

[50] Friedrich Schlegel im 53. Athenäumsfragment: "Es ist gleich tödlich für den Geist, ein System zu haben, und keins zu haben. Er wird sich also wohl entschließen müssen, beides zu verbinden." (KA II, 173)

[51] Pikulik (1992), 125.

[52] S. hierzu: Herbert Uerlings: *Friedrich von Hardenberg, genannt Novalis. Werk und Forschung*, Stuttgart 1991, darin das Kap. *Fragment-Ästhetik*, 215 ff.

"Andere haushälterische Componisten würden aus manchen Grundgedanken der Etuden ganze Concerte und Sonaten aufgebaut haben; unser Componist zieht es vor, nur anzudeuten und flüchtig anzuregen; sein überwiegender Humor will es so, und auch der Schattenriß ist willkommen. Es liest sich die Etudensammlung etwa wie ein Tagebuch. Mannichfaltige Meinungen sind hier neben einander ausgesprochen, bittere Bemerkungen fehlen nicht, auch nicht liebe Erinnerungen. Der Künstler, der Philosoph, der Freund läßt sich darin gehen, als sähe ihm kein Menschenauge zu, als gäbe es keine Recensenten." (GS IV, 32)

Das Bild des Tagebuchs repräsentiert hier die Idee des Blicks auf die Etüden als Gesamtschau. Im Vergleich zu den *Deutschen Tänzen* Schuberts, die ja durch ihren Charakter als Tanzsammlung wenigstens tendenziell einen Gesamtblick auf das Werk nahelegen, bleibt Schumanns Annahme eines Zusammenhangs im Falle der Etüdensammlung Hellers in erster Linie eine Prämisse der Rezeption.

So offenbart sich im Zusammenspiel von Werkstruktur und Rezeptionsweise ein Moment des appellativen Charakters dieser Musik. Und gerade hierbei zeigt sich auch die Schwierigkeit der Trennung des *autonomen* Kunstwerks von seiner Rezeption. Das Prinzip einer Gesamtschau in bezug auf eine Sammlung findet im Zwischenbereich zwischen Werkstruktur und Rezeption statt. Es ist bei einer Sammlung von Tänzen – wie gezeigt – stets schwierig zu entscheiden, ob eine zyklische Idee vom Komponisten mitgedacht oder aber vom Rezipienten hineingedacht wurde. Ähnliche Fragen stellen sich zum Beispiel auch in Schumanns eigenem Schaffen: So ist etwa unklar, inwieweit ein zyklischer Gedanke und die Wechselwirkungen der Stücke untereinander bei Schumanns späterer Zusammenstellung kleiner Kompositionen wie etwa bei den *Bunten Blättern op. 99* oder den *Albumblättern op. 124* eine Rolle gespielt haben.

In seiner Besprechung der Etüden Hellers weist Schumann auf den appellativen Charakter der Etüden hin, die *nur andeuten und flüchtig anregen* sollen. Bezeichnenderweise findet er für die Flüchtigkeit der Erscheinung ähnlich wie in der Schubert-Rezension das Bild des Schattenrisses. Je heterogener, je flüchtiger das Kunstwerk ist und je mehr es den Charakter bloßer Andeutung besitzt, desto mehr ist der Hörer in seiner Phantasie gefordert. In Robert Schumanns Schubert-Artikel sind schon das Wesen und die Ausführung der Schattenbilder und der Maskenball-Szenerie in den Worten Florestans – wie bereits zuvor erwähnt – in sich unabgeschlossen und verzichten in ihrer Skizzenhaftigkeit auf Vollendung. Aber auch die Rezension an sich bleibt offen und bricht ab, ohne zu einem wirklichen Abschluß im Sinne eines befriedigenden, konstatierbaren Ergebnisses im traditionellen Sinne gekommen zu sein:

> "Mitten aber im Walzer sprang Florestan vom Tische zur Thür hinaus. Man war so etwas an ihm gewohnt. Auch Zilia hörte bald auf und die anderen zerstreuten sich hierhin und dorthin. Florestan pflegt nämlich oft mitten im Augenblick des Vollgenusses abzubrechen, vielleicht um dessen ganze Frische und Fülle mit in die Erinnerung zu bringen." (a.a.O.)

Schumann *läßt* Florestan das Werk Schuberts abbrechen. Interessant ist in diesem Zusammenhang die Begründung: Es scheint, als könne Florestan in seiner Rolle als Hörer das Erlebnis des Augenblicks so für die Erinnerung lebendig halten. Das Beenden des Stücks dagegen und der etwa in einer Konzertsituation mögliche Applaus mag für Schumann bedeuten, die Tür zwischen prosaischer und poetischer Welt, die sich für ihn durch das Musikerlebnis geöffnet hat, brav hinter sich wieder zu schließen, statt – wie Florestan – im Moment des Abbruchs einen Luftzug des Poetischen mit in die prosaische Welt hinüberzuretten.

Betrachtet man vor diesem Hintergrund übrigens Robert Schumanns eigenes kompositorisches Schaffen, so kann man feststellen, daß seine Kompositionen oftmals ebenso abrupt beginnen wie es die Rezension tut[53], also mitten hinein stürzen in die poetische Welt, und diese in gleicher Weise am Ende wieder verlassen, entweder so plötzlich wie Florestan in seinem Ab-

[53] Der gesamte Artikel *Tanzliteratur* beginnt mit den Worten "Und nun spiele, Zilia!" (GS II, 9) und so wird der Leser ohne Vorbereitung in die Szenerie hineingeworfen.

gang oder sich langsam zurückziehend wie die anderen Teilnehmer, die sich *bald hierhin und dorthin verstreuten*.[54]

Mit dem Moment des musikalisch Aphoristischen und Fragmentarischen, also mit Mitteln im kompositorischen Spannungsfeld von Offenheit und Geschlossenheit, wendet sich Schumann gegen das Denken im System:

> "Warum rümpft ihr bei Aphoristischem so vornehm die Nase, lange Philister! - bei Gott, ist denn die Welt eine Fläche! und sind nicht Alpen darauf; Ströme und verschiedene Menschen? und ist denn das Leben ein System? und ist es nicht aus einzelnen halb zerrissenen Blättern zusammengeheftet, voll von Kindergekritzel, Jugendköpfen, umgestürzten Grabesschriften und weißen Zensurlücken des Schicksals? Ich behaupte das letztere." (KR II, 387)[55]

Die Appellstruktur, die sich etwa durch Momente wie das Aphoristische ergibt, findet in Schumanns Terminologie den äquivalenten Begriff des *Rätsels*. Über eine Klaviersonate Franz Schuberts schreibt er:

> "Vom letzten Satz bleibe weg, der keine Phantasie hat, sein Rätsel zu lösen." (GS I, 205)[56]

Der Prozeß, den das Kunstwerk mit seinem appellativen Charakter auslöst, wird in der frühromantischen Theorie – wie zuvor erwähnt – als ein *Vervielfachen in einer endlosen Reihe von Spiegeln* bezeichnet; was entsteht ist der Zustand der *poetischen Reflexion*, letztendlich einer unendlichen Reflexion, die sich mit ihrem assoziativen Charakter in Opposition zu jeglichem Systemdenken befindet.[57]

---

[54] S. zu Schumanns Gestaltungsmöglichkeiten des Anfang und des Endes einer Komposition das Kapitel III 1. 5. *Die bildlichen Beschauer des Bildes. Musikalische und bildnerische Übergangszeichen.*

[55] Bei der Aufnahme in die *Gesammelten Schriften* gestrichene Passage aus Schumanns *Aphorismen II* unter der Überschrift *Italienisch und Deutsch.* (KR I, 128 und Anm. 178)

[56] Auch im Zusammenhang mit Klaviersonaten Löwes spricht Schumann vom möglichen Rätselcharakter eines Musikstücks: "Noch eines spür' ich bei den Löwischen Compositionen heraus, daß man nämlich, wenn er fertig ist, gern noch etwas wissen möchte. Leider ist es mir selbst oft einfältig vorgekommen, wenn mich jemand gefragt, was ich mir bei meinen eigenen extravaganten Ergießungen gedacht hätte, darum will ich keine Antwort; - aber ich behaupte dennoch, daß bei Löwe oft etwas dahinter steckt." (GS I, 99)

[57] Zum Begriff der unendlichen Reflexion und ihren philosophischen Grundlagen siehe Ernst Behler: *Studien zur Romantik und zur idealistischen Philosophie*, Paderborn 1988 und Manfred Frank: *Einführung*

Die Nähe des frühromantischen Bildes des Spiegelns zu Schumanns Begriff einer zurück*spiegelnden* Phantasie ist offensichtlich, sie rechtfertigt jedoch nicht einen Rückschluß auf Schumanns tatsächliche Rezeption frühromantischer Literatur- und Kunsttheorie. Tadday (1999) und Hotaki (1998 b) haben in letzter Zeit auf die ungeklärte Beweislage für die Rezeption frühromantischer Theorie durch Schumann hingewiesen.[58] Zudem sind zwei Aspekte zu berücksichtigen, die einen pauschalen Vergleich der jeweiligen ästhetischen Grundannahmen schwierig machen: Zum einen hat Schumann keine systematische oder im Nachhinein systematisierbare Ästhetik hinterlassen. Für Bernd Sponheuer (1980) formieren sich Schumanns ästhetische Anschauungen

> "zu keinem kohärenten System, sondern stellen ein eher kaleidoskopartiges Konvolut ad hoc (d.h. bei Gelegenheit von Rezensionen) entwickelter Ideen dar; dennoch zeigen sie eine erstaunliche, wenn auch sozusagen unterirdische, subkutane, Verflechtung der gedanklichen Motive, nicht unähnlich dem musikalischen Zusammenhang etwa seiner Klavierzyklen."[59]

Ähnliches gilt für die Fragmentsammlungen Novalis' und Schlegels, in denen das einzelne Fragment zum "Sprungbrett für die Phantasie"[60] wird.

---

in die frühromantische Ästhetik. Vorlesungen, Frankfurt a. M. 1989 und ders.: *"Intellektuale Anschauung". Drei Stellungnahmen zu einem Deutungsversuch von Selbstbewußtsein. Kant, Fichte, Hölderlin/Novalis,* in: Ernst Behler/ Jochen Hörisch (Hrsg.): Die Aktualität der Frühromantik, Paderborn 1987, 97-126.

[58] "Zwar hat Schumann "Gedichte" von August Wilhelm und Friedrich Schlegel exzerpiert, und Fr. Schlegels "Geschichte der alten und neuen Literatur" wahrscheinlich schon als Schüler gelesen, doch von Fr. Schlegels "frühromantischer" Ästhetik, geschweige denn von ihrer transzendentalpoetischen Begründung, ist bei Schumann nirgendwo die Rede." (Tadday 1999, 106) Auch im Fall Novalis' konstatiert Tadday ähnliches: Die Ausgaben, aus denen Schumann exerpiert hat, "klammern das philosophisch-theoretische Werk von Novalis aus. Schumanns Beziehung zu den "frühromantischen" Philosophen beschränkt sich also auf Teile der dichterischen Werke von August Wilhelm und Friedrich Schlegel und Novalis." (ebd.). Ebenso Hotaki (1998 b), der betont, daß auch die von ihm herausgegebene *Mottosammlung* die Frage nach der Schlegel-Rezeption Schumanns nicht beantworten kann: Ob "Schumann jemals mit zentralen literaturtheoretischen Schriften Schlegels wie *Gespräch über die Poesie* mit dem *Brief über den Roman, Athenäum-Fragmente, Über das Studium der Griechischen Poesie* oder Schlegels Roman *Lucinde* in Berührung kam, bleibt nach wie vor im Bereich der Spekulation." (61)

[59] Bernd Sponheuer: *Zur ästhetischen Dichotomie als Denkform in der ersten Hälfte des 19. Jahrhunderts. Eine historische Skizze am Beispiel Schumanns, Brendels und Hanslicks,* in: Archiv für Musikwissenschaft 37 (1980), 1-31, 4.

[60] Lucien Dällenbach / Christian L. Hart Nibbrig: *Fragmentarisches Vorwort,* in: Dällenbach, Lucien

Auch diese Sammlungen gleichen mehr einem *kaleidoskopartigen Konvolut* als einer Systemphilosophie.[61] Aus diesem Grunde, in Anbetracht ihrer jeweiligen inneren Differenziertheit, ist es möglich, daß sich zwischen den Thesen Schumanns und denen der Vertreter der Jenaer Frühromantik punktuell eine erstaunliche Nähe offenbart, sie sich gleichzeitig aber auch in zentralen Fragen nicht decken.[62] Zum anderen sei mit Ulrich Tadday (1999) auf die Notwendigkeit zur Differenzierung zwischen den einzelnen Vertretern der Frühromantik verwiesen.[63] Im Hinblick auf eine Nähe von ästhetischer Theorie und kompositorischer Praxis stellt sich die Frage nach dem Verhältnis von *Musik*ästhetik/Poetik und *Musiker*ästhetik. Forchert (1966), der sich dabei auf die Musikanschauung des frühen 19. Jahrhunderts bezieht, betont, daß die Umwandlungen, die die abstrakte Musikästhetik durch die konkreten kompositorischen Handlungen erfährt,

> "vom Standpunkt der reinen Philosophie aus häufig als Banalisierungen, wenn nicht gar als Verfälschungen erscheinen mögen."[64]

Mit Blick auf die ästhetische Theorie der Frühromantik ergibt sich hierbei ein interessanter Sachverhalt: Die Theoretiker der Frühromantik sind gleichzeitig auch ihre Dichter. Eine Aneignung ästhetischer Grundlagen findet bei einem Künstler wie Robert Schumann mit Sinn für strukturelle Analogien

---

(Hrsg.): Fragment und Totalität, Frankfurt 1984, 7-17.

[61] Dabei geht es den Frühromantikern nicht um eine grundsätzlich unsystematische Denkweise. Entscheidend ist vielmehr der Dualismus von System und Systemlosigkeit. Walter Benjamin (1974) weist deshalb darauf hin, "daß ihr Denken sich auf systematische Gedankengänge *beziehen* läßt, daß es in der Tat in ein richtig gewähltes Koordinatensystem sich eintragen läßt, gleichviel, ob die Romantiker selbst dieses System angegeben haben oder nicht." S. Walter Benjamin: *Der Begriff der Kunstkritik in der deutschen Romantik*, in: Gesammelte Schriften I.I, hrsg. von Rolf Tiedemann und Hermann Schweppenhäuser, Frankfurt a. M. 1974, 41.

[62] Tadday (1999) weist etwa auf die Differenz der Begriffe von romantischer Ironie bei Friedrich Schlegel und dem eher an Jean Pauls Ästhetik orientierten Humorbegriff bei Schumann hin. (112 f.)

[63] "So nahe Schumanns "romantische" Musikanschauung der "frühromantischen" Ästhetik auch steht, soweit wie möglich sollten die unterschiedlichen Ansätze Friedrich Schlegels, Novalis' oder Jean Pauls auseinandergehalten werden. Schumanns Musik ist weder durch den bloßen Bezug auf den "romantischen" Zeitgeist, noch durch die Aufzählung "romantischer" Autoren, deren Namen wie aus der Büchse der Pandorra ausgeschüttet werden, beizukommen." (Tadday 1999, 116)

[64] Arno Forchert: *Studien zum Musikverständnis im frühen 19. Jahrhundert.Voraussetzungen und Aspekte der zeitgenössischen Deutung instrumentaler Musikwerke*, Habil. mschr., Berlin (FU) 1966, 54.

vor allem auch durch die Rezeption der kompositorischen Gestaltung dichterischer Werke statt.[65] Der Punkt, in dem sich die Thesen frühromantischer Literaten wie Schlegel und Novalis und Schumanns ästhetische Anschauungen treffen, ist die Annahme einer ursächlichen Bedingtheit der poetischen, unendlichen Reflexion der zurückspiegelnden Phantasie durch die kompositorisch gestaltete Appellstruktur des Kunstwerks.

Im Kontext der Besprechung der Klaviermusik Franz Ottos, in dem Schumann den Begriff des *Zurückspiegelns* benutzt, steht er vor allem für die Reaktion auf den optischen Eindruck, den das Notenbild auf Robert Schumann gemacht hat. In diesem Falle wird der Begriff "zurück" als Rück*Spiegelung* gewertet. Die Phantasie als Reflex auf die *Musik auf dem Papier* wird zum Spiegel, der eine Klangvorstellung und weitere Assoziationen zurückwirft. In diesem Sinne wird im folgenden Kapitel *Musik auf dem Papier* ein Blick auf Robert Schumanns Notationsgewohnheiten und ihre Konsequenzen für die lesende und klangrealisierende Rezeption des ausführenden Musikers geworfen.

Der Begriff der zurückspiegelnden Phantasie soll in dieser Arbeit aber nicht nur als Reaktion auf das Gelesene, sondern auch als Reaktion auf das Gehörte, auf die appellative Struktur in der *Musik als Klangkörper* (Kapitel III) verstanden werden. Hierbei ist übrigens auch eine Deutung des Begriffs der *zurückspiegelnden* Phantasie – im zeitlichen Sinne – als Klangeindruck in der Rück*schau* denkbar, in der nach der erklungenen Musik das Gehörte im subjektiven Erleben assoziativ erweitert wird.

---

[65] S. hierzu auch das Kap. III 2. 2. *"Verwirrte Phantasie" als Rezeptionsphänomen bei Jean Paul, Shakespeare/Tieck und Schumann.*

II. Musik auf dem Papier

1. Musiklesen

In seiner Erzählung *Fräulein Else* läßt Arthur Schnitzler an zentraler Stelle des Werkes, bei der Beschreibung einer Konzertszene, Robert Schumanns *Carnaval op. 9* erklingen. Da es sich bei seiner Erzählweise um einen inneren Monolog handelt, also eine Erzählhaltung, in der Geschehnisse aus der extremen Ich-Perspektive einer Person vom Leser erlebt werden, ist, wenn die Musik erklingt, der Notentext eingefügt. Dieser wird allerdings zweimal durch die strömenden Gedankenfetzen des Subjekts unterbrochen. Die Zeit, die die Gedanken einnehmen, ist in der Musik ausgespart. Die Musik setzt dann – in Notentext – nach der entsprechenden Zeitspanne wieder ein.

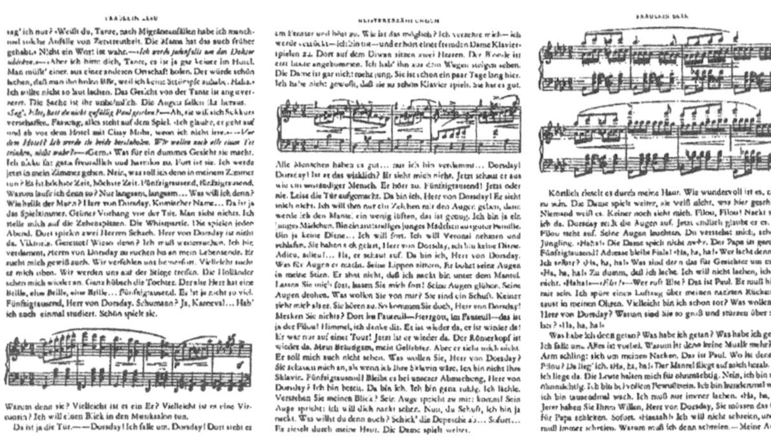

Abb. 1: Auszug aus Arthur Schnitzlers Erzählung "Fräulein Else"

Hat Schnitzler, der bekanntermaßen Schumanns Musik sehr schätzte[66], vielleicht gerade den *Carnaval*, in dem der Komponist Schumann selbst in der Chiffre der "quartre notes" ES C H A (SCHA) auftaucht[67], als Musikerlebnis in seiner Erzählung gewählt, weil diese Chiffre seinen eigenen Initialen A. Sch. entspricht und er sich so auf höchst geheimnisvolle Weise in sein eigenes Werk einschreiben konnte? Ob geheimnisvolles Rätsel oder bloßer Zufall, solche Spielerei beziehungsweise die Spekulation darüber hätte Robert Schumann sicherlich gefallen. Auch Schumann liebte die artistische Verrätselung, den chiffrenhaften Verweis auf Dahinterliegendes, sich nur der wissenden und assoziierenden Phantasie Eröffnendes ebenso wie die besondere Verknüpfung verschiedener Künste und das sich daraus ergebende Ineinanderspiel von Wahrnehmungsebenen.

2. Heterogenität der Zeichen: Schriftsprache und Notenschrift

Der Leser dieser Passage aus Schnitzlers Erzählung ist in einer eigenartigen Situation: Soll er die Notenschrift einfach lesen wie zuvor den Text? Er könnte sich auch ans Klavier setzen und den Notentext spielen oder soweit es an der notwendigen Fähigkeit dazu mangelt, eine Aufnahme hören. Vielleicht erinnert sich die eine oder der andere auch an einen früheren Höreindruck von Schumanns *Carnaval*. Einige wenige Menschen, deren musikalisches Vorstellungsvermögen sich schon allein am optischen Eindruck der Notenschrift entzündet, sind vielleicht in der Lage, die Musik vor ihrem inneren Ohr ablaufen zu lassen. Dies käme dem Lesevorgang von Prosa nahe, in dem Zeichen mit inneren Vorstellungen verknüpft würden. Man kann na-

---

66 Eilert (1991) verweist auf zwei Tagebucheintragungen Schnitzlers: Am 19. Januar 1884 schreibt er in sein Tagebuch: "Ich lese die Wasielewski'sche Schumannbiographie und spiele nun fast ausschließlich *ihn*. Ich schwärme für ihn nun einmal ganz und gar." und am 7. August 1910: "Nm. viel Schumann gespielt, Noveletten, Kreisleriana (ganz)." Zitiert nach Heide Eilert: *Das Kunstzitat in der erzählenden Dichtung. Studien zur Literatur um 1900*, Stuttgart 1991, 330, Anm. 42.

67 Der Untertitel des *Carnaval op. 9* lautet *Scéne mignonnes sur quartre notes* und bezieht sich auf die als Augenmusik gedachten *Sphinxes*, die das melodische Material des Zyklus in Abstraktion präsentieren.

türlich, und das geschieht wahrscheinlich häufig, die Noteneinschübe einfach beim Lesen mehr oder weniger verständnislos überspringen. Die Rezeptionsmöglichkeiten dieses Abschnitts sind vielfältig und individuell, abhängig von Vorlieben, Fähigkeiten und Rezeptionsgewohnheiten, und so sind auch der ästhetischen Einschätzung alle Wege offen: die einen mögen es für leere Spielerei halten, die anderen für eine Durchbrechung und Infragestellung von Rezeptionsgewohnheiten oder darin gar die Absicht des Autors vermuten, verschiedene Kunstgattungen in der Rezeption assoziativ zu verknüpfen.[68]

Ein auf den ersten Blick ähnliches Phänomen, also eine Collage von Prosa und Musik und somit eine Eröffnung vielfältiger Rezeptionsmöglichkeiten, findet man – allerdings mit anderen Vorzeichen – auch in der Klaviermusik Robert Schumanns, wo der Komponist seinen Kompositionen Titel, Überschriften, Mottos und manchmal auch Prosafragmente hinzufügt. Wie bei Schnitzler öffnen sich bei Schumanns *Musik auf dem Papier* ganz unterschiedliche Rezeptionsmöglichkeiten, die unter anderem vom Grad der Eingeweihtheit des Aufnehmenden abzuhängen scheinen.
Eine Lektüre der schriftsprachlichen Momente der *Musik auf dem Papier* ergibt im Falle der *Davidsbündlertänze op. 6* etwa folgenden Text[69]:

---

[68] Zur literaturwissenschaftlichen Interpretation siehe Heide Eilert (1991), für die die Wiedergabe des Notentextes die "Unmittelbarkeit des akustischen Eindrucks durch das aggressive graphische Druckbild zu suggerieren sucht. [...] Die von außen in Elses Wahrnehmungen eindringende "fremde" Stimme wird somit in der Gestalt eines "fremden Zeichens" auch optisch umzusetzen versucht. [...] Stärker als die rein verbale Anspielung appelliert dieses Verfahren an den Leser, die durch den Text evozierten musikalischen Klänge seinerseits "mitzuhören", stellt das optische Signal eine Anweisung dar, ihre Synchronizität mit dem Gedankenmonolog des jungen Mädchens zu realisieren." (330 f.) In ihrer inhaltlichen Interpretation stellt Eilert vor allem das Motiv der Maskierung und Demaskierung in den Vordergrund. (332 ff.) Vgl. auch Gerd K. Schneider: *Ton- und Schriftsprache in Schnitzlers Fräulein Else und Schumanns Carnaval*, in: Modern Austrian Literature. Journal of the Int. Arthur Schnitzler Research Association. Binghamton, New York, Heft 2, 1969, 17-20. Schneider assoziiert die zunehmende Zahl von Auflösungszeichen in den aufeinanderfolgenden Notenausschnitten mit der sich "bis zur Ohnmacht steigernden Selbstauflösung Elses". (17) Ähnlich wie Eilert (1991) stellt auch Schneider einen Bezug zwischen der *Maskierung* im Carnaval und einem Grundmotiv der Erzählung, dem "Demaskierungsstreben", her. (18)

[69] Die Angaben folgen der ersten Fassung von 1838, die zweite, von Schumann selbst überarbeitete Aus-

Davidsbündlertänze
Opus 6
Walther von Goethe zugeeignet
von Florestan und Eusebius

In all' und jeder Zeit
Verknüpft sich Lust und Leid:
Bleibt fromm in Lust und seyd
Dem Leid mit Muth bereit.
Alter Spruch

Heft I

1. Lebhaft (Motto von C.W.) [F. und E.]
2. Innig [E.]
3. Mit Humor [Etwas hahnbüchen] [F.]
4. Ungeduldig [F.]
5. Einfach [E.]
6. Sehr rasch [und in sich hinein] [F.]
7. Nicht schnell [Mit äußerst starker Empfindung] [E.]
8. Frisch [F.]
9. Lebhaft [Hierauf schloß Florestan und es zuckte ihm schmerzlich um die Lippen]

Heft II

1. Balladenmäßig. Sehr rasch [F.]
2. Einfach [E.]
3. Mit Humor [F.]
4. Wild und lustig [F.]
5. Zart und singend [E.]
6. Frisch [F. und E.]
7. Mit gutem Humor
8. Wie aus der Ferne [F. und E.]
9. Nicht schnell [Ganz zum Überfluß meinte Eusebius noch Folgendes: dabei sprach aber viel Seligkeit aus seinen Augen]

---

gabe von 1850 wird hierbei nicht berücksichtigt, weil viele der schriftsprachlichen Zusätze, unter anderem das Motto und die Verweise auf Eusebius und Florestan fehlen. S. hierzu Wolfgang Boetticher: *Robert Schumanns Klavierwerke. Neue biographische und textkritische Untersuchungen*, Teil I, Opus 1-6, Wilhelmshaven 1976, 161 ff.

Nicht aufgenommen wurden die musikalischen Vortragsbezeichnungen für Dynamik, Tempo und Agogik. Es sei aber darauf hingewiesen, daß es sich durchaus lohnen kann, auch diese in eine derartige Untersuchung miteinzubeziehen wie das Beispiel des ersten Satzes der g-Moll Sonate op. 22 zeigt, in der Schumann die Tempoanweisungen *So rasch wie möglich, schneller* – und einige Takte später – *noch schneller* aufeinander folgen läßt und so, durch diese ironische Verknüpfung, die Ebene der reinen Spielanweisung verläßt.

Abb. 2: Titelblatt des Erstdrucks der Davidsbündlertänze op. 6 (mit dem Erscheinungsdatum Ende Dezember 1837)

Aus dieser zugegebenermaßen extremen Betrachtungsperspektive des Lesens wird die Wortfolge immer wieder durch Musik unterbrochen. Systematisiert man die Lektüre, so handelt es sich bei den schriftsprachlichen Mitteilungen um die Angabe von Titel, Motto, Opuszahl, Name des / der Komponisten[70], Vortragsangaben bzw. Überschriften zu den einzelnen Tänzen, Kenntlichmachung eines musikalischen Zitats sowie Unterschriften der *zuständigen Komponisten* unter fast jedem Tanz. Auf den ersten Blick mag eine solche Fülle sprachlicher Mitteilungen in der Notation eines Instrumentalwerkes als Spielerei eines auch dichterisch veranlagten und begabten Komponisten erscheinen, der den Umgang mit der Sprache und die mögliche Verrätselung mit Hilfe der Sprache liebt, wie ja auch Schumanns sprachlich äußerst anspruchsvolle Beiträge zur *Neuen Zeitschrift für Musik* zeigen. Wie im Falle der Erzählung Schnitzlers stellt sich auch hier die Frage nach den Rezeptionsmöglichkeiten. Für das musikalische Kunstwerk ergibt sich dabei eine besondere Situation im Vergleich zu anderen Künsten. Die Notation von Kunstmusik im 19. Jahrhundert ist Bestandteil eines komplexen Vermittlungs- und Rezeptionsprozesses. Anders als in anderen Künsten ist dieser bei der Musik doppelt vermittelt. Die geistige, künstlerische Idee, geformt in der musikalischen Klangvorstellung des Komponisten, manifestiert sich im Kompositionsprozeß in der Niederschrift. Hierbei muß sich der Künstler einer vergleichsweise unzulänglichen Notenschrift bedienen, die dem Reichtum seiner klanglichen Vorstellung kaum entsprechen kann. Die Notation ist im Grunde eine radikale Reduktion der ehemals vielgestaltigen und differenzierten musikalischen Vorstellung. Momente wie Spannungsbögen, dynamische und agogische Prozesse sowie Temposchwankungen sind nur äußerst grob anzudeuten. Dem eigentlichen, anderen Künsten vergleichbaren Rezeptionsakt des Hörens, geht bei der schriftlich fixierten Musik des 19. Jahrhunderts der Schritt der interpretatorischen Aneignung des Notentextes durch den ausführenden Musiker voraus. Anders als die Bildhauerin oder

---

[70] F. steht für Florestan, E. für Eusebius.

der Maler und in gewisser Weise auch anders als der Schriftsteller oder die Lyrikerin kann der Komponist sein Werk also nur in Andeutung der Öffentlichkeit übergeben. Um das Werk anhand der Niederschrift überhaupt wieder zum Leben zu erwecken, bedarf es der Vermittlung der Interpretation, die die Musik *auf dem Papier* wieder in die Sphäre der Klanglichkeit zurückführt. Die Notenschrift wird in diesem Vermittlungsvorgang zu einer Art Appellstruktur, die in ihrer Reduktion wieder auf Erweiterung dringt. Deshalb ist es unverzichtbar, die *Musik auf dem Papier* in ihren Besonderheiten wahrzunehmen und etwa die schriftsprachlichen Momente als Teil der Notation und somit des gesamten Vermittlungsvorgangs des Werks zu betrachten. Auch bei der Lektüre der Schnitzler-Erzählung wäre eine ähnlich doppelte Rezeptionssituation möglich, wenn man etwa an eine Lesung denkt. So würde sich zwangsläufig die Frage stellen, wie die Notationseinschübe vermittelt werden sollten.

Daß Schumann mit seinen Notationsbesonderheiten vorrangig auf die Rezeption des Interpreten bzw. mitlesenden Hörers setzt, ist offensichtlich und macht die appellative Struktur in diesem Falle zu einer Angelegenheit für Eingeweihte.[71] Zu bemerken ist aber, daß Notationsbesonderheiten, werden sie vom Musiker ernst genommen, Auswirkungen auf die Interpretation eines Musikstücks haben werden. Im Idealfall betrachtet der Interpret die *Musik auf dem Papier* als Ganzheit, als Zusammenspiel verschiedener künstlerischer Zeichensysteme, die in Beziehung zueinander treten können. Auf diese Weise finden die Schriftlichkeitsmerkmale der Komposition ihren Weg bis zur hörenden Rezeption. Seit dem Beginn von Schriftlichkeit in der Musik ist die Problematik der reduzierenden Notenschrift präsent und hat zu verschiedenen Ausprägungen von Reflexion über Musik geführt, so etwa

---

[71] Im Vermittlungszusammenhang des Kunstwerks hat für Schumann die Interpretation durch den ausführenden Musiker zentrale Bedeutung: "Ein guter Virtuos wird ein seichtes Werk durch schöne Behandlung zum (scheinbar) erhabenen veredeln können, wie sich umgekehrt ein Kunstwerk unter der Hand des Stümpers zum gemeinen verflacht." (Schumann in seinem Artikel *Ausdruck in der Musik* für das Damenkonversationslexikon, abgedruckt in KR II, 205)

zu Betrachtungen zur Aufführungspraxis, die in diesem Sinne auch als Ergänzung der Notenschrift zu verstehen sind. Blickt man vor diesem Hintergrund auf die Notationsgewohnheiten Robert Schumanns, erscheint etwa seine Vorliebe für schriftsprachliche Zusätze in besonderem Licht. Schumanns bekannte Äußerung, seine Titel und Überschriften seien "feinere Fingerzeige für Vortrag und Auffassung"[72], sagt eigentlich nicht mehr, als daß es sich hierbei um eine Interpretationshilfe handelt, die gleichermaßen auf die Interpretation durch den Musiker (Vortrag) wie auf die hörende Rezeption (Auffassung) zielt. Natürlich unterscheidet sich diese *Interpretationslehre* von den früheren grundlegend. Im Gegensatz etwa zu normativ ausgerichteten Anweisungen, die vor allem die technische Ausführung von Trillern und Verzierungen festlegte[73], verfolgt Schumann den Anspruch, auf ein geistig Existierendes, das noch hinter der Ebene der reinen Klanglichkeit zu liegen scheint, zu verweisen und erweitert dazu die Begrenztheit der Notation. Die Besonderheiten der Schumannschen Notation werden auf diese Weise zum inspirativen Anknüpfungspunkt für die zurückspiegelnde Phantasie des Interpreten.

3. Das Robert-Schumann-Kontinuum

Schon ein erster Blick auf die schriftsprachlichen Zusätze der *Davidsbündlertänze* Schumanns eröffnet, ohne die Musik zunächst zu berücksichtigen, Raum für Assoziationen. Jedes Moment für sich hat eine Vorstellungen und Phantasie freisetzende Kraft und das gilt nicht allein für den Titel, der mit der Bezeichnung Davidsbündlertänze gleich auf einen ganzen musikästhetisch-musikpolitischen Hintergrund anspielt.[74] Schumanns Davidsbund,

---

[72] Im Brief an Dorn am 5. September 1839. (BNF, 170)

[73] Beispiel ist etwa Carl Philipp Emanuel Bachs Schrift *Versuch über die wahre Art das Clavier zu spielen* von 1753, die als klassisches Kompendium der Verzierungslehre des achtzehnten Jahrhunderts gilt.

[74] Die musikpolitischen Dimensionen des Schumannschen Davidsbundes reflektiert Bernhard Appel: *Schumanns Davidsbund. Geistes- und sozialgeschichtliche Voraussetzungen einer romantischen Idee*, in: Ar-

der, wie er selbst in der Einleitung zu seinen *Gesammelten Schriften über Musik und Musiker* eingesteht, "ein mehr als geheimer war, nämlich nur in dem Kopf seines Stifters existirte"[75], steht für ein musikpolitisches Programm, wiederholt formuliert in den musikschriftstellerischen Beiträgen Schumanns zur *Neuen Zeitschrift für Musik.* Beim informierten Hörer kann durchaus die Erwartung entstehen, es handele sich nun um ein musikalisches Manifest der Davidsbündlerschaft. Auch die Widmung des Opus 6, *Walther von Goethe zugeeignet von Florestan und Eusebius*, ist bemerkenswert: Daß Schumann hier Florestan und Eusebius als fiktive Komponisten oder wenigstens als fiktive Widmungsgeber auftauchen läßt, hebt die Worte aus ihrem alleinigen Funktionszusammenhang als Widmung in eine schöpferische Sphäre. Eusebius und Florestan werden hierbei zu Grenzgängern zwischen Fiktion und Wirklichkeit. Des appellativen Charakters, den eine solche Widmung für den Betrachter des Titelblattes hat, war sich Schumann durchaus bewußt: Auch ein anderes Werk, seine *Klaviersonate fis-Moll op. 11,* versieht er mit einer Widmung von Eusebius und Florestan und erklärt dies in einem Brief an Friedrich Kistner vom 14. März 1836:

> "Vielleicht gefällt Ihnen etwas an der folgenden Idee. Ich möchte die Sonate [...] unter <u>diesem</u> Titel herausgeben:
>
> Sonate f. d. Pianoforte.
>
> Clara
>
> zugeeigent
>
> von
>
> Eusebius u. Florestan.
>
> Das Räthselhafte des Titels wir gewiß manche anziehn."[76]

---

chiv für Musikwissenschaft 38 (1981), 1-23.

[75] GS I, V *Einleitendes.*

[76] *Briefe und Dokumente im Schumannhaus Bonn-Endenich*, im Auftrag des Vereins Schumannhaus Bonn hrsg. von Thomas Synofzik, Bonn 1993, 17.

Darüber, ob Schumann bei der Dedikation an Walther von Goethe auch an dessen Großvater, Johann Wolfgang von Goethe, gedacht hat, läßt sich nur spekulieren. Schumann lernte den "young Goethe"[77] oder "kleinen Goethe"[78], wie er den Musik- und Philosophiestudenten, der sich von 1836 bis 1838 in Leipzig aufhielt, in seinem Tagebuch nennt, im Oktober 1836 kennen, im Sommer 1837 besuchte er ihn in Weimar. Daß er in seiner Bekanntschaft mit dem Enkel auch oftmals an den berühmten Großvater erinnert wurde, zeigt ein Tagebuch-Eintrag vom Oktober 1838:

> "Ich stand neben Mozart´s Sohn; ich dachte daran, wie ich auch den Faust neben Goethes Enkel gesessen, und wie wir recht tapfre Epigonen." (TB II, 74)

Ob sich der Bezug zur Entstehung rein auf das zeitliche Zusammentreffen der Planung des Werkes mit einer Reise zu Goethe nach Weimar 1837 bezieht oder darüber hinaus auch auf mögliche inhaltliche Verbindungen zu Goethe oder dessen Großvater, ist nicht zu rekonstruieren. Allerdings sei bemerkt, daß Schumann als Eusebius und Florestan die Dedikation ausspricht und so eine durchaus assoziative, anspielungsreiche Ebene anschlägt. Ob es sich bei der Wahl Goethes zum Widmungsträger der *Davidsbündlertänze* um die bewußte Assoziation einer eher unspezifischen dichterischen Sphäre handelt, sei dahin gestellt und liegt im Bereich der Assoziationslust des Rezipienten. Schumanns Eigenart, die Widmungsträgerin oder den Widmungsträger durchaus auch mit einer dahinterliegenden künstlerischen Idee des jeweiligen Werkes in Verbindung zu bringen, zeigt seine Äußerung zur *Humoreske op. 20* in einem Brief an Clara vom 13. März. 1839:

> "Die "Arabeske" hat die Webenau, das "Blumenstück" die Serre bekommen, die "Humoreske"– Niemand; sonderbar, ich denke mir auch bei meinen Dedicationen etwas, die doch immer mit der Entstehung einen Zusammenhang haben soll, [...]" (BW II, 441 f.)

[77] TB II, 51.
[78] TB II, 28.

Bei Robert Schumann kann die Widmung eines Werkes auch prinzipiell die Ebene ihrer eigentlichen Funktion verlassen. Dies zeigt bereits das Beispiel seines op. 1, das er laut Titelblatt einer *Pauline Comtesse d'Abegg* widmet, einer Mystifikation seiner Jugendfreundin Meta Abegg. Die Möglichkeit einer Verknüpfung von Widmung und Bedeutungszusammenhang eines Werkes erscheint in Robert Schumanns Rezension der *Sonate op. 9* Stephan Hellers. Dort heißt es:

> "Irr' ich nicht, so wollte es der Componist sogar einer Jean Paul'schen Person dediciren, der Liane von Froulay; ein Gedanke, den ihm mancher andere Dedicator sehr verdenken möchte, da das Mädchen schon längst gestorben, und überdies ja nur in einem Buch. Aber Liane hätte die Sonate verstanden, wenn auch mit Beihilfe Siebenkäse's, der ja selbst einen "Schwanzstern", ein Extrablatt, eingeschaltet im Scherzo. Die Sonate möge denn ihren Lauf antreten durch diese prosaische Welt. " (GS III, 188)

In Schumanns Phantasie wird eine fiktive Romangestalt zur geeigneten Widmungsträgerin. Schon Titel und Widmung, jeweils für sich betrachtet, laden den Hörer bzw. Leser also dazu ein, phantasievolle Fäden zu spinnen. Diese sind aber nicht systematisierbar, geschweige denn analytisch vollends ausschöpfbar, dennoch bilden sie ein assoziatives Beziehungsgeflecht. Um sich diesem Netzwerk zu nähern, lohnt es sich, einen der konstitutiven Fäden als *roten* Faden zu nutzen. Verfolgt man etwa den Faden *Florestan/Eusebius* – wie es im folgenden geschehen soll – kann man zu einer imposanten Assoziationskette gelangen: Florestan und Eusebius werden in der Widmung ja – wie bereits erwähnt – als Komponisten bzw. Widmungsgeber genannt. Gleichzeitig unterzeichnen sie fast jeden Tanz mit ihren Initialen (F., E., oder F. und E.). Zudem sind sie sprechende Personen, werden in den Halbsätzen, die jeweils die neunten Tänze der beiden Hefte der *Davidsbündlertänze* einleiten, quasi zu Romanfiguren, die folgende Musik zu ihrer "wörtlichen Rede". Als Mitglieder oder Repräsentanten des Davidsbundes und als erklärte "Doppelnatur" des Komponisten Schumann verbinden sie Titel und Komponist des Werkes. Außerdem werden sie durch die Titel bzw. Überschriften der einzelnen Tänze im Sinne der bei Schumann üblichen Polarität Eusebius (innig) und Florestan (leidenschaftlich/wild) charakterisiert.

Wie ein Schriftsteller einen Erzähler einsetzt, um eine bestimmte Sicht der erzählten und vermittelten Welt zu präsentieren, setzt Schumann Eusebius und Florestan als seine Erzähler ein. Dabei ist es nicht verwunderlich, daß sie nicht nur in einem Werk, ja nicht einmal nur in einer Funktion, nämlich in der der musikalischen Erzähler auftreten, sondern auch immer wieder unbeschwert die Grenzen der Kunstgattungen überschreiten, zu Musikschriftstellern avancieren oder zu handelnden Personen in szenisch konzipierten Rezensionen Schumanns werden. Zudem scheint sich in Schumanns wiederkehrender Identifikation mit dieser "Doppelnatur", wie er Florestan und Eusebius in einem Brief an Dorn 1836 bezeichnet[79], der Übergang zwischen Fiktion und seiner subjektiven Wirklichkeit zu verwischen.

> "Ganz neue Personen treten von heute in's Tagebuch – zwey meiner besten Freunde, die ich jedoch noch nie sah – das sind Florestan und Eusebius." (TB I, 344)

Seit diesem Tagebucheintrag vom 1. Juli 1831 taucht seine *Doppelnatur* in vielen Tagebuchaufzeichnungen, Briefen und musikkritischen Schriften auf. Interessanterweise hat Schumann mit dem Einsetzen einer mehrfunktionalen Instanz, hier als Widmungsgeber, Komponist, Davidsbündler, Rezensent und Doppelnatur des Komponisten ein prominentes Vorbild, nämlich Jean Paul, sein großes schriftstellerisches Ideal. Schumann schreibt in sein Tagebuch:

> "In allen seinen Werken spiegelt sich Jean Paul selbst ab, aber jedesmal in zwey Personen: er ist der Albano u. Schoppe, Siebenkäs u. Leibgeber, Vult und Walt, Gustav u. Fenk, Flamin u. Victor. Nur der einzige Jean Paul konnte in sich selbst zwey solche verschiedenen Charactere in sich allein verbinden; es ist übermenschlich: aber er ist es doch – immer harte Gegensätze, wenn auch nicht Extreme vereint er in seinen Werken u. in sich - u. er ist es doch nur allein." (TB I, 82)

---

[79] Brief vom 14. September 1836. (BNF, 78)

In der Jean-Paul-Forschung spricht man in diesem Zusammenhang vom sogenannten *Jean-Paul-Kontinuum*: Virtuos spielt der Dichter über sein ganzes Schaffen hinweg mit Identitäten.

> "Dieses "Jean-Paul-Kontinuum" besteht nicht bloß in der Verknüpfung der wichtigsten Texte ab der 'Unsichtbaren Loge' durch einen gemeinsamen Erzähler, sondern darüber hinaus in der schrittweisen Entwicklung dieses Erzählers durch die schrittweise Verwischung der Unterschiede zwischen Autor und fiktivem Erzähler sowie zu dem in der Verflechtung der Erzähltexte auch durch andere Inhaltselemente, insbesondere aber durch die Figuren der Erzähltexte wie z.B. (und nur unter anderem) Leibgeber und Siebenkäs."[80]

Eingebunden ist dieses Phänomen[81], eine "Textgrenzen überschreitende und das Œuvre übergreifende Technik poetischer Artistik"[82], bei Jean Paul in die ästhetische Theorie seines Humor-Konzepts, das er 1804 in seiner *Vorschule der Ästhetik* formuliert. Hier heißt es unter anderem:

> "Daher spielt bei jedem Humoristen das Ich die erste Rolle; wo er kann, zieht er sogar seine persönlichen Verhältnisse auf sein komisches Theater, wiewohl nur, um sie poetisch zu vernichten." Er ist "sein eigner Hofnarr und sein eignes komisches italienisches Masken-Quartett [...], aber auch selber der Regent und Regisseur dazu." (JP V, 132 f.)

Das Prinzip der Maskerade als Spiel im Grenzbereich zwischen Fiktion und Wirklichkeit durchzieht nicht nur Robert Schumanns frühes Klavierwerk, sondern auch seine Tätigkeit als Redakteur der *Neuen Zeitschrift für Musik*, wie er in den einleitenden Worten zu seinen *Gesammelten Schriften über Musik und Musiker* gesteht:

---

80 Rüdiger Zymner: *Manierismus. Zur poetischen Artistik bei Johann Fischart, Jean Paul und Arno Schmidt*, Paderborn 1995, 225.

81 Vgl. hierzu auch Holdener (1993), der unter der Kapitelüberschrift *Das Spiel mit den Identitäten: Who is who?* am Beispiel der Flegeljahre zeigt, wie der Autor "ein durchtriebenes Spiel mit der Identität bzw. Nicht-Identität von Jean Paul, dem fiktiven Erzähler, Walt und Vult" spielt. S. Ephrem Holdener: *Jean Paul und die Frühromantik. Potenzierung und Parodie in den "Flegeljahren"*, Zürich 1993, 148.

82 Zymner 1995, 229.

> "Diese Davidsbündlerschaft zog sich, wie ein rother Faden, durch die Zeitschrift, "Wahrheit und Dichtung" in humoristischer Weise verbindend." (GS I, V)

Zahlreiche Artikel, die Schumann für die *NZfM* schreibt, tragen die Unterschrift des Autors im Pseudonym oder sind fiktive Dialoge zwischen fiktiven Personen. So trifft etwa in einer Szene, die Schumann in der Rezension der Variationen *Là ci darem la mano* von Chopin entwirft, der fiktive Autor der Besprechung, Julius, auf Florestan und Eusebius. Ganz im Stile Jean Pauls ist auch bei Schumann die Unterscheidung der Identitäten schwierig: Verbirgt sich hinter dem Pseudonym Julius Robert Schumann? Julius ist allerdings nicht nur Autor der Rezension, sondern auch eine fiktive Gestalt der entworfenen Szene. Und in welchem Verhältnis stehen dann Eusebius und Florestan zu diesem Julius alias Robert, wenn sie doch eigentlich seine erklärte Doppelnatur sind ? Besonders prekär wird dieses Spiel mit Identitäten, wenn Eusebius sich über die Kompositionen Schumanns äußern soll:

> "Über den Sinfoniesatz von S[chumann] hab' ich schwerlich ein Urteil. Ist er denn nicht mein ältester Bruder und Doppelgänger, und wuchs das Werk nicht unter meinen Augen auf?" (KR II, 265)

In diesem Falle gilt für Schumann das, was Ephrem Holdener (1993) in bezug auf die Identitätsverwirrung in Jean Pauls *Flegeljahren* schreibt,

> "daß alle die genannten 'Helden' aus der einen Persönlichkeit Jean Paul entstanden sind. Alle haben zwar im Roman ihre eigene Identität, doch diese wird im schreibenden Ich aufgehoben. Als seine 'Setzungen' bilden sie eine Einheit, sozusagen die Einheit der ersten Idee, aus der sich ironisch der ganze Roman entfaltet."[83]

Das Phänomen der Maskierung und das Spiel mit Identitäten offenbart sich auch in Schumanns kompositorischem Schaffen und hier bekanntermaßen besonders in seinem frühen Klavierwerk. Schon die Titel einiger Werke weisen darauf hin: so die *Papillons*, der *Faschingsschwank aus Wien* und besonders auch der *Carnaval*, in dem nämlich eben dies von Jean Paul für den Humoristen geforderte *italienische Masken-Quartett* bildlich in den

[83]Holdener (1993), 158

Überschriften einiger Stücke – in den Masken der Commedia dell'arte *Pantalon, Colombine, Arlequin und Pierrot* – auftaucht. Hierbei repräsentiert schon die Doppelgesichtigkeit des "Hofnarrs" als Harlekin und Pierrot eine bezeichnende Polarität: auf die komische, aber immer melancholische Figur des Pierrot folgt der Harlekin, als italienische Ausprägung des Hanswursts. Auch sein mittel- und unmittelbares Umfeld – also nach Jean Paul *seine persönlichen Verhältnisse* – läßt Schumann in seinem *Carnaval* zu Masken gerinnen: Neben Chiarina (Clara), Estrella (Schumanns Freundin Ernestine von Fricken), Chopin und Paganini erscheinen auch Eusebius und Florestan. Dabei sind Florestan und Eusebius Schumanns Masken, in die er seine eigenen polar empfundenen Wesenszüge projiziert. Werden sie im *Carnaval op. 9* zu Schumanns musikalischen *Masken*, so wandeln sie sich in seinen *Davidsbündlertänzen* nach seiner Meinung zu musikalischen *Gesichtern*.[84]

Nimmt man das Beispiel von Eusebius und Florestan, den musikalischen Erzählern Robert Schumanns, so zeigt sich, daß sie die Rolle eines Fadens übernehmen können. Aber ganz im Sinne einer pluralen Verwendung des Begriffs[85], ist dieser Faden als *ein* Faden unter mehreren anderen nicht in erster Linie einheitsstiftendes Moment, sondern zieht sich gleichzeitig durch musikalische und außermusikalische Bereiche, verbindet diese webend miteinander.[86]

---

[84] Schumann an Clara im März 1838: "Ueber die Dblertänze gehst Du mir zu flüchtig hinweg; ich meine, sie sind ganz anders als der Carnaval und verhalten sich / zu diesem / wie Gesichter zu Masken." (BW I, 127)

[85] S. Kapitel III 2. 3. *Faden und Fäden: Zu einer ästhetischen Kategorie.*

[86] Schumanns Tendenz, Leben und Werk miteinander zu verweben, zeigt auch die Konzeption seiner Tagebücher. Leander Hotaki (1998 a) stellt die bedenkenswerte Überlegung an, daß Schumann die Tagebücher nicht allein zur Aufzeichnung von Erinnerungen und als Instrument der Selbsterkenntnis (263) dienten, sondern daß er in ihnen auch künstlerische Absichten verfolgte. Für Hotaki ist es durchaus plausibel, daß Schumann seine Tagebücher auch mit Blick auf eine Leserschaft geschrieben haben könnte: "Vergegenwärtigt man sich jedoch, daß das Tagebuch zu Schumanns Zeit eine vielfältig verwendete literarische Form darstellte, daß überdies der Verleih von Tagebüchern und auch Druck und Veröffentlichung zu Schumanns Zeit weit verbreitet waren, so scheint Schumann diese Möglichkeit auch hinsichtlich der Tagebücher gewiß nicht ausgeschlossen zu haben, zumal sich in der *Hottentottenіana* der Vermerk "Wer Dich ließt..." [TB I, 126] sowie eine scherzhafte "Nachricht an den künftigen Setzer" [TB I, 162] finden."

So zeigt sich hier eine weitere Unbestimmtheitsstelle, die es für die Musik Schumanns einzukreisen gilt: Es ist die Heterogenität der Zeichensysteme Schriftsprache und Notenschrift in der Niederschrift der Komposition. In diesem Sinne wäre das verläßliche Verweilen in einem Zeichensystem, auf dessen Beibehaltung sich der Rezipient verlassen kann, als Bestimmtheit zu werten, die aber mit der Existenz schriftsprachlicher Momente in Frage gestellt wird. In besonderem Maße gilt dies natürlich bei der ersten Rezeption des Musiklesens und Verklanglichens durch den Interpreten. Für den Hörer, der die Notation nicht kennt, hängt die Wahrnehmung dieser Heterogenität vom Grad seiner Informiertheit ab. Hervorstechendes Charakteristikum dieses Phänomens bei Schumann ist der Dualismus von Verweis und Unbestimmtheit. Das musikalisch-sprachliche Netzwerk, das durch die spinnenden Fäden entsteht, hat den Charakter eines beziehungsreichen Verweises, ohne sich aber in der Rezeption in ein stimmiges, eindeutiges Gefüge aufzulösen. Bei aller ihnen innewohnenden appellativen Macht zielen diese Verweise doch ins Leere, beziehungsweise – so hofft Schumann – beim Rezipienten, der sich darauf einlassen will, in die Welt der zurückspiegelnden Phantasie.

4. Zwischen Ornament und Hieroglyphe: Arabeske op. 18

Es gehört nach Hans Robert Jauß zum "Ereignischarakter des literarischen Werks", daß in einem prozeßhaften Geschehen zwei Horizonte zu vermitteln sind:

> "Der Horizont der Erwartung, die das Werk aufruft, bestätigt oder auch überschreitet, und der Horizont der Erfahrung, die der Empfänger einbringt." Dies geschieht

Leander Hotaki: "*Eine unendlich verwobene Fläche*". *Zur Dichtung Robert Schumanns*, in: Robert Schumann. Philologische, analytische, sozial- und rezeptionsgeschichtliche Aspekte, hrsg. von Wolf Frobenius, Ingeborg Maaß, Markus Waldura und Tobias Widmaier, Saarbrücken 1998, 255-267.

> nach Jauß in der "aktiven Synthese des Verstehens und Wieder-anders-Verstehens."[87]

Ein wichtiges Moment, das den Horizont der Erwartungen schon zu Beginn des Lesens eröffnet, sind der Titel und Untertitel eines Werks. Wird etwa im Untertitel eines Romans, wie im 18. und 19. Jahrhundert durchaus üblich, auch noch ein Gattungsbezug hergestellt, etwa zum Briefroman oder der Biographie, so konstituiert sich schon zu Beginn der Lektüre ein Teil des Bezugssystems der Erwartungen,

> "das sich für jedes Werk im historischen Augenblick seines Erscheinens aus dem Vorverständnis der Gattung, aus der Form und Thematik zuvor bekannter Werke und aus dem Gegensatz von poetischer und praktischer Sprache ergibt."[88]

Für die Musik gilt ähnliches: Mit der Titelgebung eines Musikstücks des 18. und frühen 19. Jahrhunderts wird oftmals gerade der Gattungsaspekt hervorgehoben. Ist ein Werk mit *Sonate*, *Variationen* oder *Symphonie* überschrieben, so appelliert es damit an die bisherigen Erfahrungen des Hörers mit dieser Gattung. Schumann schreibt in seiner Berlioz-Rezension (1835):

> "Wir sind gewohnt, nach dem Namen, die eine Sache trägt, auf diese selbst zu schließen; wir machen andre Ansprüche auf eine "Phantasie", andre auf eine "Sonate"." (GS I, 118)

Dabei ist zu bedenken, daß sich das Werk immer an einen historischen Hörer mit spezifisch geprägtem Vorverständnis wendet.

Schumann hat bekanntermaßen neben Gattungsbezeichnungen wie Sonate oder Symphonie – gerade für seine Klavierwerke der dreißiger Jahre – auch poetische Titel gewählt, die einen Rückschluß auf eine gattungsspezifische Formanlage des Werkes meist nicht mehr zulassen.[89] Ein Sonderfall der

---

[87] Hans Robert Jauß: *Ästhetische Erfahrung und literarische Hermeneutik*, Frankfurt a. M. 1982, 696.

[88] Hans Robert Jauß: *Literaturgeschichte als Provokation*, Frankfurt a. M. 1970, 173 f.

[89] Es soll im folgenden nicht darum gehen, die Diskussion fortzusetzen, ob die Titel der Klaviermusik Schumanns vor, während oder nach dem Kompositionsprozeß entstanden sind. Dies würde voraussetzen, die Titelgebung eines Werkes nicht als Teil des Kompositionsprozesses aufzufassen. Davon wird in dieser Arbeit jedoch ausgegangen.

Benennung ist die 1839 veröffentlichte *Arabeske op. 18* Robert Schumanns. Der Titel Arabeske ist in seiner Qualität nicht vergleichbar mit Überschriften wie etwa *Papillons*, *Carnaval* oder *Kinderszenen*. Im Zusammenhang mit der wirkungsästhetischen Einschätzung solcher letztgenannten Titel[90] sei auf das "neue Verhältnis zum Publikum" hingewiesen, das Norbert Linke und Gustav Kneip (1978) konstatieren. Ihrer Meinung nach geht es Schumann bei seinen Titelgebungen vorrangig darum,

> "die Einwegkommunikation zwischen Komponist (bzw. Interpret) und Zuhörer zu überwinden und in ein mehrdimensionales Kommunikationssystem überzuführen. Der Zuhörer soll seine Erwartung nicht mehr auf zu konkrete Einzelheiten (wie zum Beispiel Form-Klischees) richten, vielmehr sich öffnen und das zu Hörende unverstellt auf sich wirken lassen. [...] Mit diesen Titeln ist kein Hinweis auf programmatische Vorstellungen [...] zu verknüpfen. Sie wollen vielmehr dem Hörer helfen, sich von allzu detaillierten und musikformalistischen Erwartungen zu befreien."[91]

Robert Schumann selbst äußert sich bei einer Betrachtung der *Charakteristischen Studien op. 95* für Klavier von Moscheles zu der Frage poetischer Überschriften:

> "Man hat diese Ueberschriften über Musikstücke, die sich in neuerer Zeit wieder vielfach zeigen, hier und da getadelt, und gesagt "eine gute Musik bedürfe solcher Fingerzeige nicht." Gewiß nicht: aber sie büßt dadurch eben so wenig etwas von ihrem Werth ein, und der Componist beugt dadurch offenbarem Vergreifen des Charakters am sichersten vor. Thun es die Dichter, suchen sie den Sinn des ganzen Gedichtes in eine Ueberschrift zu verhüllen, warum sollen's nicht auch die Musiker? Nur geschehe solche Andeutung durch Worte sinnig und fein; die Bildung eines Musikers wird gerade daran zu erkennen sein." (GS III, 17)

---

[90] S. hierzu auch Constantin Floros: *Schumanns musikalische Poetik*, in: Robert Schumann. Musik-Konzepte, Sonderband I, hrsg. von Heinz-Klaus Metzger und Rainer Riehn, München 1981, 101: "Schumanns Äußerungen über Zweck und Berechtigung der Überschriften sind also nicht widersprüchlich, vielmehr lassen sie ein differenziertes Denken erkennen. Überschriften, die seiner Auffassung nach von der Sache her gerechtfertigt waren, hielt er für zulässig oder für erforderlich."

[91] Norbert Linke / Gustav Kneip: *Robert Schumann. Zur Aktualität romantischer Musik*, Wiesbaden 1978, 199.

Begriffe wie *Verhüllen* und *Andeuten* verweisen auf Schumanns Anerkennung der appellativen Qualität solcher Art poetischer Titel jenseits der Gattungsbezeichnung.[92] Beim Titel *Arabeske* verhält es sich anders, denn im Gegensatz zu den oben genannten Überschriften ist er durchaus eine Gattungsbezeichnung, allerdings nur für den Fall, daß es sich um ein Werk der bildenden Kunst handeln würde. Somit spielt Schumann in seiner Benennung mit dem eingeübten Rezeptionsmodus des Hörers, bei einer im Titel auftauchenden Gattungsbezeichnung mit der Erwartung von Form-Klischees zu reagieren. Diese Doppeldeutigkeit hat Konsequenzen für den Leser bzw. Hörer: Er mag je nach Vorerfahrung gattungsspezifische Formprinzipien der bildenden Kunst assoziieren, sich aber gleichzeitig in der eigenartigen Situation sehen, mit einem musikalischen Werk konfrontiert zu sein.

4.1. "Zauberisches Genießen" der Musik auf dem Papier

Versteht man die Gattungsbezeichnung *Arabeske* als Appell an die Erfahrungen des Auges und des Blickes[93], so eröffnet sich die Möglichkeit für den die *Musik auf dem Papier* lesenden Rezipienten, die Notation *an sich*, jenseits ihrer Vermittlungsfunktion musikalisch-klanglicher Phänomene, zunächst als optisches Kunstwerk zu betrachten. Robert Schumann selbst liegt ein solches Vorgehen durchaus nicht fern: In den Jahren seiner Tätigkeit als Musikschriftsteller und Redakteur der *Neuen Zeitschrift für Musik* war es eine

---

[92] Mit ähnlicher Intention äußert sich Schumann auch im Zusammenhang mit Joh. Friedrich Kittls *6 Idyllen op. 1* : "Auf eine richtige Benennung seiner Kinder hat aber der Musiker eben so zu sehen wie jeder andere Künstler; eine falsche kann bei aller Güte der Musik sogar verstimmen, eine treffende aber die Freude am Verständniß um Vieles erhöhen." (GS III, 100)

[93] Daß Schumann den Titel *Arabeske* vorrangig mit Blick auf ein optisches Phänomen betrachtet, zeigt seine Briefäußerung an Henriette Voigt vom 11. August 1839: "Auch sind drei neue Compositionen (aus Wien) angelangt und warten auf Sie – darunter eine Humoreske, die freilich mehr melancholisch, und ein Blumenstück und Arabeske, die aber wenig bedeuten wollen; die Titel besagen es aber ja auch, und ich bin ganz unschuldig, daß die Stengel und Linien so zart und schwächlich." (BNF, 167) Bezieht sich *Stengel* auf den Titel des *Blumenstücks op. 19*, so deutet die Bezeichnung *Linie* auf eine ornamentale, optische Assoziation zum Titel Arabeske.

wichtige Aufgabe für ihn, der Zeitschrift bzw. ihm zugesandte neue Kompositionen zu rezensieren. Sein Klavier war ihm hierbei wichtiges Hilfsmittel, hat er doch die meisten Werke – besonders natürlich der Klavier – und Kammermusik– selbst gespielt, bevor er sich über sie äußerte. Von diesem Prozeß zeugt auch die eingangs erwähnte Differenzierung von Musik auf dem Papier, im Klangkörper und in der zurückspiegelnden Phantasie in der Besprechung des Klavierzyklus Ottos. In vielen Fällen profitierte Schumann dabei von einer Fähigkeit, die er für den Musiker für unerläßlich hielt: "Du mußt es soweit bringen, daß du eine Musik auf dem Papier verstehst"[94], forderte er in seinen *Musikalischen Haus- und Lebensregeln*. Für ihn war die Fähigkeit zum *Lesen* von Musik ein Ausdruck musikalischer Bildung. Doch hat dieses Phänomen bei Schumann verschiedene Dimensionen: Auf der einen Seite handelt es sich hierbei um eine quasi handwerkliche Fähigkeit, nämlich die des rationalen Erfassens der musikalischen Struktur einer Musik anhand des Notentextes, worauf die Forderung in den Haus- und Lebensregeln ja auch zielt. Auf der anderen Seite ist sie eng mit der Möglichkeit des inneren Hörens verbunden. Im Gegensatz zum rationalen bzw. analytisch ausgerichteten Wahrnehmen durch das Auge tritt hier der innere Klangeindruck hinzu. Auf diese Weise wird das Lesen von Musik zu einem Akt höchst elitärer Prägung, beschränkt sich doch die Zahl der Menschen, die die Fähigkeit haben, aus dem Notenbild vor ihrem inneren Ohr Musik entstehen zu lassen, auf einen kleinen Kreis von Kennern. Über Ernst Webers *Notturno für zwei Pianofortes zu 8 Händen* schreibt Robert Schumann:

> "Die letzteren [die acht Hände] fehlen uns, daher wir das im Fieldschen Charakter gehaltene anspruchslose Stück nur in der Phantasie hörten, wo es sich ganz gut ausnimmt."(KR II, 311)

Der optische Eindruck des Notenbildes wird außerdem zum Erkennungsmerkmal eines individuellen notengestalterischen Personalstils, den er bei einzelnen Komponisten zu erkennen meint:

---

[94] GS IV, 295.

> "Ueberdies, scheint mir, hat jeder Componist seine eigenthümliche Notengestaltungen für das Auge: Beethoven steht anders auf dem Papier, als Mozart, etwa wie Jean Paul'sche Prosa anders, als Goethe'sche." (GS I, 3)

Schließlich führt die Betrachtung der optischen Momente des Notentextes für Schumann zu einer Ästhetisierung des musikalischen Lesevorgangs, denn

> "dies verhüllte Genießen der Musik ohne Töne hat etwas Zauberisches". (ebd.)

Er wird zum ästhetischen Genuß, dem ähnlich, was sich beim Betrachten eines Werkes der bildenden Kunst einstellen kann. Proportionen im "wunderliche(n) wie umgestürzte(n) Notengebälke"[95] oder auch die "liebliche Ordnung im Notengebälk"[96] sind für ihn visuell erkennbar und machen den Leseeindruck, den – wie Schumann ihn nennt – "prüfenden En-Gros-Blick", zur "Notengestaltmusik für's Auge".[97]

Ein erster, im Sinne eines *zauberischen Genießens* schweifender Blick über den Beginn der *Arabeske op. 18* nimmt eine klare Gliederung wahr. Wie das Flechtwerk arabisch-islamischer Ornamentik winden sich Notenbalken, Hälse, Köpfe, Bögen, dynamisch-agogische Zeichen wie schriftsprachliche Hinweise (z.B. ein über vier Takte auseinander gezogenes Wort ritardando) in ornamentaler Verschränkung. Fährt man versuchsweise die Melodielinie des Eingangsmotivs mit dem Finger nach, so kann man durchaus – besonders aufgrund der Wiederholung – das graphische Modell einer ornamentalen Struktur assoziieren.

---

[95] GS IV, 122.
[96] GS III, 118.
[97] GS II, 3.

ARABESKE

OPUS 18

Frau Majorin F. Serre auf Maxen zugeeignet

Komponiert in Leipzig 1839

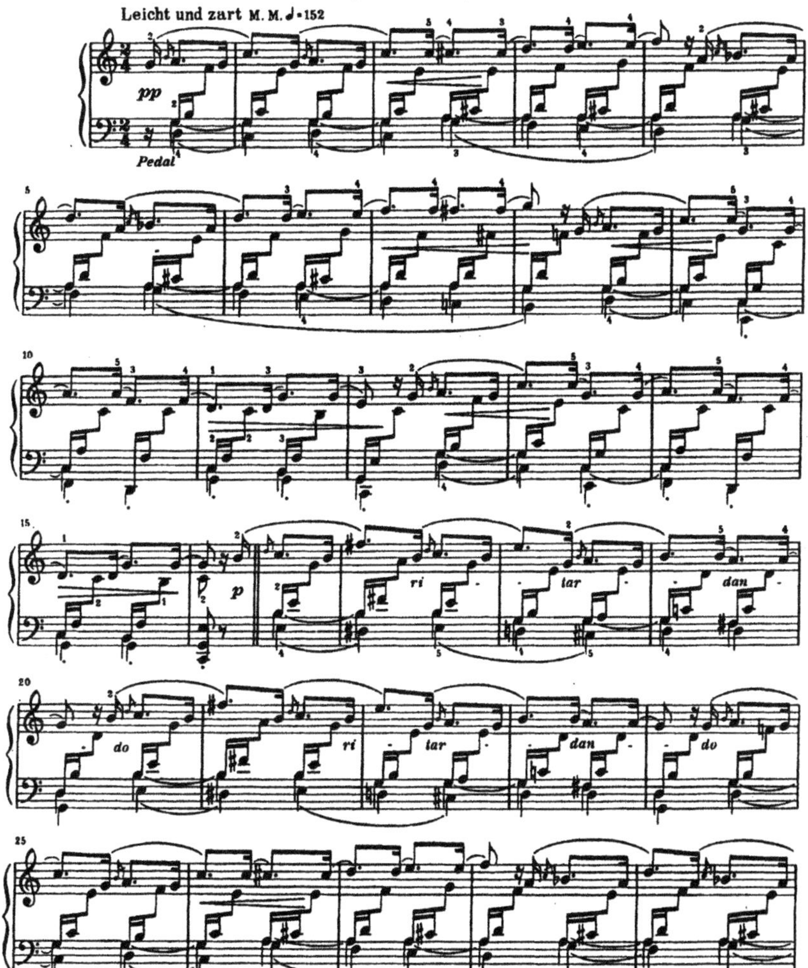

Arabeske op. 18, T. 1-29

Dagegen scheint der mit *Minore I* bezeichnete zweite Abschnitt geordneter: Die ersten acht Takte bieten eine regelmäßige Balkenbildung pro Takt, die durch ihre auf- bzw. abwärtsgerichtete Parallelität und die gleichmäßig langen Bögen mehr Kontur aufweist als der flechtende Beginn.

Arabeske op.18, T. 41-72

4.2. Arabeske: Titel und Erwartungshorizont

Der Begriff Arabeske offenbart sich zu Beginn des 19. Jahrhunderts als ein durchaus vielschichtiger: Im Hinblick auf seinen Ursprung als Benennung der stilisierten Blattrankenornamentik der islamischen Kunst bezeichnet 'Arabeske' in der bildenden Kunst und der Architektur eine Formbildung mit Hilfe des Ornamentalen. Sie ist eine Form künstlerischer Gestaltung, die Goethe 1789 folgendermaßen beschreibt:

> "Wir bezeichnen mit diesem Namen eine willkürliche und geschmackvolle malerische Zusammenstellung der mannigfaltigsten Gegenstände, um die inneren Wände eines Gebäudes zu verzieren.
> Wenn wir diese Art der Malerei mit Kunst im höheren Sinne vergleichen, so mag sie wohl tadelnswert sein und uns geringschätzig vorkommen, allein wenn wir billig sind, so werden wir derselben gern ihren Platz anweisen und gönnen."[98]

Neben dieser auf die Innenaustattung von Gebäuden bezogenen Verwendung des Begriffs avanciert die Arabeske in der Ästhetik der Jenaer Frühromantik und hier insbesondere bei Friedrich Schlegel zum Paradigma im Sinne eines Strukturprinzips von Dichtung, ja von Kunst schlechthin.[99] Die Arabeske wird zum angestrebten künstlerischen Ideal auch für die Ästhetik des Romans. In seinem *Gespräch über die Poesie* schreibt Friedrich Schlegel im Zusammenhang mit der Arabeske als "älteste[r] und ursprünglichste[r] Form der menschlichen Fantasie":

> "[...] diese künstlich geordnete Verwirrung, diese reizende Symmetrie von Widersprüchen." (KA II, 318)

In der bildenden Kunst wird die Arabeske ungefähr zur gleichen Zeit etwa in den Werken von Philipp Otto Runge oder Eugen Neureuther zu einer

---

[98] Johann Wolfgang Goethe: *Von Arabesken*, in: Sämtliche Werke nach Epochen seines Schaffens, hrsg. von Karl Richter, Münchner Ausgabe, Band 3.2. Italien und Weimar 1786-1790, hrsg. von J. Becker u.a., München 1990, 191.

[99] S. Karl Konrad Polheim: *Die Arabeske. Ansichten und Ideen aus Friedrich Schlegels Poetik*, Paderborn 1966.

experimentellen Gattung romantischer Malerei[100]: Die Neuartigkeit und ästhetische Brisanz nimmt auch Goethe wahr, dessen wörtliche Reaktion auf die "Vier Zeiten" Philipp Otto Runges uns in einem Brief von Sulpiz Boisserée an Melchior Boisserée überliefert ist:

> "Da sehen sie einmal, was das für Zeug ist, zum rasend werden, schön und toll zugleich."[101]

Die Arabeske wird zum Ort, an dem mit Hilfe der Entgegenständlichung an der Musikalisierung der Malerei gearbeitet wird. Ihr Weg führt in die Abstraktion.[102] Auch als Titel schriftstellerischer Arbeiten wie auch als Titel von Gedichtsammlungen taucht die Arabeske in Schumanns Umfeld auf.[103] Das gestalterische Prinzip der Arabeske im Moment des Ornamentalen begegnet dem zeitgenössischen Leser bzw. Hörer besonders auch in funktionalem Zusammenhang als Gestaltungsmoment von Illustrationen und Titelblättern oder als Randzeichnungen zu Gedichten.[104]

4.3. Was ist musikalisch ornamental?

Die möglichen Beziehungen zwischen Titel und literarischem Werk sind vielschichtig: Er kann mit einem bewußt hermetischen Charakter verrätseln, um den Leser neugierig zum machen, das Thema oder eine Romangestalt nennen oder mit einem möglichen Gattungsbezug auf eine spezielle formale

---

[100] S. hierzu die aufschlußreiche Arbeit von Werner Busch: *Die notwendige Arabeske. Wirklichkeitsaneignung und Stilisierung in der deutschen Kunst des 19. Jahrhunderts*, Berlin 1985.

[101] Zitiert nach Jörg Traeger: *Philipp Otto Runge und sein Werk*. Monographie und kritischer Katalog, München 1975, 171.

[102] S. zur Wirkung von Runges Arabeskenmalerei auf die Entwicklung der abstrakten Kunst im 19. und 20. Jahrhundert Markus Brüderlin: *Die Einheit in der Differenz. Die Bedeutung des Ornaments für die abstrakte Kunst des 20. Jahrhunderts. Von Philipp Otto Runge bis Frank Stella*, Phil. Diss. (microf.), Bergische Universität – GH Wuppertal 1994.

[103] Vgl. die Mottosammlung Schumanns: Hier erscheint der Name *Arabeske* zum Beispiel als Sammeltitel für Gedichte von Carl Gustav von Brinckmann, Bändchen 1, Berlin 1804 (MS I, E 107). Zudem liest Schumann 1828 W. Siehlers *Arabesken, Zwölf Betrachtungen*, 1828. (TB I, Anm. 100)

[104] S. etwa Neureuthers *Randzeichnungen zu Goethes Balladen und Romanzen* von 1829, abgedruckt in: Busch (1985), 64 und 67.

oder erzählerische Gestaltung verweisen. In jedem Fall aber haben sie durch ihre vorbestimmte Funktion, auf kleinstem Raum eine Aussage zum folgenden literarischen Werk geben zu sollen, eine große appellative Kraft. Bei der Benennung eines Musikstücks wird das Verhältnis von Titel und Werkganzem dadurch brisanter, daß sich die Zeichensysteme von sprachlichem Titel und erklingendem Werk heterogen zueinander verhalten.[105] Der Prozeß, in dem der Rezipient den durch den Titel eröffneten Erwartungshorizont mit dem Werkganzen vermitteln kann, ist auch im Fall der *Arabeske* Schumanns komplex. Es kann sich dem zeitgenössischen wie auch dem heutigen Hörer der *Arabeske* die Frage stellen, ob auch Schumanns erklingende Musik arabeskenhafte Züge präsentiert. Dabei soll das Arabeskenhafte im Folgenden im Sinne eines ornamentalen Formprinzips, in dem sich letztendlich alle oben angeführten Begriffsdimensionen treffen, gewertet werden. Beim Blick auf ein ornamentales Formprinzip muß zunächst auf den ästhetischen Zusammenhang hingewiesen werden: Sowohl Runges bildnerische Arabesken wie auch Schlegels Konzept einer arabeskenhaften Dichtung sind Experimente auf dem Weg zu einer Musikalisierung ihrer jeweiligen Kunst. Gerade das ornamentale Moment, das für bildende Kunst wie Dichtung eine Entfernung von der Gegenständlichkeit und eine fortschreitende Selbstreferentialität bedeutet, wird der Musik von den Vertretern der Nachbarkünste als wesensmäßige Qualität zugeordnet. Sui generis stellt die Musik für sie also schon ein ***arabeskenhaftes*** selbstreferentielles System dar.[106]

In der Musik kann nicht wie in der Dichtung zwischen Lautlichkeit und Gegenstand oder wie in der bildenden Kunst zwischen gegenständlicher und ornamentaler Gestaltung unterschieden werden.

> "Für die Musik zerfällt der Gegenstand auf der Ebene seiner pur sinnlichen Zugänglichkeit methodisch eben nicht in eine nur substruierende Schicht reiner Lautlichkeit und eine andere, "auf" dieser definierte Sinnebene, die sie zum Medium der

---

[105] Vgl. hierzu auch das Kapitel II 2. *Heterogenität der Zeichensysteme: Schriftsprache und Notenschrift.*

[106] S. auch das Kapitel I 2. *Zurückspiegelnde Phantasie und appellative Struktur des Kunstwerks.*

> Vermittlung von "Gemeintem" macht, sondern im musikalischen Objekt fallen diese beiden Schichten zusammen."[107]

Will eine Musik den Eindruck des Ornamentalen erwecken, bedarf es gewissermaßen der Potenzierung der wesensmäßigen Unbestimmtheit, einer *Musikalisierung* der Musik. Für Robert Schumann ist die Musik so auch "die höhere Potenz der Poesie". (TB I, 96)

Um Momente der *Unbestimmtheit* für die Musik fassen zu können, muß der Blick auf den Gegenpol der *Bestimmtheit* gerichtet werden, also auf Momente, die ähnlich der Gegenständlichkeit in der Malerei und der von den Frühromantikern so beklagten Nähe zur Dingwelt in der Dichtung, der Musik einen Zug relativer Bestimmtheit geben. Dabei zeigt sich, daß Musik dies nur in Reflexion ihrer eigenen Geschichtlichkeit tun kann. Wird sich die Musik ihrer historischen Position innerhalb einer Gattungs- und Traditionsgeschichte bewußt, so kann sie diese, etwa die Formtraditionen und Konventionen, als Teil ihrer Bestimmtheit ansehen und sie zum Gegenpol ihrer Unbestimmtheit machen. Die Frage ist, welche Möglichkeiten der Unbestimmtheit die musikalische Gestalt der *Arabeske* dem Hörer anbietet.

4.4. "Variationen, aber über kein Thema": Wiederholungsstrukturen und kompositorisches Konzept

Ein kompositorisches Moment der *Arabeske*, das den Eindruck des Ornamentalen verstärken kann, ist das auffällige Prinzip der Wiederholung, das über das übliche Maß einer Rondostruktur hinausgeht: Die *Arabeske* präsentiert sich in ihrer Großform in der Abfolge der Teile A-B-A-C-A-Epilog. Konzentriert man sich nun auf den A-Teil und untersucht ihn auf das Prinzip der Wiederholung, so ergibt sich eine dreiteilige Form a-b-a. Wenn man bedenkt, daß sich nicht nur der A-Teil dreimal vollständig und unverändert wiederholt, sondern auch der A-Teil in sich bereits redundant

---

107 Cadenbach (1991), 142.

ist, d.h. schon zweimal dasselbe präsentiert, bedeutet dies, daß der Hörer sechsmal die ersten 16 Takte des Stücks unverändert hört.

Im ästhetischen Sinne hat das Wiederholungsprinzip vor allem zwei Konsequenzen: den Verzicht auf Neues und das Moment des Strebungslosen. Die entsprechenden, der Unbestimmtheit entgegengesetzten ***Bestimmtheits*merkmale** der Musik wären dann allgemein gefaßt: eine kompositorische Gestaltung, die dem Bedürfnis nach Abwechslung und Neuartigkeit folgt sowie – in Hinsicht auf das Moment des Strebungslosen – eine auf Entwicklung angelegte musikalische Formung. Will man für die Musik Bestimmtheitsmerkmale fassen, zeigt sich die zuvor erwähnte historische Bedingtheit: Erst vor dem Hintergrund und in Abhebung etwa von Beethovens frühen und mittleren Werken mit ihrer vorwiegenden Gerichtetheit des musikalischen Prozesses erschließt sich die Neuartigkeit und der experimentelle Charakter einer solchen in und um sich kreisenden Komposition wie der Schumannschen *Arabeske*. Für das Bedürfnis nach Abwechslung gilt ähnliches, bedenkt man etwa die noch im Barock postulierte Affekteneinheit. Für die Rezeption des Hörers bedeutet das Wiederholungsprinzip, daß die Neuwertigkeit des Informationsgehalts dieses Abschnitts mit jeder Widerholung hinwegschwindet: Dieser Verlust birgt in sich die Tendenz zum Ornamentalen, denn diese Abschnitte werden nicht mehr als Momente einer prozeßhaften Entwicklung des Stücks wahrgenommen, sondern eher als Innehalten, oder in Anlehnung an die Strukturen bildnerischer Arabesken als ornamentale Rahmung. Sie werden so immer mehr zu Leerstellen, allerdings zu produktiven Leerstellen im Sinne eines Raumgebens für die Tätigkeit der zurückspiegelnden Phantasie: Was gefragt ist an dieser Stelle des Stillstands der fortlaufenden prozeßhaften Entwicklung der Musik, sind das Erinnern und Erwarten als Momente eines Sich-Bewußtwerdens der eigenen Hörerfunktion. Eine weitere mögliche Rezeptionshaltung ist das meditative Sich-

Versenken, das Sich- Forttragenlassen des Hörers, ausgelöst durch die "Magie des Immergleichen".[108]
Auch die bildnerische Arabeske Runges kennt die Tendenz zur Wiederholung, in ihrem Falle wird sie sogar zum grundlegenden Strukturprinzip: Blickt man etwa auf das erste Blatt *Der Morgen* aus dem aus vier Blättern bestehenden Zyklus *Vier Zeiten*, den wohl berühmtesten Arabeskenentwürfen Runges, so fallen das bestimmende Prinzip der Symmetrie und die damit verbundene Wiederholungsstruktur des Rechts und Links sofort ins Auge. Dabei kann man verschiedene Grade der Identität und des Variativen unterscheiden. Betrachtet man zunächst allein die deutlich vom Innenbild abgegrenzte Rahmung, so erscheinen die beiden Hälften, die entlang der Mittelachse symmetrisch aufeinander bezogen sind, gespiegelt identisch. Verfährt man genauso mit dem Innenbild, so wird man auf den ersten Blick auch eine nahezu mittelachsensymmetrische Form feststellen. Doch bei näherem Hinsehen offenbart sich das variative Moment etwa

- in der Wolkengestaltung: Auf der linken Seite erheben sich die Wolken in der Mitte des Bildes höher als rechts.
- in der auf der Spitze der Blüte stehenden Gruppe von drei Kindern am oberen Bildrand: Sie bilden zwar ein symmetrisches Gebilde, die Variation besteht aber in der divergierenden Beinhaltung des rechten und des linken Kindes.
- in der symmetrischen Anlage der vier musizierenden Kinder, die aber alle in unterschiedlichen Sitzhaltungen unterschiedliche Instrumente spielen und dabei in vier verschiednene Richtungen blikken.
- in den in Größe und Form unterschiedlichen, sich aus den vier herabhängenden Lilienkelchen ergießenden Blüten.

[108] Clemens Kühn, Formenlehre der Musik, Kassel 1987, 18.

Abb. 3: Philipp Otto Runge: Der Morgen (1805), Kupferstich und Radierung (2. Auflage 1807)

Was diese Beispiele verbindet, ist ihre Existenz im Spannungsfeld von Identität und Variation. Dieses Moment der Selbstbezüglichkeit der bildnerischen Zeichen ist es, was die Arabeskenmalerei in den Augen der frühromantischen Kunsttheorie in die Nähe der Nachbarkunst Musik bringen kann und somit eine Musikalisierung der Malerei zur Folge hat. Die Bewegung im Spannungsfeld zwischen Identität und Variation ist es letztendlich auch, was die Arabesken Runges vor der Erstarrung rettet, die eine absolute Identität mit sich bringen würde.

Ähnlich verhält es sich mit der *Arabeske* Schumanns, denn es stellt sich die Frage, warum bei einer solchen Anzahl von Wiederholungen keine Ermüdung beim Hören eintritt. Das Geheimnis liegt wie in Runges Arabeske in der Durchdringung der Momente des Identischen und des Variativen: Ein erster Blick auf das Prinzip der Wiederholung in Schumanns *Arabeske* hat – wie gezeigt – eine relativ übersichtliche Rondostruktur freigelegt, ein Blick auf den Refrain zeigte eine dreiteilige Form a-b-a. Das ist für eine Rondostruktur im Grunde noch nichts wirklich Außergewöhnliches. Aber auch die Melodiestimme des a-Teils von 16 Takten weist in sich wiederum Redundanzen auf: Er zerfällt in einen ersten Teil (T. 1-8) und einen zweiten Teil (T. 9-16). Dieser zweite Teil, also die Takte 9-16, bilden in sich eine viertaktige Wiederholungsstruktur: Takt 9-12 entspricht den Takten 13-16 mit Ausnahme des letzten Tons der Melodiestimme g^1 (T. 16 auf Eins) statt zuvor e^1 (T. 12 auf Eins). Der Abschnitt der Takte 1-8 zerfällt in zwei Teile, wobei sich der zweite (T. 5-8) in einem Verhältnis der Sequenz mit tonaler Angleichung zu den vorangehenden vier Takten verhält. Beispiel für eine Wiederholungstechnik auf engstem Raum ist die sofortige Wiederholung des ersten präsentierten Motivs des Stücks in den ersten beiden Takten. Folgende Techniken der Wiederholung lassen sich unterscheiden:

- Wiederholung von ganzen Formteilen:
  A-B-A-C-A-Epilog als Großstruktur und A-Teil:
  a-b-a

- Wiederholung von acht- oder viertaktigen Gebilden:
  etwa das Verhältnis der Takte 13-16 zu 9-12
- Wiederholung von einzelnen Motiven:
  Vorschlag, Wechselnote im Sekundabstand + Sprung (Quart):
  etwa Takt 1 zu Takt 2 oder die Takte 17/18 zu 1 (als Sequenz).

Einen Sonderfall der Wiederholung stellt das kompositorische Vorgehen Schumanns dar, den gesamten Refrain auf ein einziges, in allen Takten identisches Muster des Klaviersatzes zu beziehen. Von der Tonhöhe abstrahiert ergibt sich eine Satzform, die aufgrund der dreimaligen Wiederholung des Refrains immerhin die rhythmische Struktur von 120 Takten der *Arabeske* bestimmt. Wie in Runges Arabeske gibt es auch im Rückgriff auf dieses der Komposition zugrundeliegende Modell leichte Varianten, die beleben: So wird der ansonsten durchgängige Rhythmus der Oberstimme durch den immer wieder auftauchenden Vorschlag variiert. Auch die Mittelstimme zeigt Varianten in ihrem Prinzip der Überbindungen: Nach dem ersten Durchbrechen dieses Musters mit dem Schritt A zu G im Übergang von Takt 7 zu 8 nimmt der Verzicht auf eine Überbindung und damit der Grad harmonisch-melodischer Abwechslung im Verlauf zu. (z.B. T. 9-12 oder T. 17-19) Zudem variiert die Baßstimme in ihrer Bildung musikalischer Bögen: diese können zwei (T. 1), drei (T. 17/18), vier (T. 2/3) oder auch sechs (T. 5-8) Töne umfassen. Die Betrachtung des Wiederholungsprinzips der musikalischen *Arabeske* hat sich bisher vor allem auf durch Identität aufeinander bezogener Formteile gerichtet. Das Außergewöhnliche der Komposition liegt aber gerade in der Durchdringung der Momente des Identischen und des Variativen. Hierzu einige Beispiele von Phänomenen mit unterschiedlichem Grad des Variativen:

- Die eröffnenden vier Takte des Stücks werden mit Hilfe einer tonalen Angleichung durch die Takte 5-8 sequenziert.
- Bei der Gegenüberstellung der Takte 1-4 und 17-20 zeigt sich ein höherer Grad des Variativen: Takt 17 greift auf das Anfangsmotiv mit Vorschlag (T. 1) zurück (allerdings auf anderer Tonstufe),

schwingt sich dann aber zur Quint fis² statt zur Quart auf. Das folgende Motiv bestätigt dann mit seinem Quartsprung zum e² wiederum die ursprüngliche Intervallstruktur des Motivs vom Beginn.

- Jedes viertaktige Gebilde des Refrains beginnt mit dem gleichen Motiv, nur auf verschiedenen Tonstufen; dabei erfährt es jeweils unterschiedliche Fortsetzungen.

Die gezeigten Wiederholungsstrukturen sind nicht nur im Vergleich zu rondohaften Werken anderer Komponisten, sondern auch innerhalb des gesamten Klavierschaffens Schumanns bemerkenswert, denn in keinem anderen Werk bedient er sich in gleich exzessiver Weise dieses Prinzips. Grundsätzlich ist die Wiederholung ein strukturierendes Moment. Sie hat architektonische Kraft.

> "Indem sie früher Gesagtes wieder aufgreift, markiert sie Bezugspunkte, die im musikalischen Ablauf einander entsprechen wie die tragenden Pfeiler einer Brücke." (Kühn 1987, 14)

Versucht man, dieses Bild der Brückenpfeiler auf das komplexe Wiederholungsgefüge der *Arabeske* Schumanns anzuwenden, ergibt sich eben nicht der Anschein eines stabilen Bauwerks, dazu ist ihr Einsatz zu unsystematisch und findet auf zu vielen verschiedenen Ebenen der musikalischen Struktur statt: Würde man bei der Konstruktion einer Brücke einen Bauplan mit Pfeilern von solch unterschiedlichen Höhen, Stärken und Belastbarkeiten entwerfen, würde das ihre Statik kaum verbessern.

Über seine *Arabeske op. 18* äußert Schumann in einem Brief an Clara:

> "Sonst hab' ich fertig: Variationen, aber über *kein* Thema: Guirlande will ich das Opus nennen; es verschlingt sich Alles auf eigene Weise durcheinander." (BW II, 367) [109]

---

[109] Es ist zwar nicht mit letzter Sicherheit zu beweisen, daß es sich bei dieser Guirlande um die *Arabeske op. 18* handelt, doch die Beschreibung des Stücks als *Variationen, aber über kein Thema* und die Nähe der Begriffe Guirlande und Arabeske lassen diese Vermutung plausibel erscheinen. Appel (1981 a) vermutet die *Arabeske* als gemeintes Werk (S. 75): Bernhard R. Appel: *Robert Schumanns Humoreske für Klavier*

Mit Blick auf den Erwartungshorizont, den sowohl der ursprünglich geplante Titel *Guirlande* wie die spätere Benennung *Arabeske* in ihrer Ausrichtung auf das Moment des Ornamentalen eröffnen, wird das Werk zum Diskurs über die Grade von Identität und Variante.

4.5. Rahmung und Innenbild

Der sich, wie gezeigt, eher zum Ornamentalen neigende Refrainteil der musikalischen Arabeske würde analog zur bildnerischen Arabeske wohl eher der Rahmung entsprechen, die Couplets das Innenbild präsentieren. Dem entspricht auch der akustische Eindruck: Wie schon der schweifende Blick auf die Notation zuvor gezeigt hat, steht dem verwobenen Notengeflecht des Beginns der mehr Kontur aufweisende *Minore I*-Abschnitt gegenüber. Wie das Rankwerk der Arabeskendarstellungen hat auch die im Pianissimo gehaltene Schumannsche Melodielinie des Beginns eine deutlich aufwärtsstrebende Tendenz. Der *Minore*-Abschnitt dagegen wirkt mit seiner prägnanten, durch Oktavführung in der Oberstimme der linken Hand noch verstärkten Melodik klarer. Die Melodiegestalt hat einen erzählenden, darstellenden Ton, was durch die klare, volltaktig einsetzende Periodik unterstrichen wird. Prägnanz und Kontur gewinnt das im Mezzoforte einsetzende *Minore I* zudem durch seine große dynamische Differenzierung, die die Möglichkeiten vom Piano bis zum Fortissimo ausschöpft und sich dabei deutlich an der Struktur der Periodik orientiert. Wertet man das kompositorische Moment der Wiederholung als Tendenz zum Ornamentalen, so erscheinen die Couplets, wie das Innenbild der Arabeske, konturhafter. Setzt man analog zur bildnerischen Arabeske eine Art Trennung von Rahmung und Innenbild, Refrain und Couplets, voraus, so ist zu bemerken, daß in bildnerischer wie

---

op. 20. Zum musikalischen Humor in der ersten Hälfte des 19. Jahrhunderts unter besonderer Berücksichtigung des Formproblems, Phil. Diss., Saarbrücken 1981.
Katzenberger (1988) dagegen nennt das *Blumenstück op. 19*. S. Günter Katzenberger: *Robert Schumann. Klassiker des lyrischen Klavierstücks?* in: Hermann Danuser (Hrsg.): Gattungen der Musik und ihre Klassiker, Laaber 1988, 251 – 270.

musikalischer Arabeske ein Beziehungsgeflecht besteht: Sind auch in beiden Arabesken Rahmung und Innenbild deutlich voneinander getrennt, hier durch eine mit zwei Strichen durchgeführte Rahmung des Innenbildes, dort durch einen Doppelstrich mit Fermate am jeweiligen Ende des Refrains, so sind sie doch gleichzeitig durch motivische Entsprechungen aufeinander bezogen. In Runges *Der Morgen* sind es zum Beispiel das Motiv der Kinder und das Motiv der Lilie, die jeweils Innenbild und Rahmung verbinden. Ähnliche Motivbeziehungen bestehen auch in der Musik etwa zwischen dem Refrain und dem *Minore II*:

Arabeske op. 18, Anfang, T. 1-4
© Mit freundlicher Genehmigung des G. Henle Verlags München

Arabeske op. 18, Minore II, T. 145-149
© Mit freundlicher Genehmigung des G. Henle Verlags München

Minore II hebt an mit dem ersten Motiv des Refrains, allerdings in der Reduktion auf drei Töne plus Vorschlag unvollständig. Ebenso verweist auch die Fortsetzung des Motivs auf den Beginn der *Arabeske*: vom gis[1] (T. 145) ausgehend führt es in Sekundschritten aufwärts, ähnlich wie im ersten Motiv des Refrains die Takte 2 und 3 vom c[2] ausgehend.

Neben der bekannten rankenden Pflanzenornamentik, die das Geschehen im Innenbild umrahmt und in dieses auch übergehen kann und damit einen abstrakt-natürlichen Ort nahelegt, zeigt sich besonders auch im Werk Philipp Otto Runges der Versuch, den arabesken Rahmen deutlich vom eigentlich arabesken Bild zu trennen und etwa durch deutliche Linien voneinander abzugrenzen, wie das oben angeführte Beispiel *Der Morgen* zeigt. Für Runge gibt der Rahmen jenseits der Funktion einer dekorativen Einfassung "artige Gelegenheit, dasselbe, was unten geschieht, oben aus einer höheren Ansicht zu zeigen."[110] Werner Busch (1985) weist darauf hin, daß dies Runge um so mehr

> "die Möglichkeit wechselseitiger Verweisung gab, von innen nach außen, von ikonisch Eindeutigerem zu Mystischerem, von intuitiv Erfahrbarem zu diskursiv Nachvollziehbarem. (...) Die mystische Aktivierung des Innenbildes hat zwar der Betrachter zu leisten, die Richtung und das Ziel jedoch gibt der Rahmen an."[111]

Somit scheint die Entfaltung der Wahrnehmung des Betrachters, das Initiieren einer Tätigkeit der zurückspiegelnden Phantasie in das Kunstwerk einkomponiert. Und in dieser Hinsicht wird auch die Funktion des Epilogs der *Arabeske* Schumanns deutlich. Fast wirkt der mit *Zum Schluß* und *Langsam* überschriebene letzte Abschnitt der Komposition mit seiner in Piano und Ritardando auslaufenden Agogik wie ein auskomponierter Beginn einer unendlichen Reflexion, in die der Hörer nun entlassen wird. Durch die eingefügte Überschrift ist der Abschnitt deutlich vom übrigen Stück, das sowieso durch die symmetrische A-B-A-C-A - Form in sich gerundet und abgeschlossen wirkt, epiloghaft getrennt. Vom eigentlichen musikalisch vorangegangenen Geschehen erscheint es seltsam entfernt, in die Ferne zielend.[112] Hier geschieht das, was Runge durch seine Rahmung zu erreichen versucht: einen

---

[110] Konrad Feilchenfeldt, Clemens Brentano und Runge. *Aus ungedruckten Briefen*, in: Jahrbuch der deutschen Schillergesellschaft 16, 1972, 18 (1810); zitiert nach Busch (1985), 51.

[111] Busch (1985), 51 f.

[112] Eine solche Technik des epilogisierenden Klaviernachspiels findet sich auch in einigen Liedern und Liederzyklen Schumanns, wie etwa das *Andante espressivo* zum Abschluß der Dichterliebe op. 48.

Zustand zu evozieren, in dem etwas *aus einer höheren Ansicht* wahrgenommen werden kann. Das Klaviernachspiel Schumanns wie die Rahmung der Arabesken Runges zeigen so die Tendenz der Selbstbezüglichkeit und Selbstdistanzierung. Im Epilog der *Arabeske* scheint es, als erhebe sich die Musik in reflexiver Distanz auf eine andere Ebene, über die bisher im Werk etablierte. Dabei überrascht es nicht, daß Schumann hier auf ein ein Jahr zuvor in den *Kinderszenen op. 15* erklingendes Motiv zurückgreift, das bezeichnenderweise gerade im letzten Stück des Zyklus, im *Der Dichter spricht,* erscheint und so durch seine ästhetische Intertextualität auf einen Zustand poetischer Reflexion verweist:

Arabeske op. 18, T. 213-215

Kinderszenen op. 15, Nr. 13
Der Dichter spricht, T. 14-18

4.6. Zwischen Ornament und Hieroglyphe

In der Diskussion der Arabeske als Form der bildenden Kunst zu Beginn des 19. Jahrhunderts offenbart sich ein interessantes Rezeptionsphänomen, das Busch (1985) beschreibt:

> "Seine [Runges] Entwürfe können je nach Rezipienten und Verwendung Doppelfunktion haben, sie können etwa als Zimmerdekoration bloße Ornamente in dienender, schmückender Funktion sein, der größte Teil der Rezipienten wird sie so wahrnehmen, oder sie können als Hieroglyphen Mittlerfunktion zu mysthischer

> Gewißheit bekommen, nur der Eingeweihte wird sich ihrer bedienen können, auszusprechen ist die Wahrheit nicht."[113]

Busch zeigt, daß sich Anfang des Jahrhunderts die Kontroverse um die Arabeske als Kunstform im Spannungsfeld zwischen Hieroglyphe und rein Ornamentalem bewegt: Mal wird sie als sinnreich wahrgenommen, mal als bloß schmückendes Ornament, mit dem Hinweis auf die Gefahr, überinterpretiert zu werden; mal wird der Versuch unternommen, die Arabesken auf feste Bedeutungen in der ikonographischen Tradition festzulegen, was dem Prinzip der romantischen Allegorie widerspricht.[114]

Für die *Arabeske* Schumanns gilt ähnliches. Auch sie kann sich in der Rezeption zwischen den Extremen Ornament und Hieroglyphe bewegen. Dabei ist zu bedenken, daß der bildnerischen Arabeske, zumal besonders in ihrer Form als illustrierender Randzeichnung für Gedichte, eine große verweisende und somit appellative Kraft innewohnt. Vor diesem Erwartungshorizont mag auch der über den Titel informierte Hörer der *Arabeske* Schumanns eine verweisende Form vermuten, und somit kann der Titel eine Hörhaltung des *heimlichen Lauschens*[115] auslösen, das auf das Entdecken geheimer Verbindungen und Botschaften ausgerichtet ist. Im Idealfall ist der Rezipient somit möglicherweise sensibilisiert für das assoziative Wahrnehmen eines so komplexen Wiederholungsgefüges, wie es die musikalische Konzeption der *Arabeske* in ihrem Ineinander von Identität und Variante darstellt. Dieses Wahrnehmen, die Reflexion im frühromantischen Sinne, meint aber nicht

> "allein konsequentes diskursives, gedankliches Vorgehen, sondern vielmehr ein Nachsinnen, das dahin tendiert, sich durchaus vom Ausgangspunkt zu lösen. Den-

---

[113] Busch (1985), 49.

[114] S. Busch (1985): Kap. *Die Arabeske als bloße Gattungs- und Ornamentform in der klassizistischen Kritik*, 47 ff.

[115] Schlegel-Motto, das Schumann seiner *Phantasie op. 17* voranstellt:
Durch alle Töne tönet
Im bunten Erdentraum
Ein leiser Ton gezogen
Für den der heimlich lauschet.

> noch wird sich ein bestimmtes Feld arabesker Möglichkeiten herauskristallisieren."[116]

Einer solchen Rezeptionshaltung gibt Johann Wolfgang von Goethe Ausdruck, wenn er über Runges "Tageszeiten" bemerkt:

> "Wir glauben Ihre sinnvollen Bilder nicht eben ganz zu verstehen, aber wir verweilen und vertiefen uns öfter in Ihre geheimnißvolle anmuthige Welt."[117]

Verweilen und *Vertiefen* sind in diesem Fall nicht Mittel des logischen Verstehens, sondern für Goethe Formen eines ästhetischen Erlebens, das sich den arabesken Möglichkeiten öffnet, die die Kunstwerke Runges der zurückspiegelnden Phantasie bieten.

Wie die bildnerische Arabeske Runges steht auch Schumanns frühe Klaviermusik im Spannungsfeld von Ornament und Hieroglyphe. Dabei deutet sich schon in der zeitgenössischen Rezeption der Schumannschen Werke an, daß der Bergiff *Arabeske* auch gegen seine Kompositionen gerichtet werden kann:

> "Nicht unrecht kann man viele der bisherigen Kompositionen Schumanns mit Arabeskenzeichnungen vergleichen. Wunderbar verschlungene Gestalten und Gebilde treten vor die Seele, ohne dass man, was bei einem Kunstwerke so nothwendig, eines bestimmten wohlthätigen Eindrucks des Ganzen sich bewusst würde."[118]

Der Rezensent der AMZ beschreibt 1842 treffend ein fundamentales Prinzip Schumannschen Komponierens, die *wunderbar verschlungenen Gestalten und Gebilde*, wendet sich aber mit dem Vergleich zur Arabeskenmalerei als Bild für mangelnde Ganzheit eben gegen dieses gestalterische Prinzip:

> "...möge er statt Arabeskenzeichnungen – Dome aufbauen im grossen, weiten, richtigen Verhältnisse..."[119]

---

[116] Busch (1985), 45.

[117] Philipp Otto Runge. *Hinterlassene Schriften*. Herausgegeben von dessen ältestem Bruder, Zweyter Theil, Hamburg 1841, 307; zitiert nach Busch (1985), 55.

[118] AMZ 44 (1842), Sp. 32: *Robert Schumanns Gesangkompositionen*.

[119] Ebd., Sp. 63.

Hierin zeigt sich eine Tendenz ästhetischen Denkens, die im Laufe der weiteren Entwicklung im 19. und 20. Jahrhundert den Begriff Arabeske und ihr ornamentales Prinzip vor allem im Bereich der bildenden Kunst zum "beschädigten Begriff"[120] werden läßt.

5. Innere Stimme

Ein besonderer Fall schriftsprachlicher und notationstechnischer Rätselhaftigkeit begegnet dem Spieler bzw. Leser der Noten in der *Humoreske op. 20*. Mitten im Stück taucht eine mit dem Zusatz "innere Stimme" gekennzeichnete Stimme in einem hinzugefügten dritten System auf. Sie findet ihre melodische Entsprechung in der Oberstimme der rechten Klavierhand, wenn auch zeitlich und rhythmisch versetzt.

In seiner Untersuchung zu Schumanns Lied *Zwielicht* benutzt Reinhold Brinkmann (1984)[121] einen Begriff Th. W. Adornos, um ein ähnliches Phänomen zu beschreiben: das *ungenaue Unisono*. Die Singstimme korrespondiert in diesem Lied aus dem *Liederkreis op. 39* zwar in weiten Teilen mit der Klavieroberstimme, ist mit ihr aber nicht identisch.

> "Es bleibt satztechnisch eine Stimme, deren Verdopplung Interferenzen zeigt."[122]

Adornos Definition des ungenauen Unisonos, die er in Zusammenhang mit dem *George-Lied op. 3, Nr. 1* Anton Weberns gibt, kann auch für die *Innere Stimme* in Schumanns op. 20 gelten:

> "Begleitung und Singstimme sind an solchen Stellen zwar in ihren charakteristischen Tönen identisch, weichen aber in ihren rhythmischen Werten um ein Geringes von einander ab, fallen nicht zusammen...".[123]

---

120 S. hierzu Brüderlin (1994), 33.

121 Reinhold Brinkmann: *Lied als individuelle Struktur. Ausgewählte Kommentare zu Schumanns "Zwielicht"*, in: Analysen. Beiträge zu einer Problemgeschichte des Komponierens. Festschrift für Hans Heinrich Eggebrecht zum 65. Geburtstag, Stuttgart 1984.

122 Brinkmann (1984), 267.

123 Theodor W. Adorno: *Der getreue Korrepetitor. Lehrschriften zur musikalischen Praxis*, in: Gesammelte

Humoreske op. 20, T. 251-274

Zwar ist dieses Phänomen in Robert Schumanns Lied *Zwielicht* individueller und variierter gestaltet, doch findet es sich in ähnlicher Weise auch in der *Humoreske,* wenn es dort auch schematischer wirkt. Auf den ersten Blick

Schriften, hrsg. von Rolf Tiedemann, Bd. 15, Frankfurt a. M. 1976, 255.

scheint es, als nehme die *innere Stimme* prinzipiell die eine Sechzehntel später folgende Oberstimmenmelodie des Klaviers vorweg, aber schon im dritten Takt, in dem die *innere Stimme* übergebunden werden soll und auch im fünften Takt, wo die Oberstimme dem zweiten Viertel des Taktes, dem es^2, erst auf der letzten Sechzehntel des Taktes folgt, ohne aber durch einen zweiten Notenhals deutlich als oberstimmenzugehörig gekennzeichnet zu sein, wird das allzu strenge Schema durchbrochen. Formal gesehen könnte man die im mittleren System notierte Stimme also zunächst als *ungenaues Unisono* der Klavieroberstimme deuten, als kompositorisches Spiel zwischen Identität und Differenz. Brisanz erhält die Stelle aber durch den schriftsprachlichen Zusatz *innere Stimme*. Es handelt sich eben nicht um eine erklingende Singstimme mit Klavierbegleitung, sondern um eine *virtuelle* Stimme, die klanglich nicht realisiert werden soll, wie es Bernhard Appel in seiner aufschlußreichen Untersuchung zu Schumanns Humoreske überzeugend darlegt.[124]

In unserem Zusammenhang stellt sich freilich die Frage nach der ästhetischen Relevanz und der Bedeutung dieses Phänomens für die musikalische Rezeption[125]. Allein schon die ungewöhnliche Notation in drei Systemen hat elementare Konsequenzen für den Rezeptionsvorgang des Interpreten, zumal in der Situation eines ersten Vom-Blatt-Spiels: er wird möglicherweise

---

[124] Appel (1981 a), 258 ff.

[125] Vgl. die Interpretationen Bernhard Appels (1981 a) und Akio Mayedas (1992): Mayeda (1992) bezieht sich vor allem auf eine psychologisch-dramaturgische Qualität der *inneren Stimme*: "Schumanns Vorgehen will hier nichts anderes, als die Dimension der Innerlichkeit im Bewußtsein von Spielenden und Hörenden vorzubereiten, denn die wichtigere Stelle kommt nachher: ab Takt 447, wo sich ein transmusikalisches Fenster öffnet, und die *Urlinie* des ganzen Werkes in langen "träumenden" Notenwerten hinfließt." (28)

Für Appel (1981 a) ist die *innere Stimme* neben ihrem motivischen Beziehungsreichtum in erster Linie Ausdruck des Humors und zwar in dreifachem Sinne: "Erstens bildet sie einen starken Kontrast zum vorausgegangenen "vorlauten" und extravertierten Themenkomplex. (T. 37 ff.) Zweitens "haßt" der introvertierte Humor, wie Jean Paul schreibt, "die vorlaute Aussprecherei". Schließlich ist die "innere Stimme" als bloß virtuelle Stimme Ausdruck höchster Subjektivität, die dadurch charakterisiert ist, daß die im Sinne der romantischen Anschauung wichtigste musikalische Dimension, die Melodie, unterdrückt wird und nur dem Spieler oder mitlesenden Hörer sich mitteilt. Die "innere Stimme" ist, mit Hegel gesprochen, der Ausdruck einer in sich selbst zurückgezogenen Innerlichkeit." (269)

stocken. In allen Äußerungen Schumanns zur Notation in drei Systemen, die auch Appel (1981 a) in seiner Untersuchung zur Humoreske op. 20 anführt, betont Schumann das *unmusikalische Ansehen*, wie etwa in der Besprechung der in drei Systemen notierten *Toccata op. 56* von Fr. Pollini:

> "Doch irrt vielleicht der Componist, wenn er dadurch erleichtert zu haben meint, eben sowie darin, daß einige Phrasen seines Stückes nach der gewöhnlichen Einrichtung gar nicht darzustellen wären: ich schreibe es ihm von Anfang bis Ende in zwei Reihen und die Spieler werden meine Weise seiner vorziehen, welche der Composition ein unmusikalisches Ansehen gegeben, woran sich das Auge viel schwerer gewöhnt, als den Händen geholfen ist, die sich schon zurecht gefunden haben würden." (GS I, 311)

In zwei Briefen an Simonin de Sire betont er im Hinblick auf diese für eine Klavierkomposition besondere Schreibweise das "Ungewohnte für das Auge"[126]:

> "Nicht ganz stimme ich Ihrer Art zu schreiben bei (auf drei Zeilen) – in einzelnen Fällen erleichtert es, im Allgemeinen erschwert es aber meiner Meinung nach den schnellen Genuß."[127]

Erschwert es aber den *schnellen Genuß*, wie es gerade beim ersten Vom-Blatt-Spiel der *Humoreske* sicherlich geschieht, so wird die *innere Stimme* zum Widerstandsprinzip[128] an der Schaltstelle Interpretation. Die Rätselhaftigkeit des Verhältnisses von *innerer Stimme* und Klavieroberstimme in ihrer oberflächlichen Entsprechung und gleichzeitigen Störung der genauen Übereinstimmung wird zum Rätsel *an sich*, zur für Schumann typischen Gleichzeitigkeit von Erklärendem und Verrätselndem, von Verweisendem und Uneindeutigem, im Idealfall wird es zum Auslöser von assoziativen und

---

[126] Im Brief an de Sire vom 15. März 1839. (BNF, 149)

[127] Im Brief an de Sire vom 10. November 1840. (BNF, 201)

[128] Zur ästhetischen Bedeutung des Widerstandsprinzips siehe Eva-Maria Houben: *Widerspruch und Widerstand. Studien zu einer Kategorie musikästhetischen Denkens.* Phil. Diss., Duisburg 1986 und hier besonders das Kapitel 4.5. *Der Widerspruch zwischen der musikalischen Vorstellung, deren Notation und der Klangwirklichkeit.* (209 ff.)

experimentellen Prozessen der Interpretation: Der Spieler kann versuchen, die Stimme zu singen, laut vor sich hin oder aber innerlich summend, wird dabei möglicherweise nach einer Systematik im Verhältnis der Stimmen suchen. Dabei offenbart sich, daß das Auftauchen dieser *inneren Stimme* beim ersten Blick auf die Noten nicht nur ein Stutzen auslösen mag, sondern als Widerstandsprinzip die kompositorische Struktur und somit auch den interpretatorischen Ansatz des Spielers prägen kann. Zur Erklärung bedarf es eines Hinweises auf die Überschrift des besagten Abschnitts der *Humoreske*, in der die *innere Stimme* auftaucht: Die Spielanweisung lautet *Hastig*. Hast ist ein Zeitphänomen, bei dem zwei Zeitebenen in Differenz zueinander stehen. Es geht um ein mehr oder weniger gravierendes Auseinanderklaffen zweier Zeitvorstellungen. Hast bedeutet das Hinterherlaufen oder Getriebensein in bezug auf ein vorgegebenes Tempo, und das stetige Bemühen, beides zur Deckung zu bringen, aber auch das beinahe oder mögliche Scheitern an dieser Aufgabe. Eine gewisse Flüchtigkeit kann entstehen oder ein fehlendes Innehalten, ein stetiges Vorwärtstreiben. Die *innere Stimme* besteht aus ruhig hinschreitenden Halben und Vierteln. Sie gibt das *Tempo* vor. Die Klavieroberstimme schlägt nach, meist eine Sechzehntel. In ihrer übereifrigen Hast nimmt sie sogar im ersten Takt nach dem Wiederholungszeichen (T. 259) die zu erwartende *innere Stimme* vorweg, die so zum ersten Mal erst nach der erklingenden Stimme erscheint. Die Existenz einer *inneren Stimme* kann so zur Interpretationshilfe für den Spieler werden, denn der Eindruck von Hast kann nur dann entstehen, wenn die Differenz zwischen Tempoanspruch und Realisation vom Spieler erlebt wird. Die innere Stimme mag eine zusätzliche Hilfe sein, ihre wirkliche innere Realisation während des Spiels ein glücklicher Stolperstein, um *hastig* zu werden. Hast lebt – jenseits der glatten Interpretation – von der Differenz von Vorgabe und mangelnder Ausführung.

Neben den möglichen direkten Auswirkungen auf das Spiel des Interpreten greift das Phänomen der *innere Stimme* in den Vermittlungszusammenhang des Kunstwerks ein: Unter der Voraussetzung, daß es sich um eine *virtuelle* , also auch nicht zu spielende Stimme handelt, wird sie zu einer geheimen Botschaft zwischen Komponist und Interpret: vom Innern des Komponisten zum Innern des Interpreten. Schumann geht somit einen ungewöhnlichen Weg: von der *Musik auf dem Papier* direkt zur *Musik in der zurückspiegelnden Phantasie,* ohne Vermittlung durch den Klang. Die Botschaft des Komponisten als Inspiration für das poetische Hören transzendiert das klingende Medium der Musik. Ihre Qualität für die Rezeption erhält die *innere Stimme* der *Humoreske* erst in ihrer Existenzweise als kunstübergreifendes Phänomen von Schrift, Notation und erklingender Musik. Ähnlich wie die Noteneinschübe in Schnitzlers *Fräulein Else* löst auch sie in ihrer Rätselhaftigkeit zunächst verwundertes Stocken und in einem weiteren Schritt möglicherweise vielfältige Assoziationen aus. Anstatt solcher Art schriftsprachlicher Zusätze und artistischer Rätselhaftigkeit in der Werkbetrachtung zu übergehen und zu proklamieren, daß die Musik ebenso klingt, auch wenn alle Zusätze unbeachtet blieben, könnte man auch die Frage stellen: In welchen Fällen hat uns Schumann eine innere, innerlich klingende Stimme *nicht* mitgeteilt?

6. Musik wie aus der Ferne

6.1. Die Verknüpfung von musikalischer und sprachlicher Intertextualität als konstituierendes Moment einer Appellstruktur für Eingeweihte

Die von Jauß (1982) für die ästhetische Erfahrung als notwendig erachtete Vermittlung des Erwartungshorizonts, den ein Werk eröffnet, mit dem Erfahrungshorizont des Rezpienten[129] hat besondere Relevanz beim Phänomen musikalischer oder sprachlicher Intertextualität: Nur für den *eingeweihten* Hörer ist das Zitat als solches überhaupt wahrnehmbar.[130] In diesem Zu-

[129] Siehe auch Kapitel II 4. *Zwischen Ornament und Hieroglyphe: Arabeske op. 18* .

[130] Angesichts der zahlreichen Arbeiten zur Zitatpraxis Robert Schumanns sei nur stellvertretend auf fol-

sammenhang sei ein Blick auf den vorletzten Tanz des zweiten Heftes der *Davidsbündlertänze* geworfen, der die eigenartige Überschrift *Wie aus der Ferne* trägt. In ihm greift Schumann notengetreu auf einen bereits erklungenen Tanz des ersten Heftes zurück. Um sich einer möglichen Bedeutungsebene des Titels zu nähern, lohnt es sich, zunächst den Blick auf das erste Erscheinen zu richten. Der Tanz op. 6, Nr. 2 mit der Spielanweisung *Innig* beginnt in völliger metrischer und harmonischer Uneindeutigkeit:

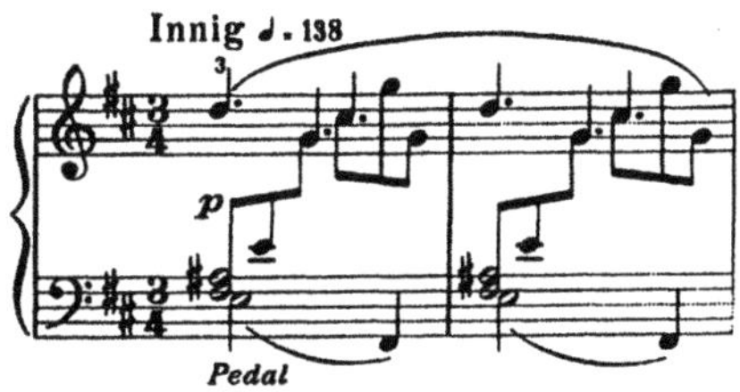

Davidsbündlertanz op. 6, Nr. 2, T. 1-2
© Mit freundlicher Genehmigung des G. Henle Verlags München

Der vorgezeichnete 3/4-Takt wird im ersten Takt nur von der Baßstimme erfüllt (Halbe- und Viertelnote). Die Balkeneinzeichnung mit der Unterteilung der Achtel in Dreiergruppen legt dagegen eine Zweiteilung der Taktdauer nahe. Besonders interessant ist in diesem Fall auch die Notationsweise. Sie zeigt Schumanns Absicht, den Beginn dieses Stückes völlig offen zu halten, denn die durch die Richtung der Notenhälse angedeutete Stimmführung transzendiert die üblichen Normen: Mit nach oben geführten Notenhälsen suggeriert Schumann zunächst eine eindeutige, einstimmige Melodieführung in der Oberstimme, die sich von den umspielenden Achteln abheben soll. Folgt man aber den Anweisungen über die Dauer der Töne der

gende hingewiesen: Wolfgang Boetticher: *Zur Zitatpraxis in Robert Schumanns frühen Klavierwerken* in: Festschrift für H. Husmann (Speculum Musicae Artis), hrsg. von H. Becker und R. Gerlach, München 1970, 63-73; Norbert Linke / Gustav Kneip: *Robert Schumann. Zur Aktualität romantischer Musik*, Wiesbaden 1978, darin besonders: Kapitel 7: *Schumann als bearbeitender und bearbeiteter Komponist*, 191 ff.; außerdem Eric Sams: *Schumann and the tonal analogue*, in: Alan Walker (Hrsg.): Robert Schumann. The man and his music, London 1972, 390-405.

Oberstimme, so entsteht keine Einstimmigkeit, sondern durch die Überlappung von g und cis Zweistimmigkeit: Dies ist komponierte Uneindeutigkeit. Es bleibt dem Interpreten überlassen, die Bedeutung des g als Melodieton zu definieren. Im zweiten Teil des Tanzes wird übrigens die Melodiestimme deutlicher durch Akzente gekennzeichnet, dennoch bleibt in diesem Falle das cis auf der 2 + als subversiver Melodieton mit aufwärtsgerichtetem Notenhals vorhanden. Eine besondere Rarität in der musikalischen Notation stellt auch die halbe Note mit Fähnchen als erste Note in der linken Hand dar. Üblich wäre eine Verdopplung des Notenkopfes. So entpuppt sich die suggerierte Konzeption der Stimmführung dieses ersten Taktes schon durch die Notationsweise als Schein. Dieser melodischen und rhythmischen Unbestimmtheit des Beginns entspricht auch die harmonische Unsicherheit des ersten Taktes. Ein instabilerer Anfang des Stückes ist kaum denkbar: Es beginnt mit einem Dominantseptakkord in Sekundstellung, durch das g auf der Zwei in der rechten Hand wird dem Akkord dann noch die None hinzugefügt, so daß der Klang durch das gehaltene g zu einem Septnonklang ergänzt wird[131]. Getrübt wird dieser Klang zusätzlich durch den Sextvorhalt der Oberstimme, der sich in der zweiten Takthälfte in die Quinte auflöst. Takt 2 ist eine notengetreue Wiederholung des ersten. Die folgenden Takte erscheinen dann in überraschender Eindeutigkeit:

Davidsbündlertanz op. 6, Nr. 2, T. 1-4

© Mit freundlicher Genehmigung des G. Henle Verlags München

[131] Diether de la Motte (1981) beschreibt in seiner *Harmonielehre*, Kassel 1976, den Septnonklang als einen "zu dieser [Schumanns] Zeit sehr ausdrucksstarken und noch ganz unverbrauchten Klang" (180).

Rechte und linke Hand ergänzen sich komplementär zu durchlaufenden Achtelketten, beide Hände entsprechen in ihrer rhythmischen Gestaltung eindeutig dem 3/4-Takt. Auch im harmonischen Bereich liegen die Verhältnisse klarer: Auch wenn der Grundton h erst auf dem letzten Achtel des Taktes erscheint, wird Takt 3 tonikal empfunden, Takt 4 eindeutig dominantisch. Die harmonische Verunsicherung in den ersten zwei Takten geht so weit, daß durch den Halbschluß auf der eindeutigen Dominante sogar fast schon eine gewisse auflösende Wirkung zustandekommt. Takt 1 und 2 bilden also in ihrer Unbestimmtheit einen größtmöglichen Kontrast zu den folgenden beiden Takten: Stehen die ersten in Verschleierung, folgen die nächsten in erstaunlicher Klarheit.

Im weiteren Verlauf der ersten acht Takte wirkt sich das Prinzip der Unbestimmtheit selbst auf den Periodenbau aus:

Davidsbündlertanz op. 6, Nr. 2, T. 1-8

Zwar wird im fünften Takt zunächst der erste Takt aufgegriffen, doch statt der zu erwartenden Wiederholung erscheint im nächsten Takt, also bereits einen Takt *zu früh*, das zweitaktige Motiv der Takte 3 und 4. Der letzte Takt der Periode präsentiert die Tonika, hat aber, vor allem durch seine Motivik, überleitende Funktion. Die achttaktige Periode, einstmals verläßliche Garantin stimmiger harmonischer und melodischer Ganzheit und Identität, gerät so aus dem Gleichgewicht. Im Gegensatz zu den Verschleierungen im architektonischen Bau der Periode und in den harmonischen, metrischen und stimmführungstechnischen Verhältnissen erscheinen die Takte 3/4 bzw. 6/7 in eigentümlicher Klarheit. Einen möglichen Schlüssel zur Erklärung dieses Phänomens offenbart die Betrachtung des motivischen Materials der Oberstimme der Takte 3 und 4. Sie haben Zitatcharakter. Bekanntermaßen greift Schumann auch hier auf ein Motiv Claras zurück und zwar aus ihrem *Notturno* op. 6, Nr. 2.

2

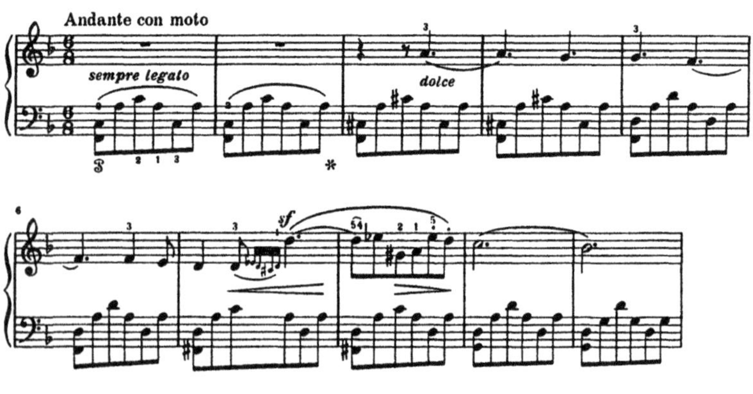

Clara Schumann, Soirées musicales op. 6, Nr. 2 Notturno, T. 1-10

Im Februar 1838 schreibt Robert Schumann Clara:

> "Weißt Du was mir das Liebste von Dir ist–Dein Notturno in F Dur im Sechsachteltact. Was dachtest Du dabei? Schwermüthig ist es hinlänglich, meine ich. " (BWI,100)

Der Zitatcharakter wird noch deutlicher, wenn man bedenkt, daß Schumann dieses Motiv an mehreren Stellen seines Klavierwerks verwendet. Im zweiten Heft der *Davidsbündlertänze* wird im Mittelteil des vorletzten Tanzes Nr. 8, eben in dem Tanz mit der bemerkenswerten Spielanweisung *Wie aus der Ferne*, der zweite *Davidsbündlertanz* aus dem ersten Heft in seiner ganzen Länge zitiert und anschließend in schmerzlich-sehnsuchtvollem Drängen *nach und nach schneller* hinter sich gelassen. Das Wiederaufgreifen des zweiten Tanzes im vorletzten bildet so einen Rahmen für den gesamten Zyklus. Bezeichnenderweise ebenfalls in h-moll taucht es wenige Monate später als *Stimme aus der Ferne* in der achten *Novelette op. 21* (1838) auf: zunächst sehr gedehnt im Trio II ("Hell und lustig") über einem rhythmisch bewegten Baß (T. 198 ff.):

Novelette op. 21, Trio II, T. 193-206

einige Takte später in der *5. Fortsetzung* unter der Vortragsanweisung *Einfach und gesangvoll* dann rhythmisch verzerrt und in deutlich anderem Charakter als zuvor (T. 228 ff.):

Novelette op. 21, Trio II, T. 228-234

Auch hier findet sich also durch die schriftsprachliche Bezeichnung die Verbindung dieses musikalischen Motivs mit der Assoziation *Ferne*.

Es handelt sich also nicht allein um ein musikalisches Zitat[132], sondern um ein musikalische und sprachliche Intertextualität verbindendes Phänomen.[133] Die Komplexität der Rezeption einer solchen Erscheinung zeigt sich beim Versuch, den Erfahrungshorizont des zeitgenössischen Hörers zu rekonstruieren. Um als Zitat zu einem wahrnehmbaren Phänomen zu werden, muß der Hörer andere Werke Schumanns und in diesem Falle die *Noveletten* kennen und, um einen Bezug außerhalb von Schumanns eigenem Werk herzustellen, Kenntnis der Werke Clara Wiecks haben. Diese Voraussetzungen

---

132 Edler (1982) sieht in der *Stimme aus der Ferne* in der 8. Novelette ebenso ein Zitat von Claras op. 6, Nr. 2, aber auch in ihrem ähnlichen motivischen Erscheinen im Klavierkonzert op. 54, 1. Satz, T. 156 ff. einen Anklang an Beethovens Fidelio, II. Akt, Nr. 11 *Aus des Lebens Frühlingstagen*. S. Arnfried Edler: *Robert Schumann und seine Zeit*, Laaber 1982, 159 f.; siehe auch Mayeda (1992), der das "skalenmäßige Herabsinken und einen fragend offenen Schluß mit der aufgehenden Terz" wie in der Novelette als "Urlinie" bezeichnet, die an verschiedenen Stellen des Klavierwerks auftaucht. Zu den Beispielen siehe Mayeda (1992), 31.

133 Ein ähnliches musikalisch-sprachliches Zitat findet sich im *Carnaval*, wo Schumann sein eigenes Opus 2, die *Papillons* zitiert und mit dem schriftsprachlichen Zusatz *Papillons* kennzeichnet.

zeigen schon, wie klein der Kreis derjenigen gewesen sein muß, die diese Verrätselung zum Zeitpunkt der Veröffentlichung der *Davidsbündlertänze* 1837 bzw. der *Noveletten* im folgenden Jahr wahrnehmen konnten, denn ein Hinweis auf die Herkunft des Motivs fehlt, ganz im Gegensatz übrigens zum musikalischen Zitat zu Beginn des op. 6, das als musikalisches Motto dienen soll: Schumann kennzeichnet es mit *Motto von C.W.*, wobei auch diese Bezeichnung in Form der Abkürzung ein verrätselndes Moment aufweist.[134]

6.2. Ferne als räumliche Dimension

> "*Eben habe ich mich am*
> *Klavier mit Dir unterhalten*"
> *(BW I, 81)*

Zunächst könnte man also das beschriebene intertextuelle Phänomen *Musik wie aus der Ferne* auf die offensichtliche räumliche Trennung des Liebespaares Robert und Clara beziehen. Zur Zeit der Entstehung der *Davidsbündlertänze* konnten sich die beiden praktisch nicht sehen, in der Phase der Fertigstellung und der Überarbeitung im Sommer und Herbst 1837, also in der Phase des kompositorischen Prozesses, in der vermutlich die meisten der schriftsprachlichen Zusätze entstanden sind, hielt sich Clara mit ihrem Vater in Wien auf, um dort Konzerte zu geben. Große Teile der Konversation in den heimlich übersandten Briefen zwischen Clara und Robert beschäftigen sich mit der Art und Weise, wie die Briefe unauffällig und geheim den anderen erreichen können, unter welchen Adressen und Decknamen. Indem Schumann Claras *Soirée musical op. 6* zitiert, verbindet er sich in der Musik mit ihr. Musik wird für beide bereits früh zum Kommunikationsmedi-

---

[134] Boetticher (1976) weist in seiner *Kritik der Lesarten* darauf hin, daß in der Stichvorlage die Angabe zunächst "Motto von Clara Wieck" lautete, dann aber fast bis zur Unkenntlichkeit gestrichen wurde und stattdessen mit Tinte: "C.W." erscheint. (176)

um. Schon in einem Brief von Robert Schumann an die erst 13jährige Clara Wieck vom 13. Juli 1833 zeigt sich der Glaube Roberts an eine ausgesprochen spirituelle Ebene ihrer Verbindung:

> "Da jetzt durchaus keine Funkenkette uns aneinander zieht oder erinnert so habe ich einen sympathetischen Vorschlag gefaßt – diesen: ich spiele morgen Punct 11 Uhr das Adagio aus Chopin's Variationen und werde dabei sehr stark an Sie denken, ja ausschließlich an Sie. Nun die Bitte, daß Sie dasselbe thun möchten, daß wir uns geistig sehen und treffen. Der Punct würde wahrscheinlich über dem Thomaspförtchen seyn, als wo sich unsre Doppelgänger begegnen. Wäre Vollmond, so schlüge ich diesen als Briefsiegel vor. Ich hoffe sehr auf eine Antwort. Thun Sie es nicht und es springt morgen in der zwölften Stunde eine Saite, so bin ich's." (BW I, 7)

Was im Jahre 1833 wohl mehr als Spielerei gedacht war, scheint später in der Zeit der Trennung aus Verzweiflung zum Teil einer lebenswichtigen Kommunikation zwischen den beiden Liebenden zu werden. In einer Zeit höchster emotionaler Anspannung Roberts, um Ostern 1838, schreibt er Clara:

> "Erzählen will ich Dir noch von Neulich Nacht. Ich wachte auf und konnte nicht mehr einschlafen – und da mich denn immer tiefer und tiefer in Dich und Dein Seelen und Traumleben hineindachte, so sprach ich auf einmal mit innerster Kraft "Clara, ich rufe Dich" – und da hörte ich ganz hart wie neben mir "Robert, ich bin ja bei Dir". Es überfiel mich aber eine Art Grauen, wie die Geister über die großen Flächen Landes hinweg mit einander verkehren können. Ich thue es aber nicht wieder, dieses Rufen; es hat mich ordentlich ergriffen." (BW I, 138)

Auch Clara teilt diese Ebene:

> "Lange hab ich mich mit Dir im Wagen unterhalten, als alles schlief; hast Du nichts gefühlt, wanden sich nicht plötzlich Deine Gedanken zu mir" (BW I, 132)

Immer wieder verbinden Clara wie Robert dieses geistige Band mit der Musik. "Denke am Clavier an mich"[135], schreibt Robert an Clara. Zum beson-

---

[135] Am 13. Juli 1838. (BW I, 203)

ders wichtigen Kommunikationsmittel werden hierbei die Kompositionen Roberts, die er zum Beispiel am 3. August 1838 mit folgender Aufforderung an Clara schickt:

> "Meine Kreisleriana spiele manchmal! Eine rechte ordentlich wilde Liebe liegt darin in einigen Sätzen, und Dein Leben und meines und mancher Deiner Blicke." (BW I, 219)

Robert Schumann stellt sogar in einem Brief seine Kompositionen über die Möglichkeit, sich durch geschriebenes Wort mit Clara zu verständigen:

> "Nun ich weiß nicht, wer mir verwehren könnte, Dir noch einmal so viel zu schreiben, als Du mir. Am liebsten möcht ich es mit Musik - denn das ist doch die Freundin, die Alles am Besten ausrichtet, was innen steht." (BW I, 90)

Den inneren Prozeß, der diese Art der Verständigung ausmacht, beschreibt Robert so:

> "Daß Du meine Compositionen gern spielst, mag ich wohl glauben. Geht Dir es wie mir, wenn ich von Dir spiele – ich denke da "das ist aus dem Herzen Deiner Clara, aus demselben Herzen, das Dich liebt" – heilig ist es mir dann zu Muth." (BW I, 102)

Und Clara versteht die musikalischen Botschaften Roberts:

> "Was ist der Mittelsatz im Adagio [der Kreisleriana] doch so schön! ein so tiefes Gemüth liegt darin, ich fühle so ganz mit Dir, wenn ich es spiele." (BW I, 220)[136]

Hierbei steht das Erkennen des anderen in seiner seelischen Befindlichkeit im Vordergrund. Clara schreibt am 23. Juni 1838:

> "...mal wieder in der Sonate geschwärmt; das Lied ist doch wunderbar ergreifend, man erkennt Dich so ganz in allen Gefühlen. Deine ganze Seele." (BW I, 182)

Es kommt aber auch vor, daß sich Robert unverstanden fühlt und dies gerade in der Reaktion Claras zu seinem Opus 6. Schon kurze Zeit, nachdem er die *Davidsbündlertänze* an Clara geschickt hat, fragt er am 7. Februar 1838:

---

[136] Am 4. August 1838.

"Hast Du die Davidstänze (ein silberner Druck ist dabei) nicht erhalten? Ich habe sie Sonnabend vor 8 Tagen an Dich geschickt. Nimm Dich ihrer etwas an! Hörst Du? sie sind mein Eigenthum." (BW I, 93)

und einige Zeit später, am 18. März:

"Ueber die Dblertänze gehst Du mir zu flüchtig hinweg; ich meine, sie sind ganz anders als der Carnaval und verhalten sich / zu diesem/ wie Gesichter zu Masken." (BW I, 127)

Hier fügt sich bei der Einschätzung der bereits oben erwähnten Unterscheidung zwischen Gesichtern und Masken[137] noch ein weiterer Aspekt hinzu: Schumann hält seine Tänze für viel direkter und offener, für Ausdruck seiner Seele (im Vergleich zum *Carnaval*) und fühlt sich durch die mangelnde Reaktion Claras enttäuscht. Was er für Erwartungen an Clara hat, schreibt er deutlich:

"Was aber in den Tänzen steht, das wird meine Clara herausfinden, der sie mehr wie irgend etwas von mir gewidmet sind – ein ganzer Polterabend nähmlich ist die Geschichte u. Du kannst Dir nun Anfang und Schluß aus mahlen. War ich je glücklich am Clavier, so war es als ich sie componirte." (BW I, 93)[138]

Robert Schumann schickt seine Mitteilungen, seien es nun Briefe oder Kompositionen, in die Ferne, und *wie aus der Ferne* klingt Claras Musik zu ihm herüber. Interessant ist, daß das Thema bei seinem ersten Auftauchen im zweiten Davidsbündlertanz wie beschrieben aus einer Sphäre der Unbestimmtheit und Unklarheit, aus einem fernen, unbekannten Ursprung plötzlich klar und geordnet an das Ohr des Hörers dringt, eben eine komponierte *Stimme* Claras *aus der Ferne*.

In diesem Zusammenhang sei noch einmal auf Jean Pauls Beschreibung des Humoristen hingewiesen, der *wo er kann, seine persönlichen Verhältnisse auf sein komisches Theater* zieht.[139] Die Kenntnis der Tatsache, *daß* der

---

[137] S. Kapitel II 3. *Das Robert-Schumann-Kontinuum*, Anm. 84.

[138] Am 7. Februar 1838.

[139] S. Kapitel II 3. *Das Robert-Schumann-Kontinuum*, 50.

Künstler sich selbst auf die Bühne stellt, hängt allerdings vom Grad der Informiertheit des Rezipienten ab. Im Falle der *Davidsbündlertänze* und ihrer zeitgenössischen Rezeption scheint der Bezug zur Lebenswirklichkeit des Komponisten sich zunächst nur für eine Hörerin zu erschließen: für Clara Wieck.

6.3. Ferne als zeitliche Dimension

"*Werdet nur nicht ungeduldig,*
Wenn von alten Leidensklängen
Manche noch vernehmlich klingen
In den neuesten Gesängen."

Dieser Vers aus dem Gedicht *Die Heimkehr* Heinrich Heines findet sich in einer Abschrift Robert Schumanns in seiner Mottosammlung[140] und er sei auch als Motto den Überlegungen zur Verbindung des musikalischen Motivs mit dem Topos der Ferne vorangestellt, wenn man wie im Folgenden den Begriff der Ferne *zeitlich* faßt: Das musikalische Thema, das Clara und Robert verbindet, macht in gewisser Weise den Eindruck eines längst vorhandenen musikalischen Typus, der in der Musik des *Notturnos* Claras und der *Davidsbündlertänze* Roberts nur konkretisiert und materialisiert scheint. Ein Blick in die musikalische Tradition offenbart in diesem Zusammenhang Bemerkenswertes: Ein ähnlicher abwärtsgerichteter Sext-Stufengang in Moll findet sich auch in der Arie *Es ist vollbracht* aus der *Johannespassion* Johann Sebastian Bachs:

---

140 MS III, E 28.

J. S. Bach, Johannespassion, Arie "Es ist vollbracht", T. 1/2

Martin Geck (1991) weist nach, daß die Ursprünge dieses "Archetypus einer Totenklage"[141] in der europäischen Kunstmusik bis zum französischen Tombeau des 17. Jahrhunderts zurückzuverfolgen sind. Neben Beispielen aus der Lautenliteratur des 17. Jahrhunderts verweist er auf das Auftauchen des gleichen Motivs in Bachs *Chromatischer Fantasie*, in Beethovens Violoncello-Sonate op. 69 und in der Klaviersonate op. 110 im *Arioso dolente*[142] :

L. van Beethoven, Klaviersonate op. 110, 2. Satz, T. 8-10

Ob es sich um ein bewußtes Zitat oder aber um ein unbewußtes Anknüpfen an einen überlieferten Motiv-Strom handelt, läßt sich letztendlich nicht klären. Wahrscheinlich spielt hier das Prinzip der unbewußten Assoziation des Vergangenen und des in einer Art kollektiven Gedächtnisses Gespeicherten eine entscheidende Rolle. Mögliche Anknüpfungspunkte sind für Schu-

---

141 Martin Geck: *Johann Sebastian Bach. Johannespassion BWV 245*, München 1991, 92. (Meisterwerke der Musik. Werkmonographien zur Musikgeschichte; 55)

142 Ebd., 93.

mann sowohl bei Bach wie bei Beethoven vorhanden, da er die Werke beider Komponisten ausgiebig studiert hat. Die Partitur der *Johannespassion* wurde 1831 veröffentlicht, so daß sie Schumann ohne Probleme zugänglich gewesen wäre.[143] Eine Kenntnis der Klaviersonate Beethovens ist vorauszusetzen.[144] Bei Clara, der Pianistin, ist wahrscheinlich gerade die Musik Beethovens in diesem Zusammenhang relevant. Für einen direkten Bezug zur *Johannespassion* würde im Hinblick auf die *Davidsbündlertänze* und die *Novelette* Robert Schumanns die Tonart h-Moll sprechen, in der das Motiv sowohl bei Schumann wie auch bei Bach erscheint. Geht man von einer Anlehnung an die musikalische Tradition aus, so scheint die Charakterisierung als *Stimme aus der Ferne* nahezulegen, daß sich Schumann mit seinem Motiv seines historischen Standpunkts bewußt war. Die Tradition erscheint als fern und, wenn man so will, in diesem Sinne auch unerreichbar. Das Leidensmotiv, das hier im zweiten *Davidsbündlertanz* auftaucht, nimmt insofern eine Sonderstellung ein, als es sowohl in Beziehung zur Tradition, zur Musik Claras wie auch zum eigenen Werk Schumanns tritt. Zudem steht es durch seine tradierte Semantik in engem Bezug zum vorangestellten literarischen Motto der *Davidsbündlertänze*:

---

[143] Wann Schumann zum ersten Mal mit Bachs *Johannespassion* in Berührung gekommen ist, läßt sich nicht genau angeben. Die Zeugnisse einer Rezeption in seinen Schriften und Briefen sind deutlich späteren Datums als die Komposition des Opus 6: In seiner Besprechung eines Oratoriums Löwes erwähnt er die Johannespassion Bachs 1842. (GS IV, 188) In einem Brief an den Hamburger Musikdirektor Otten äußert sich Schumann am 2. April 1849: "Kennen Sie die Bachsche Johannis- Passion, die sogenannte kleine? Gewiß! Aber finden Sie sie nicht um vieles kühner, gewaltiger, poetischer, als die nach d. Evang. Matthäus?" (BNF, 300) Am 13. April 1851 leitet Schumann dann die Düsseldorfer Erstaufführung der Johannes-Passion. (TB III/2, 558)

[144] Zur Beethoven-Rezeption Robert Schumanns siehe Bodo Bischoff: *Monument für Beethoven. Die Entwicklung der Beethoven-Rezeption Robert Schumanns*, Köln-Rheinkassel 1994. Laut Bischoff befinden sich in Schumanns Handexemplar der Klaviersonaten Beethovens für die Sonate op. 110 keine Eintragungen. (318) Bischoff geht davon aus, daß eine "umfassende Aufarbeitung der Beethovenschen Klaviersonaten offenbar erst mit dem Jahr 1841 einsetzt." (316) Dies heißt aber nicht, daß es nicht auch schon früher intensivere Begegnungen gegeben hatte, wie die Beispiele der Sonaten op. 54 und op. 106 zeigen, mit denen sich Schumann 1832 intensiv beschäftigte. (119 ff.)

"In all' und jeder Zeit
Verknüpft sich Lust und Leid:
Bleibt fromm in Lust und seyd
Dem Leid mit Muth bereit.

Alter Spruch".

Der Vers *In all' und jeder Zeit* sowie die Bezeichnung *Alter Spruch* würden der historischen Dimension des Zitats entsprechen und sie gleichzeitig zu einer übergeschichtlichen, allgemeingültigen erweitern. In seiner bereits erwähnten Mottosammlung findet sich auch der zuvor erwähnte Vers Heinrich Heines:

"Werdet nur nicht ungeduldig,
Wenn von alten Leidensklängen
Manche noch vernehmlich klingen
In den neuesten Gesängen."

Vor diesem Hintergrund wirkt die besondere Hervorhebung der tradierten Leidensmotivik im *Davidsbündlertanz op. 6, Nr. 2* wie ein Heraufscheinen der musikalischen Tradition. Bach erstrahlt in klarem Lichte inmitten des umgebenden Schleiers der romantischen Verunsicherung.[145] Aus der *zeitlichen* Ferne tönen die *alten Leidensklänge* noch in den *neuesten Gesängen* Schumanns.

[145] Peter Schleuning (1986) weist in seiner Untersuchung zur Fantasie op. 17 auf ein ähnliches Phänomen hin: Schumann läßt sein Zitat aus Beethovens Lieder-Zyklus "An die ferne Geliebte" nach harmonischem Verwirrspiel am Schluß in reinem C-Dur erklingen. (83 f.) Auch hier steht also der Verworrenheit als Ausdruck romantischen Lebensgefühls die Klarheit der Vergangenheit entgegen. S. Peter Schleuning: *"Ein einziger Liebesschrei" – "an die ferne Geliebte". Der erste Satz von Schumanns Klavierfantasie op. 17*, in: Musik, Deutung, Bedeutung. Festschrift für Harry Goldschmidt zum 75. Geburtstag, hrsg. von H.-W. Heister und H. Lück, Dortmund 1986, S. 80-85.

6.4. Ferne als romantischer Topos

Sowohl die zeitliche[146] wie die räumliche Deutung der Überschrift *Wie aus der Ferne* setzt einen eingeweihten, informierten Hörer voraus. Aber auch für denjenigen, dem sich aufgrund seines Erfahrungshorizonts diese Dimensionen nicht eröffnen, bleibt noch Raum für die zurückspiegelnde Phantasie. *Ferne*, sei sie nun räumlich oder zeitlich aufgefaßt, ist Topos der romantischen Weltsicht, wie sie uns in den poetischen Werken der Romantik begegnet. Interessanterweise taucht in Verbindung mit dem Begriff der Ferne in der entsprechenden Literatur oftmals das Assoziationsfeld *Klang – Lied – Musik – Stimme* auf:

> "Tausend Stimmen rufen mir herzstärkend aus der Ferne zu, die ziehenden Vögel, die über meinem Haupte wegfliegen, scheinen mir Boten aus der Ferne [...]",

heißt es etwa in Tiecks *Franz Sternbalds Wanderungen*.[147] Klängen aus der Ferne konnte Schumann auch in Jean Pauls *Flegeljahren* begegnen:

> "Plötzlich hört' er in tiefer Ferne hinter sich eine Flöte durch das Tal gleichsam auf dem Strom herunterkommen, dem Wehen entgegen. Die Ferne ist die Folie der Flöte; und ihm, der mehr ihren Ton als ihren Gang verstand, war keine nahe gute nur halb so lieb. Die Töne schienen nachzukommen, doch schwächer." (JP II, 848)

Daß sich auch bei Jean Paul räumliche und zeitliche Momente der Ferne ineinander verschränken, zeigt ein weiterer Abschnitt aus den *Flegeljahren*:

---

[146] Neben der im musikhistorischen Sinne *zeitlichen* Dimension der Ferne, liegt auch eine Interpretation nahe, die die zeitliche Dimension innerhalb des Stückes im Rückgriff, im Rückerinnern, im Aufgreifen des zweiten Tanzes sieht. S. hierzu Brigitte Schwarz-Stambke: *"Etwas fortzubewegen, darf man nicht daraufstehen". Aspekte der musikalischen Zeit in den Davidsbündlertänzen op. 6*, in: Schumann-Studien 5, im Auftrag der Robert-Schumann-Gesellschaft Zwickau hrsg. von Gerd Nauhaus, Köln 1996. Schwarz-Stambke geht davon aus, daß Zukunft und Vergangenheit als "musikalische Aspekte der Davidsbündler in die Satzstruktur von op. 6 verwoben" (29) sind. Dabei steht Eusebius für die Erinnerung an Vergangenes, Florestan für das Zukünftige. (ebd., 30)

[147] Ludwig Tieck: *Franz Sternbald's Wanderungen. Eine altdeutsche Geschichte*. 1798, in: Ludwig Tieck's Schriften, 28 Bände, Berlin 1828-54, unveränderter photomechanischer Nachdruck, Berlin 1966, Bd. XVI, 48 f.

> "Plötzlich kam ein altes vertrautes, aber wunderbares Mittagsgeläute aus den Fernen herüber, ein altes Tönen wie aus dem gestirnten Morgen dunkler Kindheit;" (JP II, 850)

Für Pikulik (1979) ist im Hinblick auf den Topos Ferne in der literarischen Romantik[148] entscheidend, daß die Ferne etwa in Abgrenzung zur Fremde zwar genauso unbekannt, aber unerreichbar ist. Aus dem Moment der Unerreichbarkeit entsteht die so häufig thematisierte Sehnsucht, die, wie Tieck es im *Phantasus* formuliert,

> "ewig währt, weil sie ewig nicht erfüllt wird; weder getäuscht noch hintergangen, sondern nur nicht erfüllt, damit sie nicht sterbe, denn sie sehnt sich im Innersten nach sich selbst, sie spiegelt in unendlich wechselnden Gestalten das Bild der nimmer vergänglichen Liebe, das Nahe im Fernen, die himmlische Ferne im Allernächsten."[149]

In der romantischen Literatur, etwa in Eichendorffs Landschaftsbeschreibungen, können akustische wie optische Momente zu Mittlern zwischen dem Hier und der Ferne werden.[150] In Gestalt eines Heraufklingens oder Herüberfunkelns entsteht, wie Pikulik (1979) es formuliert, eine "Bewegung durch den Raum":

> "Die Eigenschaften der Ferne stimulieren [...] das Raum- und Zeiterleben."[151]

Auch für den Hörer Schumann kann sich durch einen *Klang aus der Ferne* eine Raumdimension eröffnen, wie eine Passage aus seiner Rezension der C-Dur-Symphonie Franz Schuberts deutlich macht:

---

[148] Zum Begriff der Ferne in der Romantik siehe Lothar Pikulik: *Romantik als Ungenügen an der Normalität am Beispiel Tiecks, Hoffmanns, Eichendorffs*, Frankfurt a. M. 1979, besonders das Kapitel III. 3 *Ferne*.

[149] Ludwig Tieck: *Phantasus*, in: Schriften in 12 Bänden, hrsg. von Manfred Frank u.a., Bd. 6, Frankfurt a.M. 1985, 33.

[150] "Das für Eichendorffs Landschaft so chrakteristische Schimmern und Blitzen, Glitzern und Funkeln, die Glocken- und Waldhornklänge, das Hähnekrähen und Hundegebell, das Rauschen der Wälder und nicht zuletzt die alten Lieder, die von ferne herüberklingen, dies alles sind auch immer lockende und verführerische Botschaften, die auf den Betrachter eine unwiderstehliche Anziehung ausüben." (Pikulik 1979, 268)

[151] Pikulik (1979), 367.

"In ihm [im zweiten Satz] findet sich auch eine Stelle, da wo ein Horn wie aus der Ferne ruft, das scheint mir aus anderer Sphäre herabgekommen zu sein. Hier lauscht auch Alles, als ob ein himmlischer Gast im Orchester herumschliche." (GS III, 203)

Mit seiner eigenen Überschrift *Wie aus der Ferne* evoziert Schumann sprachlich ein Raumempfinden, wobei die im Wiener Autograph, der Stichvorlage des op. 6, erhaltene ursprüngliche Überschrift *Klingend. Wie aus der Ferne*[152] dem romantischen Moment des Herüberklingens noch näher steht. Aber auch die musikalische Gestaltung Schumanns entspricht dem Prinzip des *Raumschaffens*. Dabei bedient er sich eines kompositorischen Mittels, das der "verundeutlichende[n] Fernsicht"[153] der Eichendorffschen Landschaftsbilder entsprechen würde: Die oben dargestellte Verschleierung und Unbestimmtheit der musikalischen Struktur und Notation der ersten beiden Takte des Tanzes op. 6, Nr. 2 (bzw. seines erneuten Erscheinens im 8. Tanz des zweiten Heftes) kann – mit der Hilfe einer entsprechenden Interpretation des Pianisten – Auswirkungen auf den Vorstellungsraum des Hörers[154] haben. Das gilt nicht nur für das bereits analysierte Auftauchen des zweiten Tanzes im Verlauf des vorletzten, sondern auch und gerade für den Beginn des vorletzten *Davidsbündlertanzes*, der eben diese Überschrift *Wie aus der Ferne* trägt:

[152] S. Boetticher (1976), 185.

[153] Pikulik (1979), 366. "Was fern liegt, sei es räumlich, sei es zeitlich, erscheint dem Geist nicht so konkret und deutlich wie das Nahe und Gegenwärtige, dafür um so "poetischer"". (ebd., 365)

[154] Houben (1986) geht davon aus, daß der *Vorstellungsraum des Hörers* dadurch erzeugt wird, "daß die Musik Entfernungen im Aufführungsraum, die real nicht vorhanden sind, simuliert bzw. Bilder und räumliche Bewegungen in der Vorstellung des Hörers evoziert. [...] Das allgemein menschliche Erleben von Raum erfährt beim jeweiligen Hören individuelle und stets aktualisierte Ausprägungen. Hierin besteht die ästhetische Freiheit des Hörers, der sich bei diesem aktiven Hören in einem flexiblen Vorstellungsraum bewegt." (Houben (1986), 107 f.)

Davidsbündlertanz op, 6, Heft 2, Nr. 8, T. 1-11
© Mit freundlicher Genehmigung des G. Henle Verlags München

Allein die *Ferne* des Melodietons fis^2 von der unterlegten Baßfläche H_1 (dreieinhalb Oktaven) wie auch die *weite* Lage des H-Dur-Akkords in der rechten Hand, mit dem das Stück anhebt, lassen eine Raumwirkung entstehen. Zudem beginnt das Stück in der Mittelstimme mit einer übergebundenen Note fis, einem ***übriggebliebenen*** Klang aus dem vorherigen Tanz. Durch die mit dem Bogen geforderte Überbindung überschreitet dieser Klang die Grenzen des Tanzes, die eigentlich durch die Nummerierung ("8."), den Tonartwechsel wie durch die Überschrift markiert werden. Es scheint, als würde der Ton aus der Vergangenheit oder aus der *Ferne* herüberklingen.[155]

Für den Spieler, der mit der *Musik auf dem Papier* konfrontiert ist, bleibt – selbst in Kenntnis eines über die Musik hinausgehenden Bedeutungshorizonts – die Frage bestehen, wie die Überschrift *Wie aus der Ferne* in ihrer Qualität als Spielanweisung in die klangliche Realisierung, etwa in die Färbung des Tones durch einen entsprechenden Anschlag oder durch eine spezielle Gestaltung der Agogik, münden soll. Bei der Aufgabe des Interpreten, der Musik durch seine interpretatorische Gestaltung eine Raumdimension

155 Vgl. auch die Analyse von Schwarz-Stambke (1996), die diesen Davidsbündlertanz unter dem Aspekt "Klangquelle und Echo" untersucht. (31 f.)

zu geben, die Musik *aus der Ferne* erklingen zu lassen, entscheidet letztlich die eigene innere Gestimmtheit, die individuelle Assoziation von Ferne. In diesem Sinne kann ein schriftsprachlicher Zusatz, indem er die zurückspiegelnde Phantasie anregt, bis in die erklingende Musik wirken. Eine ähnliche Absicht könnte Schumann auch mit seinem ursprünglich für seine *Papillons* geplanten, dann aber doch nicht gedruckten Motto verfolgen. Es ist der Schlußsatz aus Jean Pauls *Flegeljahren* :

> "Noch aus der Gasse herauf hörte Walt entzückt die entfliehenden Töne reden, denn er merkte nicht, daß mit ihnen sein Bruder entfliehe." (JP II, 1071)

Sowohl in der handschriftlichen Niederschrift des Mottos[156] als auch in einem entsprechenden Hinweis in einem Brief an Castelli[157] nimmt Schumann jedoch eine entscheidende Änderung vor: Aus dem Beginn des Satzes *Noch aus der Gasse herauf* wird *Noch aus der Ferne*. Ob diese Abwandlung bewußt geschah oder darauf zurückzuführen ist, daß Schumann aus dem Gedächtnis zitierte, wie Gustav Jansen, der Herausgeber der Briefe Schumanns, vermutet[158], ist nicht eindeutig zu entscheiden. Selbst wenn es sich dabei "nur" um eine Erinnerungslücke Schumanns handeln sollte, zeigt die assoziative Wahl des Begriffs Robert Schumanns innere Nähe zur *Ferne*.

7. Musik auf dem Papier und Werkkonzept

Es hat sich gezeigt, daß schon die *Musik auf dem Papier* bei Robert Schumann eine appellative Struktur für den Rezipienten darstellt. Oftmals entsteht bei der Integration schriftsprachlicher Momente, also im Zusammenhang mit Titeln, Spielanweisungen, literarischen Mottos oder auch hinzugefügten Prosafragmenten, ein Zusammenspiel verschiedener Zeichensysteme, das kunstübergreifende Rezeptionsprozesse auslösen kann. Gerhard

---

[156] Abdruck des Faksimiles bei Boetticher (1976), Bd. I, Abb. XIII.

[157] Brief vom 28. April 1832. (BNF, 36)

[158] BNF, Anm. 22.

Dietel (1989) wertet in seiner Arbeit zu Schumanns Klavierwerk[159] solche Art schriftsprachlicher Eigenheiten Robert Schumanns auch und besonders im Zusammenhang mit den *Papillons* und den *Davidsbündlertänzen* als äußerliche *Auratisierung* und *Emporstilisierung*[160] eines Werkes, dem aufgrund der in Einzelteile zerfallenden Struktur Ganzheit fehlt.

> "Es gilt, dem Werk [den Papillons op. 2], das musikalisch betrachtet wenig mehr als ein flüchtig hingestreutes Bündel kurzer Tanzsätze, Polonaisen, Walzer und "Burlen" ist, eine höhere Bedeutung, eine geheimnisvolle Aura zu verleihen, die das Musikalisch-Aphoristische sowohl erklärt als auch diesem die fehlende höhere Weihe verleiht."[161]

Dietels Einschätzung des Musikalisch-Aphoristischen als "objektiven Mangel"[162] einer Komposition wie der *Papillons* läßt aufhorchen, zumal wenn er dies auf das Unvermögen des jungen Schumann zurückführt. Voraussetzung dieser These ist die rigorose Absolutsetzung der Kategorie des organischen Ganzen zum einzigen ästhetischen Maßstab. Erst durch die organische Form wird seiner Meinung nach ein Kunstwerk zu einem "Werk im eigentlichen Sinn".[163] Er unterstellt Schumann das kompositorische Motto: "Wortpoesie anstelle musikalischer Konstruktion".[164] In diesem Sinne, mit Blick auf ihre schriftsprachlichen Zusätze, sind für Dietel die 1837 entstandenen *Davidsbündlertänze* "rückschrittlich".[165]

Zu fragen ist aber erstens, inwieweit man die fragmentarische Anlage der frühen zyklischen Werke Schumanns als *Mangel an Ganzheit* einschätzen

---

[159] Gerhard Dietel: *Eine neue poetische Zeit. Musikanschauung und stilistische Tendenzen im Klavierwerk Schumanns*, Kassel 1989.

[160] Ebd., 193.

[161] Ebd., 191.

[162] Ebd., 34.

[163] Ebd., 45. Hiermit knüpft Dietel übrigens nahtlos an die hundertfünfzig Jahre zuvor geschriebene *Papillons*-Kritik Ludwig Rellstabs an, in der es heißt: "Ich behaupte, jeder Künstlergedanke gewinnt erst wahrhaftes Leben, wenn er sich eine organische künstlerische Form schafft." Zitiert nach Schumanns Abschrift in sein Tagebuch I, 425.

[164] Ebd., 212.

[165] Ebd., 212.

sollte, der aus einem Unvermögen des jungen Schumann resultiert, Ganzheit in seinen Werken zu schaffen. Davon geht Dietel aus.[166] Zweitens stellt sich die grundsätzliche Frage, inwieweit im Zusammenhang mit den schriftsprachlichen Momenten überhaupt von einer äußerlichen Auratisierung gesprochen werden kann. Dies würde bedeuten, davon auszugehen, daß Schumann einem in sich abgeschlossenen und nach außen hin klar umgrenzten Werk etwas Fremdes hinzugefügt hätte. Dieses Modell widerspricht aber der ästhetischen Konzeption Schumanns und dem Wesen und der Anlage seiner Kompositionen. Wie noch zu zeigen sein wird, ist ihnen schon in der Organisation ihres musikalischen Materials der Dualismus von Offenheit und Geschlossenheit einkomponiert. Zudem werden die Werkgrenzen nicht zuletzt durch die Momente musikalisch und schriftsprachlich ausgerichteter Intertextualität durchlässig. Außerdem erscheint es problematisch, Florestan und Eusebius und ihre Funktion in den *Davidsbündlertänzen* als außermusikalisch zu betrachten, werden die beiden doch – wie gezeigt – in Schumanns Komponieren quasi zu musikalischen Denkfiguren, die in sich bereits Musikalisches und Außermusikalisches verbinden.[167] Statt bei der Betrachtung der Schumannschen Musik einen rigiden, auf Ganzheitlichkeit und vermeintliche Autonomie zielenden Werkbegriff zugrunde zu legen, bietet es sich an, mit der Vorstellung eines Robert-Schumann-Kontinuums zu arbeiten, das ganz im Sinne romantischer Kunstauffassung Leben und Schaffen des Künstlers verbindet und zu einer untrennbaren Einheit verschmilzt.

Ein Argument, das gegen diesen weiten Werkbegriff ins Feld geführt wird, ist die Furcht, das musikalische Kunstwerk nicht mehr begrenzen zu können. Das Bemühen, die Werkgrenzen aufrecht zu erhalten und so die Idee des ***absoluten*** Kunstwerks als eine überhistorische zu retten, erscheint aber andererseits gerade angesichts der romantischen, auf Entgrenzungen abzielenden Klaviermusik Robert Schumanns paradox. Das einzelne Klavier-

166 Ebd., 44.

167 Linke / Kneipp (1978) erwähnen, daß Igor Strawinsky Eusebius und Florestan interessanterweise als "Archetypen der musikalischen Persönlichkeitsbildung" bezeichnet. (211)

werk Schumanns ist in seiner musikalischen und sprachlichen Intertextualität nur Fragment in einem Robert-Schumann-Kontinuum und gleichzeitig durch seine auf die Beteiligung des Hörers ausgerichteten Struktur immer unabgeschlossen. Sprachliche Zusätze als nicht zum Kunstwerk gehörend anzusehen, setzt voraus, das Werk von vornherein zu begrenzen und zu einem in sich selbst konsistenten Objekt zu machen. Dies erscheint aber gerade angesichts des Schumannschen Konzepts musikalischer Rezeption unproduktiv. Ähnliche Überlegungen lassen sich übrigens auch in Hinsicht auf Schumanns Augenmerk auf die Gestaltung der Druckfassungen seiner Werke anstellen. Irmgard Knechtges-Obrecht (1988) betont mit Blick auf die Ausstattung seiner Notendrucke[168]:

> "Mit dem Fertigstellen der Reinschrift ist seiner Vorstellung nach der Kompositionsprozeß keineswegs abgeschlossen, das Werk genaugenommen noch nicht vollendet: Die Drucklegung und alle damit verbundenen Fragen der Austattung gehören untrennbar dazu." (41)[169]

Dem Begriff der *Auratisierung,* den Dietel (1989) für die Funktion der schriftsprachlichen Momente der Klaviermusik Schumanns prägte, möchte ich den Begriff der *Dimension* entgegensetzen: Die Ausstattung der Druckfassungen wie auch die Notationsbesonderheiten einschließlich der schrift-

---

168 Kurt Hofmann (1979) verweist auf Schumanns große "Einflußnahme auf die Ausstattung seiner Werke" (XXXVIII) und plädiert dafür, daß "die Titelblätter der Erstausgaben Robert Schumanns durchaus in einigen Fällen als Interpretationshilfe herangezogen werden" können. (XXXI) S. zur Ausstattung der Druckfassungen ebenso Bernhard R. Appel: *Robert Schumann und die Malerei*, in: Schumann und die Düsseldorfer Malerschule. Ausstellung vom 1.-19. Juni 1988 im David-Hansemann-Haus Düsseldorf, im Rahmen des 3. Schumann-Festes, hrsg. von der Robert-Schumann-Gesellschaft, Düsseldorf 1988, 7-27.

169 Für Knechtges-Obrecht (1988) lautet "Schumanns Ausstattungs-Maxime: das gesamte Werk präsentiert sich synästhetisch und bildet durch die wechselseitige Kommentierung der Künste eine geschlossene Einheit." (44) Als Beispiele nennt Knechtges-Obrecht nicht nur die Entstehung der Titelblätter einzelner Werke, sondern auch die Frage, wie eine Aufteilung eines Werkes auf mehrere Hefte durchzuführen sei: "In seiner [Schumanns] Vorstellungswelt bildet eine etwaige Aufteilung der Einzelstücke keine bloße Äußerlichkeit, sondern entscheidet vielmehr darüber, ob die Geschlossenheit und Symmetrie des gesamten Werkes betont oder in nicht vertretbarer Weise auseinandergerissen wird." (43) S. Irmgard Knechtges-Obrecht: "*...auf daß das Aeußere einigermaßen dem inneren Charakter entspreche.*". *Robert Schumann und die Ausstattung seiner Notendrucke*, in: Robert Schumann und die Düsseldorfer Malerschule (1988), 41-69.

sprachlichen Momente erscheinen mir als Dimensionen des Werkes, nicht als eine nur nachträglich einem Werk hinzugefügte Vertuschung eines Mangels an vermeintlicher Ganzheit. Ihre Konsequenzen für die Werkgestalt wie für die zurückspiegelnde Phantasie des Hörers sind enorm, denn es kommt dabei nicht nur, wie es Zymner (1995) für die entsprechenden literarischen Techniken in den Romanen Jean Pauls formuliert, zur "Verwischung der Grenzen zwischen *Textwelten*", sondern zur "Verwischung der Grenzen zwischen Dichtung und Wahrheit" überhaupt.[170]

[170] Zymner (1995), 229.

III Musik als Klangkörper

1. "Das Verlassen der gewöhnlichen Gesetze der Sinnesvorgänge" Betrachtungen zu Robert Schumanns Klaviermusik und Raphaels Sixtinischer Madonna

1.1. Einleitung

> "Der gebildete Musiker wird an einer Raphael'schen Madonna mit gleichem Nutzen studiren können, wie der Maler an einer Mozart'schen Symphonie." (GS I, 43)

Diese Äußerung Eusebius' im Dicht- und Denkbüchlein wirft die Frage auf, welche Erkenntnisse ein Komponist dem Studium einer Madonna von Raphael im Hinblick auf sein eigenes Schaffen abgewinnen kann. Was es für Schumann *nicht* bedeuten kann, zeigen seine ironischen Äußerungen zu einem Impromptu für die linke Hand mit dem Titel *Der Traum der Kriegerbraut* von Carl Voß:

> "Irren wir nicht, so existirt ein Bild eines neuern französischen Malers unter gleichem Titel. Vielleicht hat es der Autor bei der Hand gehabt (die rechte bot sich ihm dazu von selbst) und in Tönen nachzukneten versucht, was freilich in der Malerei schon schwer auszudrücken war. [...] In der Musik gibt es nun einmal keine "Kriegerbräute", sondern nur Septimen- und andere Accorde, und die "linke Hand" allein hat schon Noth, diese zu bewältigen, geschweige denn auch noch an die Träume der ersteren zu denken." (GS IV, 246)

Es kann im Zusammenspiel der Künste also nicht um inhaltlich-bildliche Anleihen gehen, zumal – wie Schumann betont – das Material der Musik keine konkrete, der visuellen Bildlichkeit entsprechende Darstellungsqualität besitzt. Aber ebenso würde ein direkter Vergleich der Farbgestaltung der Sixtinischen Madonna etwa mit der Diastematik eines Streichquartetts von Beethoven wohl an der Heterogenität der Objekte scheitern. Doch Schumann weist den Weg, indem er gleich im Anschluß an die eingangs genannte These Florestan sagen läßt:

> "Die Ästhetik der einen Kunst ist die der anderen; nur das Material ist verschieden." (GS I, 43)

Es geht also um künstlerische Phänomene jenseits der Bildlichkeit, aber auch jenseits des Materials, des vordergründigen Blicks auf Ölfarbe und Tonhöhe[171]:

> "Unbewußt neben der musikalischen Phantasie wirkt oft eine Idee fort, neben dem Ohre das Auge und dieses, das immer thätige Organ, hält dann mitten unter den Klängen und Tönen gewisse Umrisse fest, die sich mit der vorrückenden Musik zu deutlichen Gestalten verdichten und ausbilden können." (GS I, 143)

In diesem Sinne wäre im folgenden im Hinblick auf die Gestaltung der *Musik als Klangkörper* nicht das Material selbst, sondern seine künstlerische Organisation sowie die Wahrnehmungsvorgänge, die möglicherweise mit dem Kunstwerk verbunden sind, zu betrachten.

Nehmen wir Robert Schumann ernst und betrachten wir eine Madonna Raphaels. In diesem Falle liegt es nahe, die "Sixtinische Madonna" als Beispiel zu wählen, die er im Original in der Dresdner Galerie bewundern konnte.

---

[171] Auf eine Inspirationsebene jenseits inhaltlicher Analogie im Zusammenspiel der Künste spielt auch Novalis an, wenn er schreibt: "Ueberhaupt können die Dichter nicht genug von den Musikern / u. Malern lernen. In diesen Künsten wird es recht / auf[f]allend, wie nöthig es ist wirthschaftlich mit den Hülfs- / mitteln umzugehn u. wie viel auf geschikte Verhältniße / ankömmt. Dagegen könnten freilig jene Künstler / auch von uns die poetische Unabhängigkeit u. den / innern Geist jener Dichtung u. Erfindung, jedes / ächten Kunstwerks überhaupt, dankbar annehmen." / [Heinrich von] Ofterdingen." Zitiert nach Robert Schumanns *Mottosammlung*. (MS I, 60)
Interessant ist hierbei Novalis' Hinweis auf die Ökonomie der Mittel und den Aspekt der Proportionen als "Lernstoff" für die Dichter.

Abb. 4: Raphael Sixtinische Madonna

Es ist schwer zu sagen, wie Schumann ein solches Kunstwerk wahrgenommen hat. Gewiß ist, daß ihn Madonnendarstellungen im allgemeinen und die Malerei Raphaels im besonderen geprägt haben. Das sieht man allein daran, daß Madonnendarstellungen immer wieder in seinen Schriften und Tagebüchern auftauchen und zwar in ganz unterschiedlichen Zusammenhängen: Frauen haben laut Tagebuchaufzeichnungen Schumanns den "fromme[n] Madonnenblick"[172] oder ein "Madonnengesicht"[173], "die weinende Caroline [Süßmann]" sieht er im Tagebuch als "büßende Raphaelsche Magdalena"[174]. Der optische Eindruck, die visuelle Erfahrung, scheint sich in Robert Schumanns Phantasie wie ein abrufbares Bild abgelagert zu haben, um sich dann bei geeigneter Gelegenheit assoziativ als Vergleichsobjekt einzustellen. Und dies nicht nur, wenn Schumann im Alltag Frauengesichtern begegnete, sondern auch in seinem Sprechen über Musik: In einer Rezension der Musik William Sterndale Bennetts "quellen" Schumann "wie aus einem Raphael'schen Himmel hunderte von wonnigen Engelsköpfen"[175] entgegen, eine Kantate Mendelssohns erscheint ihm "wie ein Blick in einen Himmel Raphael'scher Madonnenaugen."[176] Leider hat sich Schumann nie schriftlich zusammenhängend über die Kunst Raphaels geäußert; es ist aber durchaus denkbar, ja fast wahrscheinlich, daß er mit seinen Künstlerkollegen und in den gesellschaftlichen Kreisen, in denen er verkehrte, in einen Diskurs über die Malerei Raphaels getreten ist.[177] Als Robert Schumann 1844 nach Dresden reiste, wo er sich wenige Monate später auch niederließ, traf er dort den Arzt, Maler und Philosophen Carl Gustav Carus (1789-1869), der

---

[172] TB I, 188.
[173] TB I, 190.
[174] TB I, 170.
[175] GS II, 87. Der Hintergrund der Sixtinischen Madonna besteht aus vielen ineinander gemalten Engelsköpfen.
[176] GS III, 246.
[177] So ist zum Beispiel aus Schumanns Düsseldorfer Jahren ein Gespräch Schumanns mit dem Historienmaler, Porträtist und späterem Direktor der Düsseldorfer Akademie Eduard Bendemann über die Madonna Sedia überliefert. (TB II, 398)

später auch sein ärztlicher Berater wurde und mit dem er regelmäßig freundschaftlich verkehrte. Für Carus, den königlichen Leibarzt und Hofrat, waren die Malerei und die Kunstbetrachtung weit mehr als ein Zeitvertreib. Intensiv setzte er sich zeit seines Lebens mit der zeitgenössischen Malerei und der Kunst der vorausgehenden Epochen sowohl schöpferisch wie betrachtend auseinander. Er gehörte zu den tonangebenden Gestalten der gesellschaftlichen und künstlerischen Zirkel Dresdens. Wie mag wohl ein Diskurs über die Sixtinische Madonna zwischen dem Maler und Naturforscher Carus und dem Musiker und Musikschriftsteller Schumann ausgesehen haben?[178] Ähnlich wie für Schumann ist auch für Carl Gustav Carus dieses Bild künstlerisch prägend. In seinem Aufsatz *Ueber die Sixtinische Madonna des Raphael* für die Jahrbücher der Schiller-Stiftung, der im Jahre 1857 in Dresden erschien[179], offenbart Carus die Früchte seiner jahrzehntelang währenden Auseinandersetzung mit der *Sixtina*:

> "Es ist nun etwas über ein halbes Jahrhundert, daß ich dieses Bild kenne, – seit mehr als vierzig Jahren, d.h. seit ich Dresden bewohne, sah ich es jedes Jahr oftmals und lange, – und doch darf ich wohl sagen: erst seit wenigen Jahren ist mir der volle Begriff dieses außerordentlichen Werkes aufgegangen."[180]

Er berichtet auch, oftmals Gespräche über die Sixtinische Madonna geführt zu haben, um ihren Geheimnissen näher zu kommen, war aber meist von den Ergebnissen enttäuscht.[181]

Auch wenn wir nicht Zeugen eines möglichen Gesprächs über die Sixtinische Madonna zwischen Carus und Schumann werden können, so kann doch die Betrachtung der Art und Weise, wie Carl Gustav Carus über Kunst

---

[178] Zu Schumanns zahlreichen Begegnungen mit befreundeten Malern, die seine "kunsttheoretischen und ästhetischen Reflexionen" prägten, siehe Appel (1988), 9 ff.

[179] Carl Gustav Carus: *Ueber die Sixtinische Madonna des Raphael*, in: Jahrbücher der Schiller-Stiftung, Bd. 1, Dresden 1857, 1-22.

[180] Ebd., 3.

[181] "[...] ich sprach wohl auch mit Anderen darüber, überzeugte mich aber freilich bald, wie dunkel größtentheils die Vorstellungen bleiben, welche im Geiste der Meisten der Anblick dieses einzigen Werkes hinterläßt." (ebd., 4)

im allgemeinen und über die Struktur der Sixtinischen Madonna von Raphael im besonderen reflektiert, Licht auf Schumanns eingangs erwähnte kunstübergreifende These werfen und dies zumal von einem zeitgenössischen Standort aus. Die Qualität seiner Betrachtungen und ihr Wert als Folie für den rezeptionsästhetischen Blick auf ausgewählte Beispiele aus Klavierwerken Schumanns besteht in Carus' Vorgehensweise, auf Rezeptionsvorgänge im Betrachten des Bildes abzuheben und diese in der Struktur des Kunstwerks zu begründen. Ein Schwerpunkt im folgenden Kapitel soll deshalb auf einem kunstübergreifenden Strukturvergleich zwischen dem von Carus analysierten Bild und der von Schumann komponierten *Musik als Klangkörper* liegen.

1.2. "Schwebend stehen und stehend schweben" Zum kompositorischen Prinzip des doppelten Rahmens bei Raphael und Robert Schumann

Carl Gustav Carus' Auseinandersetzung mit der Sixtinischen Madonna Raphaels zeugt von einer jahrzehntelangen, Wandlungen unterworfenen Beschäftigung mit diesem Kunstwerk. Er läßt die Madonnendarstellung Raphaels im Sinne eines tätigen Anschauens auf sich wirken. So betrachtet Carus nicht nur die Darstellung der einzelnen Gestalten, sondern auch die "Anordnung des Ganzen"[182], ihre strukturelle Differenz und Differenziertheit. Ein Grund für "die Verzweiflung aller Copisten und Nachahmer dieses Bildes" ist, so stellt Carus fest, die ungewöhnliche Haltung der Madonna-Gestalt, "wie sie mit dieser Natürlichkeit schwebend steht und stehend zu schweben scheint."[183] Der Kunsthistoriker Michael Bockemühl (1985) beschreibt in seiner Arbeit *Die Wirklichkeit des Bildes*[184] einleuchtend das kom-

---

[182] Ebd., 6.

[183] Ebd., 7.

[184] Michael Bockemühl: *Die Wirklichkeit des Bildes. Bildrezeption als Bildproduktion. Rothko, Newman, Rembrandt, Raphael*, Stuttgart 1985.

positorische Prinzip, das diesem Eindruck des Betrachters, die Madonna würde gleichzeitig sowohl stehen als auch gehen, zu Grunde liegt. Es ist Raphaels Konstruktion eines doppelten Rahmens: Neben dem Rahmen, der ein Bild üblicherweise begrenzt, existiert eine zusätzliche "innerbildliche Rahmung des Blickfelds"[185], die durch eine spezifisch asymmetrische Struktur des Bildes zustande kommt. Betrachtet man den Verlauf der Vorhangstange am oberen Bildrand mit der hierzu parallel verlaufenden Ballustrade, auf die sich die beiden Engel am unteren Bildrand aufstützen, und setzt man diese in bezug zu dem Verlauf des rechts und links fallenden Vorhangstoffes, so stellt man fest, daß das so begrenzte Blickfeld gegenüber dem eigentlichen der äußeren Rahmung – dadurch, daß das Vorhangbündel links schmaler ist als das rechte – nach links verschoben und gleichzeitig leicht im Uhrzeigersinn nach rechts gedreht ist. Bockemühls Linienschema[186] zur asymmetrischen Struktur von Raphaels "Sixtinischer Madonna" verdeutlicht diesen Befund:

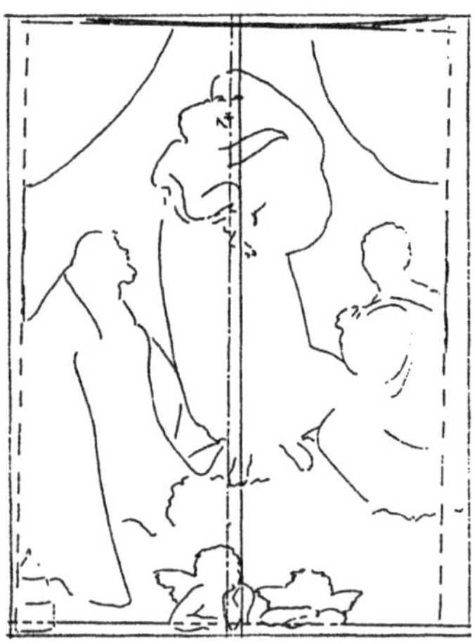

Abb.5: Linienschema zur asymmetrischen Struktur von Raphaels "Sixtinischer Madonna"

[185] Ebd., 152.
[186] Ebd., 151.

Dies hat Konsequenzen für die wahrgenommene Haltung der Madonna: Bezieht der Betrachter die Gestalt der Madonna auf die Mittelsenkrechte des äußeren Rahmens, so steht sie mehr oder weniger statisch in der Mitte des Bildes. Wird aber die innerbildliche Rahmung und das dadurch suggerierte Bildfeld zum Orientierungsmaßstab des Betrachters, ist sie, bezogen auf die nun neue Mittelsenkrechte, exzentrisch: Sie steht neben der Mitte und ihre Figurachse ist gegenüber der Mittelsenkrechten des Bildfelds nach links geneigt. Dies hat Folgen:

> "Das Gleichgewicht ihrer Figur ist durch diese Neigung nunmehr so weit nach links in Richtung ihres Schreitens verlagert, so daß das Spielbein für den nächsten Schritt vollständig entlastet zu sein scheint."[187]

So existieren zwei unterschiedliche Möglichkeiten, die Haltung der Figur wahrzunehmen, die aber beim Betrachten nicht analysierend auseinanderdividiert werden können: sie scheint *schwebend zu stehen und stehend zu schweben*.

Das Phänomen des *einkomponierten* Wahrnehmungsmoments ist uns vor allem im Bereich der bildenden Kunst vertraut: die Möglichkeiten der Wahrnehmungssuggestion, durch die die Bildrezeption des Betrachters zur prozeßhaften Bildproduktion wird, also eine zeitliche Dimension erhält, nutzt die Grundgesetze optischer Wahrnehmung, indem es zum Beispiel artistische Momente wie 'optische Täuschungen' durch künstlerische Aneignung und Intentionalität zu Mitteln des Kunstausdrucks werden läßt, also wie in diesem Falle durch einen doppelten Rahmen den Eindruck der Entrückung entstehen läßt.

Auch die Musik kennt analog zum räumlichen Bezugssystem der Malerei einen Rahmen, nämlich den zeitlichen des Metrums: Zu diesem, ist er erst etabliert, wird die rhythmische Struktur in Beziehung gesetzt. Erst durch das Metrum erhält etwa das Phänomen der Synkope in der Wahrnehmung des Hörers ihren Bezugspunkt und somit ihren Sinn. In dieser Hinsicht hat der

---

[187] Ebd., 153.

Rahmen im Bild wie in der Musik eine ähnliche Funktion: Er bestimmt die Perspektive, die Wahrnehmungsbedingungen. In – strukturell abstrahiert – ganz ähnlicher Weise wie Raphael in seiner Sixtinischen Madonna, konstruiert auch Robert Schumann in seiner Musik an einigen Stellen einen *doppelten* Rahmen, also ein Moment, das in gleicher Art mit der Wahrnehmung des Hörers spielt. Nehmen wir als Beispiel den Anfang des ersten Stücks *Des Abends* aus den *Fantasiestücken op. 12:*

Fantasiestücke op. 12, Nr. 1 Des Abends, T. 1-8

Vorgezeichnet ist ein 2/8-Takt, den Schumann aber mit durchlaufenden triolischen Sechzehntelnoten füllt. Diese stellen ohne Ausnahme die rhythmische Grundeinheit des Stücks dar. Diese jeweilige Sechsergruppe erfährt in jedem Takt zwei unterschiedliche Einteilungen: Der vorgezeichnete 2/8-Takt definiert sie als zwei triolische Einheiten, die darüber gesetzte Melodiestimme unterteilt sie in drei gleiche rhythmische Impulse. Besonders bemerkenswert wird das Phänomen dadurch, daß es sich nicht nur auf das Gegeneinander der beiden Hände des Pianisten beschränkt, sondern auch die Struktur der rechten Hand – für sich betrachtet – bestimmt. Die Konsequenz für den Spieler wird im ersten Takt an der Rolle des f^2 deutlich: Als Teil der Begleitstimme, die den Takt triolisch in zwei gleiche Teile teilt, ist es als letzte Note einer Triole die denkbar unbetonteste Note der Gruppe, innerhalb der der Melodiestimme zugrundeliegenden Dreiteilung des Taktes aber hat es als Teil der Melodielinie, die den Takt in drei gleiche Teile unterteilt, einen anderen rhythmisch-metrischen Stellenwert. Spielt man nur die ersten Takte der rechte Hand, ohne auf das vorgeschriebene Metrum zu achten, so wird man möglicherweise intuitiv innerlich eine Dreiteilung des Taktes vornehmen, wobei die dreimaligen f^1 als nachschlagende Begleitfigur zur Melodie gedacht werden. Doch Schumann hat durch die Gestaltung der die Sechzehntel verbindenden Balken in zwei Gruppen und durch die Taktart 2/8 die gleichzeitige Zweiteilung des Taktes bestimmt. So kommt es in der rechten Hand zu einem Gegeneinander zweier metrischer Impulse, einem *Zwei* gegen *Drei*, das dadurch besondere Brisanz erhält, daß sich die beiden Stimmen als Melodie und Begleitung das Material der sechs durchlaufenden Sechzehntel teilen müssen. So erhalten einzelne Töne eine metrische Doppelfunktion wie das Beispiel des f^2 gezeigt hat. Die linke Hand betont eher die Zweiteilung des Taktes, indem sie die erste Hälfte triolisch füllt, um dann in der zweiten Hälfte auf einem Ton zu verharren. Der dritte Takt bietet dann plötzlich die Durchbrechung des gerade erst in den ersten beiden Takten etablierten Musters des Klaviersatzes: Die Bewegung der linken Hand wird unterbrochen, das zwei Takte lang unbetonte as^1 als Spitzenton der begleitenden linken Hand wird plötzlich um eine Sechzehntel versetzt und so zum Melodieton erhoben, während die rechte Hand schweigt. Für die für das Hören gut nachvollziehbare durchlaufende Achtelbewegung der Oberstimme hat das keine Konsequenzen, doch die linke Hand gerät aus ihrem Fluß und aus ihrer Betonung der Zweiteiligkeit des Taktes. Schumann geht aber noch einen Schritt weiter, wie die Takte 21 bis 24, später auch 29 bis 31 sowie die Parallelstellen des zweiten Teils zeigen: Schumann stellt das beschriebene und über viele Takte bestätigte verwobene rhythmisch-metrische System in Frage und macht nun plötzlich die zweite, vierte und sechste Note der Sechzehntelbewegung eines Taktes zu Melodietönen, indem er ihnen jeweils die Länge einer Achtelnote gibt:

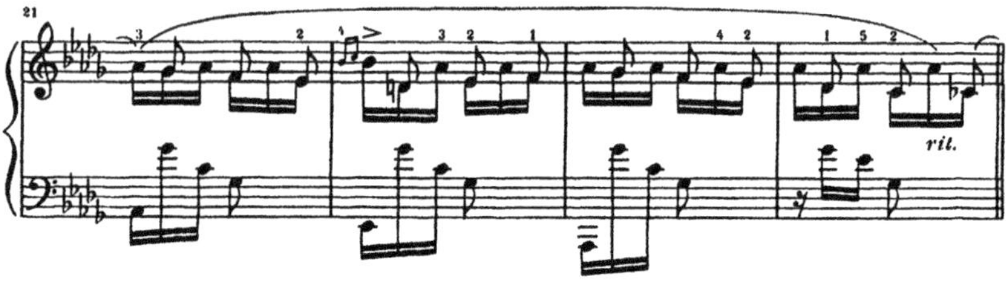

Fantasiestücke op. 12, Nr. 1 Des Abends, T. 21-24

Allein die linke Hand bestätigt nun noch die Eins des Taktes mit einem metrischen Schwerpunkt, doch selbst diesen eliminiert Schumann in Takt 24, bevor er mit gewandelter Harmonik zunächst im alten metrischen Muster fortfährt, um es vier Takte später auf ähnliche Weise wie zuvor wieder zu durchbrechen. Das faszinierende Moment dieses Stücks von Robert Schumann liegt darin, daß unter Umständen der Hörer bewußt wenig von diesen metrischen Spielereien merkt; sie sind nicht plakativ nach außen gebracht und stürzen den Hörer nicht von Takt zu Takt in neue Verwirrung, sondern die Verschiebung und das Gegeneinander der metrisch-rhythmischen Impulse finden subversiv statt. Es hat die Qualität einer Binnendifferenz: Der *doppelte* metrische Rahmen in *Des Abends* aus den Fantasiestücken konstituiert sich durch ein Ineinander des äußeren, vorgezeichneten Rahmens des 2/8-Taktes und einer durch triolische Impulse gesetzten Binnenmetrik.

Bockemühl (1985) weist in seiner Untersuchung darauf hin, daß ein von Fr. Müller im 19. Jahrhundert angefertigter Stich von Raphaels Sixtinischer Madonna, der weit verbreitet ist, die Tatsache der doppelten Rahmung in der Weise völlig ignoriert, daß er die Vorhangstange wegläßt und die Brüstung parallel zum unteren Bildrand führt.

> "Damit sind die entscheidenden Elemente eliminiert, die zu einem Bezugsfeld gehören, aus dem die Neigung der Madonna nach vorn erfahrbar wäre. Der Stich "lebt" daher kaum mehr."[188]

Genau dieses Phänomen der konstruktionsbedingten Wahrnehmung wird auch musikalisch erfahrbar, wenn man einen der metrischen Rahmen des Schumannschen Klavierstücks wegläßt: Ignoriert man etwa den vorgezeichneten Takt und die metrische Orientierung durch die Balkensetzung, so entsteht klanglich ein absolut statisches Gebilde, das in seiner konsequenten taktweisen Dreiteiligkeit auf die Dauer von über hundert Takten ermüdend wirkt. Orientiert man sich als Spielerin aber am Rahmen der Zweiteiligkeit und empfindet die Dreiteiligkeit durchweg als gegen die Norm oder gegen den Strich gekämmt, so offenbart sich in der differierenden Binnenmetrik der Zauber des Stücks: die Gleichzeitigkeit des Ungleichzeitigen. Und hier treffen sich die Künste in ihrer Ästhetik im Sinne eines Wahrnehmungskonzepts: Das Auge nimmt bei dem Bild Raphaels nicht den Wechsel der beiden Bezugsysteme bewußt wahr, sondern löst ihn auf in das Moment der Unentscheidbarkeit. Die Differenz der Systeme bleibt jedoch bestehen und führt zum *tätigen Anschauen*, wie Bockemühl es nennt:

> "Die als feste Bezugsmitte begriffene Aufrechte der Madonna gerät im Wandel wechselnder Bezogenheiten in die Labilität von Exzentrik und Vornüberneigung. Doch ebenso kann sie in der wiederaufgesuchten Mitte zur Ruhe kommen. Die Aufrechte entstabilisiert sich im Prozeß. Das vorgänglich tätige Anschauen "entmittet", "neigt" sie, und in dem selben Maß ist das konstatierende Anschauen aufgerufen, die Aufrechte wieder "herzustellen". Wie die "Entmittung" und "Neigung", so erweist sich nunmehr auch das "Zur-Mitte-Führen" und "Wieder-Aufrichten" im Gewahren des Gleichgewichts als Tat des Anschauens. Der unaufhaltbare Übergang von Ruhe in der Bewegtheit und von der Bewegtheit in der Ruhe ist anschaulicher Akt."[189]

---

[188] Ebd., Anm. 362, 226.
[189] Ebd., 155.

Die Musik Schumanns überläßt diesen Akt zunächst dem Spieler. Wenn nicht im ausführenden Künstler ein Bewußtsein der metrischen Differenz lebt, wird sie den Hörer erst gar nicht erreichen. Raphael wie Schumann nutzen das künstlerische Mittel der Wahrnehmungsverwirrung, um Momente wie Erhabenheit und Entrückung zu suggerieren, ohne aber die Verwirrung selbst zum Thema zu machen. Ist es bei Raphael die Erhabenheit des Göttlichen, so ist es bei Schumann – vordergründig und auf den Titel bezogen – vielleicht die entrückte Stimmung eines Abends, in weiterer Konsequenz aber die aus den realen Zusammenhängen entrückte poetische Welt der Kunst, die die Eindeutigkeiten der prosaischen Welt hinter sich läßt.

1.3. "Das Verlassen der perspektivischen Gesetze" Horizontschichtung bei Raphael und Schumann

Auch bereits Carus hat seinen Blick auf die strukturellen Differenzen des Bildes gerichtet und spricht in seinem Aufsatz von dem "Verlassen der perspektivischen Gesetze".[190] Als Beispiel bezieht er sich auf dessen *perspectivische Constructionen* und stellt fest:

> "Analysiert man daher das innere Raumverhältniß dieses Werkes und dessen perspectivische Constructionen schärfer, so ist unverkennbar, daß es eigentlich, abweichend von allem Sehen der Wirklichkeit, drei Horizonte enthält: einen, den obersten, der durch das Antlitz der Madonna geht, – einen, der in der Mitte die Köpfe des Sixtus und der Barbara durchschneidet – und endlich einen dritten, welcher tief unten durch die Schultern des sich aufstützenden Engelsknaben gelegt ist."[191]

Um eine verbindliche Raumordnung herstellen zu können, aus der allen Figuren ein eindeutiger Standpunkt zugewiesen werden kann, bedarf es einer zentralen Perspektive. Bei drei Horizonten ergeben sich drei konkurrie-

[190] Carus (1857), 18.
[191] Ebd., 19.

rende Systeme, die alle beim Betrachter den Anspruch auf Verbindlichkeit erheben. Carus beschreibt die Wirkung, die dies auf uns hat:

> "Die wunderbare Wirkung, welche hieraus entspringt, ist die einer gewissen – ich möchte sagen – Allgegenwärtigkeit, d.h.wo wir den Blick hinwenden – überall stehen uns die Gestalten Aug' im Auge rein gegenüber."[192]

Ähnlich wie bei dem Phänomen der doppelten Rahmen ist der Betrachter mit konkurrierenden Systemen konfrontiert, diese sind aber in diesem Fall nicht völlig ineinander verschränkt, sondern können als Schichten wahrgenommen werden, wenn der Blick von oben nach unten schweift. Die Übergänge sind freilich fließend. Es entsteht also eine Schichtung von Systemen, die doch in der Gesamtschau wiederum in das Moment der Uneindeutigkeit der Perspektive umschlägt. Jede Horizontebene für sich ist logisch und stimmig, ihr Zusammenspiel aber different. Auch Schumanns Musik kennt die Schichtung in sich stimmiger Ebenen, die im Zusammenspiel, in der Gleichzeitigkeit ihres Erscheinens Verwirrung stiften und dennoch gemeinsam wahrgenommen werden können. Als Beispiel soll eine kurze Passage aus dem *Davidsbündlertanz op. 6, Nr. 1* dienen: In ihm verwendet Schumann das von ihm selbst so bezeichnete musikalische *Motto von C.W.*, das er an den Anfang seiner Komposition stellt. Es ist der Beginn der *Soiree musical op. 6* von Clara Wieck. Diese zitierten zwei Takte werden zum Material der musikalischen Auseinandersetzung, das dabei eine Erweiterung und Entfaltung erfährt. Schon der Umgang mit den vorangestellten Motto-Takten in den ersten einleitenden Takten zeigt den spezifisch kompositorischen Ansatz Schumanns: Zwar hält er zunächst in Takt 3 und 4 die rhythmische Gestalt des Mottos bei, aber in Tonhöhe, Melodierichtung, Stimmenzahl wie in der Erweiterung des harmonischen Raumes (e-Moll / H-Dur) geht er weit über die Vorgabe Claras hinaus. Bereits sein erstes Reagieren auf das Motto macht also deutlich, daß es ihm darum geht, den musikalischen Spielraum zu erweitern. Die Takte 3 und 4 werden so zu einer Art Doppelpunkt. Ver-

---

[192] Ebd., 19f.

gleicht man nun das Motto Claras mit dem, was Schumann im weiteren Verlauf des Stücks daraus macht, so stellt man eine Durchbrechung der rhythmischen und harmonischen Eindeutigkeit des Mottos fest. Claras Motto wird zum Ausgangspunkt von Veränderung und Erweiterung. Das klar gegliederte und fest umrissene musikalische Motto wird durchlässig und der Umgang mit ihm zur Möglichkeit individueller Aussprache. Im Zuge dessen kommt es in den Takten 26-33 zu einer Besonderheit der Synkopierung:

Davidsbündlertänze op. 6, Nr. 1, T. 24-33

Es werden nicht einzelne Töne synkopisch gegeneinander gesetzt, sondern die ganze rechte Hand gegen die linke um eine Zählzeit verschoben: Das rhythmische Motiv der rechten Hand ist ein um eine Zählzeit versetztes typisches Dreiertaktmotiv (Halbe- und Viertelnote), das sich mit der linken Hand reibt, die durch ihre dominantische Bestärkung der Eins mit dem Auftakt das durch die Taktstriche vorgezeichnete Metrum bestätigt. Das beschriebene Gegeneinander der Hände mit der Konsequenz ihrer zeitlichen und harmonischen Verschiebungen macht den Eindruck, als habe sich die Beziehung der beiden Hände zueinander aufgelöst, eine einheitsstiftende Synthese scheint nicht mehr möglich. Unvereinbar stehen sich rechte und linke Hand gegenüber und doch treffen sie sich in der Gleichzeitigkeit ihres Erklingens, um sich aber dennoch – wie die verschiedenen Horizonte Raphaels – zu widersprechen. Dabei ist Schumanns Schichtung der Horizonte in der Zeitkunst Musik für den Hörer freilich brisanter: Denn die Gleichzeitigkeit der Horizonte ist nicht, wie beim Bild Raphaels, bei Bedarf in ein Nacheinander in der Betrachtung aufzulösen. Carus sieht die eigentliche *visionsartige* Qualität des Raphaelschen Bildes im

> "wahrhaft Mystischen und über die Gesetze der Sinneswirkung eigenthümlich Hinausgreifenden seiner inneren Anordnung".[193]

Für Carus erregt ein solches Phänomen wie das der drei Horizonte

> "für den Augenblick das Gefühl eines gewissen mystischen aber glücklichen Freiseins von den Banden der Wirklichkeit, deren Druck doch mehr oder weniger sonst der sterbliche Mensch fast überall genugsam zu tragen bestimmt ist."[194]

1.4. "Das Hinwegschwinden der Symmetrie" System und Systemlosigkeit als Rezeptionsphänomen bei Raphael und Schumann

Eine der herausragenden Qualitäten des Bildes Raphaels sieht Carl Gustav Carus in der "Symmetrie [...] in der allgemeinen Anordnung".[195] Bei der Untersuchung der Symmetrie des Bildes kommt er aber zu erstaunlichen Ergebnissen: Sie ist keine "vollständige"[196], sie ist "großartig", weil sie "jedoch nirgends zu einer absoluten und gleichsam mathematischen ausartet."[197] Als beispielhaft in diesem Zusammenhang betrachtet er die Figur der Madonna:

> "Die Symmetrie der Glieder der Seitenhälften des Leibes, und rechter und linker Hälfte des Angesichts, sie scheint freilich auf den ersten Blick durchaus vollständig und unverrückbar, während die nähere und schärfere Untersuchung bald zeigt, daß im Einzelnen durchaus nirgends eine vollkommene Gleichheit zwischen rechts

---

[193] Ebd., 20.
[194] Ebd.
[195] Ebd., 13.
[196] Ebd.
[197] Ebd., 14.

> und links besteht, vielmehr wir überall fühlen, wie sehr es die Aufgabe einer jeden künstlerisch schönen Haltung und Bewegung des Körpers sei, immer noch etwas mehr von jener Symmetrie zu verstecken oder wenigstens zu mildern."[198]

Es ist der strukturelle Dualismus von Gleichgewicht und Ungleichgewicht, von Symmetrie und Asymmetrie, welcher Carus fasziniert:

> " [...] je mehr das Wesen des Kunstwerks sich verfeinert, je ätherischer es wird, und je mehr es der Nachbildung des Lebens sich widmet, um so mehr darin das Absolute der Symmetrie zurückweichen, und um so entschiedener das Ungleiche in der Gleichheit hervorgehoben zu erscheinen hat."[199]

Die Forderung, daß die "Malerei [...] jene Gleichheit zwar ebenfalls in der Tiefe festzuhalten, in der Erscheinung aber immer mehr und mehr zu verschleiern"[200] hat, hat Konsequenzen für die Rezeption. Auf den ersten Blick, so Carus, erscheint alles in der Anordung des Bildes symmetrisch: der rechts und links zurückgeschlagene Vorhang genauso wie die Anordnung der Gestalten, das paarige Erscheinen der Engel wie die Figur der Madonna selbst. Doch dann kommt Carus zu der für die Rezeption durch den Betrachter entscheidenden Feststellung:

> "All' diese große durchgreifende Symmetrie scheint jedoch sofort uns unter den Händen hinwegzuschwinden, sowie wir das Einzelne des Bildes schärfer untersuchen. Nirgends finden wir dann Gleichheit, sondern jede Seite bietet ihre durchaus eigenthümlichen Formen".[201]

Als Beispiele nennt er unter anderem die beiden unterschiedlichen Körperhaltungen der Engel und die leicht gegeneinander versetzte Stellung der Augen der Madonna. Im Prozeß des Betrachtens schwindet die Symmetrie, doch sie verliert sich nicht ganz, immer wieder kann der Betrachter auf seinen ersten Eindruck der Symmetrie zurückgreifen, um ihn dann erneut wie-

---

198 Ebd.
199 Ebd., 15.
200 Ebd.
201 Ebd.,15 f.

der enttäuscht zu sehen. *Das Ungleiche in der Gleichheit*, wie Carus es treffend nennt, bewirkt einen nicht enden wollenden Prozeß des Betrachtens, der in seinem Schwanken zwischen der Wahrnehmung der durchgreifenden Symmetrie und der Störungen der Symmetrie durch Momente der Ungleichheit die Rezeption des Betrachters bestimmt.

Wie schon die Analyse der *Arabeske op. 18* gezeigt hat, besitzen Wiederholungsstrukturen in der Musik – wie die symmetriebildenden Momente in der Malerei – architektonische Kraft. Ein Blick auf das Stück *Eusebius* aus dem *Carnaval op. 9* soll verdeutlichen, wie in Schumanns Musik solche räumlichen Konstruktionen unter der Analyse und näheren Betrachtung hinwegschwinden. Will man das kurze Stück aus dem Zyklus *Carnaval* in Abschnitte unterteilen und seinen Aufbau analysieren, kommt man wider Erwarten zu überraschenden Ergebnissen: Auf den ersten Blick zerfällt das Stück aufgrund der Phrasenbildung grundsätzlich in acht Viertaktgruppen, auffällig sind auch hier die das Stück wie ein Netz von Beziehungen überspannenden Wiederholungsstrukturen. Schumanns Verwendung eines strukturierenden Doppelstrichs jeweils nach 8 bzw. 16 Takten legt eine Dreiteilung in 8+8+16 nahe. Dagegen spricht allerdings das Erscheinen eines mit Più lento überschriebenen oktavierten Mittelteils, der sich durch charakteristische Momente von dem übrigen Stück abhebt, allerdings nicht so sehr auf der Ebene des Tonmaterials oder einer veränderten harmonischen oder rhythmischen Gestaltung, sondern durch einen volleren Klaviersatz, ein vorgezeichnetes mezzoforte (später sogar forte) statt dem bisher geltenden *sotto voce* im piano, eine Spielanweisung *molto teneramente*, und eine Pedalvorschrift gegenüber dem *senza Pedale* zu Beginn. Der auf diese Weise und – durch die originale Rückkehr der Takte 9 bis 16 zum Schluß – als Mittelteil deutlich gekennzeichnete Abschnitt würde dann aber entgegen der Doppelstrichsetzung Schumanns eine Dreiteilung von 16+8+8 suggerieren. Der Hörer kann unter diesem Aspekt auch eine Vierteiligkeit in 8+8+8+8 oder Zweiteiligkeit in 16+16 unterstellen.

Eusebius

Carnaval op. 9, *Eusebius*

Für alle Versionen gibt es Argumente, was bedeutet, daß der Eindruck des symmetrischen Baus unter der genaueren Betrachtung hinwegschwindet, zumindest aber verunsichert wird. Für Simonett (1978) ergibt sich als fast paradoxe Konsequenz einer solchen architektonischen Formung "das Verschwimmen der Konturen trotz prägnanter Formulierungen."[202] Den Prozeß der Erwartung von Symmetrie und ihrer Enttäuschung, ein Schwanken zwischen relativer Ordnung und erneuter Verunsicherung, kennt also auch der Hörer Schumannscher Musik. Hierbei ist allerdings zu bedenken, daß die Wahrnehmung von Symmetrieprinzipien in der Malerei und in der Musik unterschiedliche Voraussetzungen haben. Denn während der Betrachter eines Bildes eine vorherrschende Symmetrie auf einen Blick erkennen kann, bedarf es beim Musikerleben eines abstrahierenden und rückschauenden Blicks, um Symmetriemomente bewußt zu erfassen. Das soll allerdings nicht heißen, daß die architektonische Struktur einer Musik, weil sie analytisch schwerer zu erkennen ist, weniger wirksam sein muß, sie teilt sich im Rezeptionprozeß nur anders mit.

Die Betrachtung von Symmetrie im Stück Eusebius hat sich bisher mit den architektonischen Bauprinzipien beschäftigt. Aber auch in der Gleichzeitigkeit, in dem Zusammenspiel der Hände offenbart sich ein ähnliches Phänomen des ständigen Hinwegschwindens der erwarteten Ordnung: Der erste Takt des Stücks, *normalerweise* mit der Aufgabe, die metrische Ordnung zu definieren, verzichtet mit seinem Septolenmotiv auf eine klare metrische Aussage. Indem jedoch die Septole als selbstständiges, ganztaktiges Motiv gleich im ersten Takt etabliert wird, verliert sie ihre Qualität als Abweichung von der Norm. Statt gegen die Metrik zu kämpfen, löst sie sie auf. So entsteht der schwebende Charakter des Beginns. Gleich im zweiten Takt aber wird die Septole durch die linke Hand mit der metrischen Zweiteiligkeit des 2/4-Taktes konfrontiert. Rechte und linke Hand stehen nun zwei Takte lang

---

202 Hans Peter Simonett: *Taktgruppengliederung und Form in Schumanns Carnaval*, Phil. Diss., Berlin 1978, 217.

im Spannungsverhältnis 7 zu 2. Im vierten Takt verläßt die rechte Hand die Septolenbewegung in einer komponierten Verlangsamung und geht in Achtel über. Es folgt die leicht variierte Wiederholung dieser vier Takte: im ersten Takt (T. 5) ist nun auf unbetonter Zählzeit in der linken Hand der Ton f eingefügt, der zusätzlich Verwirrung stiftet. Der nun folgende Abschnitt (T. 9 ff.) beginnt mit dem Eindruck von mehr rhythmisch-metrischer Eindeutigkeit: Die Septole wird in eine Quintole und eine Triole bereinigt und entspricht so der durch die linke Hand vorgegebenen Zweiteilung des Taktes. Zwei Takte lang ist nun eine relative Ordnung in das rhythmische Gefüge der Hände eingekehrt. Scheinen sich die beiden Hände wie in Takt 9 endlich auf einen Kompromiß geeinigt zu haben, der der linken Hand ihre Zweiteilung des Taktes garantiert, der rechten aber in der Unterteilung in 5+3 eine wenigstens noch relative Freiheit des Rhythmus läßt, so bricht dann in Takt 11 wiederum die Linke aus, um eine Dreiteilung des Taktes herbeizuführen, während die rechte im ursprünglichen rhythmischen Muster fortfährt. So kommt es zu einem extremen Gegeneinander beider Hände.

Hier ist es nicht die Erwartung einer räumlichen Symmetrie, sondern die erwartete Entsprechung von rechter und linker Hand in ihrer Definition einer Zwei-, Drei- oder Siebenteiligkeit, die im musikalischen Prozeß immer wieder suggeriert und gleich darauf enttäuscht wird. Das Stück macht den Eindruck, als können sich die beiden Hände des Pianisten nicht auf eine verbindliche Takteinteilung einigen.

Der Begriff *Hinwegschwinden*, den Carus im Zusammenhang mit der Ungleichheit des Gleichen verwendet, verweist auf einen Prozeß der Rezeption. Das Hinwegschwinden hat seinen Ort im Wahrnehmungsvorgang des Betrachters. Im ersten Satz von Robert Schumanns *Fantasie op. 17* scheint ein solcher Prozeß des Hinwegschwindens im kontinuierlichen Verlust metrischer Konsistenz miteinkomponiert zu sein. Wie in den angeführten Beispielen zuvor zeigt sich, daß den räumlichen Momenten, die Raphael für den Aufbau einer appellativen Struktur seines Kunstwerks nutzt, bei Schumann die zeitlichen, metrischen Möglichkeiten der Musik entsprechen. Inmitten des ersten Satzes der *Fantasie op. 17* entfaltet Schumann mittels der Öffnung der musikalischen Struktur eine poetische Welt, die sich immer mehr von der geordneten zu entfernen scheint. Dieser Abschnitt ist prägnantes Beispiel für die Technik des Verwischens harmonischer und metrischer Stabilität, wie sie Schumann häufiger als Mittel zur Verflüchtigung einsetzt.

Fantasie op. 17, 1. Satz, T. 70-81

Innerhalb von sechs Takten (T. 71-76) entmaterialisiert Schumann das formale Gerüst, indem er die metrische Ordnung auflöst. Zeitverschiebungen auf unterschiedlichen Ebenen machen die hörende Identifikation des rhythmisch-metrischen Gefüges unmöglich: Zunächst wird die metrische Schwerpunkt-Struktur der Takte durch die Pause auf der Eins des Taktes 73 und durch die besondere Akzentuierung (mit > bzw. *sf*) der jeweiligen Zwei der Takte 73 und 74 um insgesamt einen Schlag nach hinten verschoben. Geht man davon aus, daß es durch diese Umdeutung der Zwei zur neuen Eins zu einer Gesamtverschiebung der Metrik kommt, wird die Funktion der

Pause auf der Eins problematisch: sie steht in Anbetracht der neuen metrischen Situation im Niemandsland zwischen der alten Vier und der neuen Eins. Der Hörer ist in einer ähnlichen Situation: er ist zunächst an den Höreindruck der bisherigen Metrik gebunden, die *neue* Metrik widerspricht seinem rhythmischen Empfinden. Diese metrische Verschiebung wird zudem von zwei weiteren rhythmischen Auflösungstendenzen überlagert, so daß die Wahrnehmung des Hörers um so mehr verunsichert wird. Neben dem fünfmaligen Ritardando innerhalb der sechs Takte, die die Regelmäßigkeit der Abfolge der rhythmischen Impulse zusätzlich verwischen, führt Schumann in den Takten 74-76 das Prinzip der Synkope ad absurdum: Zwei Takte lang spielt er mit einer Kette von Achtelsynkopierungen, ohne diesen aber ein zur Identifikation notwendiges, klar ausgeprägtes Bezugssystem entgegenzusetzen. So weiß der Hörer weder genau zu entscheiden, wo der jeweilige Taktschwerpunkt der Eins ist, noch ob es sich bei den Synkopen nicht vielleicht doch um volle Taktzeiten handelt. Harmonisch endet Takt 76 übrigens ebenso offen: auf dem verkürzten Dominantseptnonakkord mit übermäßiger Quint zu B-Dur. Nach der harmonischen und rhythmischen Beruhigung in den folgenden Adagio-Takten öffnet sich der Abschnitt harmonisch vollends: Der Sextvorhalt im verkürzten Dominantseptnonakkord mit Terz im Baß löst sich zunächst auf der Drei von Takt 80 in die Quinte auf, um sich dann aber im nächsten Takt erneut zur Sexte hin zu öffnen. Auf diese Weise transzendiert die harmonische und vor allem die rhythmische Gestaltung dieser Takte die formale Ordnung, läßt sogar peu á peu das rhythmisch-metrische System *hinwegschwinden*.

1.5. "Die bildlichen Beschauer des Bildes" Musikalische und bildnerische Übergangszeichen

Jenseits seiner Betrachtung der Konstruktionsprinzipien des Bildes richtet Carus sein Augenmerk auch auf das dargestellte Personal: Neben der Madonna mit Kind und den Gestalten des Sixtus und der Barbara widmet er sich auch den zwei Engelsknaben am unteren Bildrand. Der Meinung, "diese sinnenden Engel wären vom Künstler zuletzt nur so hineingemalt, um eine zu leere Stelle des Bildes zu füllen"[203] widerspricht er ausdrücklich, er weist ihnen im Gegenteil eine Funktion im Vermittlungszusammenhang des Kunstwerks zu, "indem diese Engel den Betrachtenden gleichsam mit in die Tiefe des Bildes hineinziehen".[204] Er nennt sie "gewissermaßen die ersten selbst bildlichen Beschauer des Bildes".[205] Damit bezeichnet er deutlich ihre Doppelfunktion als Teil der dargestellten, aber auch als Teil der betrachtenden Welt. Sie sollen nach Carus "den wirklich von außen Beschauenden gleichsam vorbereiten und lebendiger in diese neue Welt einführen."[206] Carus sieht sie als "Mittelglied" oder auch "Uebergangszeichen" zwischen irdischer und göttlicher Welt. Interessanterweise vergleicht er die Wirkungsweise dieser *Übergangszeichen* mit einem Moment der romantischen Landschaftsmalerei:

> "Wie zuweilen wohl der Landschaftsmaler im Vordergrunde seines Gemäldes uns eine betrachtende, gegen die Tiefe des Bildes gekehrte Gestalt wahrnehmen läßt, welche, wenn Alles gut zusammenklingt, unsere in das Innere des Bildes ziehende[n] Gedanken so zu sagen personificirt."[207]

Den Engeln als Übergangszeichen steht in ihrer Mittlerfunktion ein zu vermittelnder Dualismus von göttlicher und irdischer Welt und in einem weiteren Sinne von Kunstwerk und Betrachter gegenüber. In der romanti-

---

[203] Carus (1857), 12.
[204] Ebd.
[205] Ebd.
[206] Ebd.
[207] Ebd.

schen Ästhetik würde der Polarität von Göttlichem und Irdischem wohl am ehesten der Dualismus von Kunst und Lebenswirklichkeit entsprechen, wie er sich bei Schumann in seiner Gegenüberstellung von poetischer und prosaischer Welt, von Philistertum und Davidsbündlerschaft, von Fiktion und Wirklichkeit ausdrückt. Als Übergangszeichen zwischen Kunst und Leben könnte man in diesem Sinne wie zuvor beschrieben zum Beispiel Robert Schumanns Doppelnatur Eusebius und Florestan bezeichnen. Aus den *Davidsbündlertänzen op. 6* schauen sie jedenfalls – etwas plakativ gesagt – wie die Engelsgesichter aus dem Bild Raphaels hervor und verbinden durch ihre Existenz als musikalische Charaktere im Werk und durch ihr Leben außerhalb des Werks – vor allem in ihrer musikbetrachtenden Rolle in Schumanns Schriften und Tagebuchaufzeichnungen – ihre musikalischen und außermusikalischen Momente.

Künstlerische Übergangszeichen, wie sie Carus in den Raphaelschen Engelsfiguren sieht, haben für ihn die grundlegende Funktion, den Betrachter des Kunstwerks hinein- und hinauszuführen. In ähnlicher Weise ergibt sich auch für Schumann die Fragestellung, wie er den Hörer in seine poetische Welt hineinführt und wie er ihn wieder entläßt. Es geht um die Vermittlung der Polarität von Stille und Klang als wesensmäßigen Dualismus von Musik schlechthin und somit um die Frage der Gestaltung von Anfang und Ende einer Komposition.

Anfang

Der erste Satz der 1835/36 komponierten *Fantasie C-Dur op. 17* mit der Vortragsanweisung *Durchaus phantastisch und leidenschaftlich vorzutragen* beginnt mit einer schnellen Sechzehntelbewegung der linken Hand, die den Eindruck vermittelt, als sei sie, impulsiert durch das Sforzato auf der ersten Note g, quasi aus einem unhörbaren Fluß auf die Bewußtseinsebene gehoben worden.

Fantasie op. 17, T. 1-3

Die Bewegung wirkt eigentümlich konturlos und wird so zu einer untergründigen Klangfläche: Spitzentöne dieser Bewegung der linken Hand (also in den ersten Takten etwa das eingestrichene d), die die Funktion übernehmen könnten, die dahinströmenden Sechzehntel zu strukturieren, sind auf metrisch unbedeutende Zeiten gesetzt, so daß metrische Eindeutigkeit bewußt vermieden wird. Harmonisch gesehen steht die entstehende Klangfläche der Töne g-d-f-a in unklarem Verhältnis zur vorgezeichneten Grundtonart C-Dur.[208]

Auch der Anfang des letzten Stücks der *Kinderszenen op. 15 Der Dichter spricht* etwa vermittelt eine ähnliche kompositorische Haltung im Hinblick

208 Übrigens bleibt die C-Dur-Grundtonart fast bis zum Schluß des ersten Satzes "verhüllt". Vgl. hierzu die Interpretation von Peter Schleuning (1986), der den ersten Satz der *Fantasie* unter dem Aspekt *Verhüllung – Enthüllung* analysiert.

auf die Harmonik. Statt eines eindeutigen Akkords als harmonischer Standortbestimmung, wie er traditionell zu erwarten wäre, erscheint der Sekundakkord der Dominante. Ein mögliches Vorbild für den dissonanten Anfang eines Stücks konnte Schumann in Beethovens Musik finden: Mit dem revolutionären Beginn des ersten Satzes seiner ersten Sinfonie mit der C^7-Dissonanz macht Beethoven um 1800 einen deutlichen kompositorischen Schritt. Für Schumann und seine Zeitgenossen ist solch ein Beginnen aufgrund des Phänomens der Zeitlichkeit jeglicher Innovation über dreißig Jahre später per se nicht im gleichem Maße revolutionär wie für Beethoven. Die Funktion, die der einleitende dissonante Akkord im Zusammenhang des jeweiligen Werkes einnimmt, offenbart deutlich die zeitliche und ästhetische Differenz des Romantikers Schumann: Während bei Beethoven dieser erste Akkord – als Dominante zur Subdominante – eine "Phase der Entladung"[209] einleitet, bei dem das Moment des Prozeßhaften im Vordergrund steht, ist Schumanns Beginn auf der Dominante zwar Anfang eines Stücks, wirkt aber gleichzeitig wie das Aufnehmen eines bereits vorhandenen Stroms. Schumanns Musik wird nicht – wie etwa Beethovens – *geschaffen*, sondern erweckt den Eindruck, als nähme sie an etwas längst Vorhandenem lediglich teil. Diesen Widerspruch zum tradierten Begriff der Totalität als apriorischem Prinzip findet man in vielen Klavierwerken Schumanns in dem Versuch, auf einen thesenartigen Beginn zu verzichten.

Ende

Auch am Ende von *Der Dichter spricht* zeigt sich der Dualismus von Offenheit und Abgeschlossenheit: Der Redefluß des "Dichters" wird zum Schluß hin immer wieder durch Pausen durchbrochen, die besonders auf der schweren Zählzeit Eins zu Leerstellen des Schweigens werden und so die Musik zuletzt ganz verstummen lassen. Zudem steht die Schlußkadenz S

---

[209] Martin Geck: *Von Beethoven bis Mahler. Die Musik des deutschen Idealismus*, Stuttgart und Weimar 1993, 20.

D^7 T als schulmäßiger Abschluß eines Stücks in ihrer Einfachheit in keinem Verhältnis zum vorhergehenden Geschehen, weder zur harmonischen Gestaltung des Beginns noch zur Freiheit des Rezitativs. So schließt das Stück und bleibt doch offen und fragmentarisch. Es scheint, als versinke die Musik am Ende wieder in den unendlichen Fluß, aus dem sie sich zu Anfang erhoben hat. Bedeutete der Anfang einer Komposition traditionell eine Standortbestimmung oder zumindest doch die Formulierung eines Ausgangspunkts, die Schumann dem Hörer häufig versagt, so bedeutet das Ende eines musikalischen Kunstwerks, dieses und den in ihm dargelegten und gestalteteten Prozeß zu einem Abschluß zu bringen. Bei Schumann aber verschwimmen die Werkgrenzen. Er läßt den Hörer lediglich eine Zeit lang an dem poetisch-musikalischen Geschehen in der Welt der Phantasie teilhaben. Diese kompositorische Haltung unterscheidet sich grundlegend von klassischer Ästhetik, in der der Komponist Schöpfer und Herrscher des Werkes zu sein scheint.

Das Öffnen der musikalischen Struktur zum Ende einer Komposition geschieht bei Schumann aber auch in fast ironischer Brechung, wie das Finale der *Papillons op. 2* zeigt. Der gesamte Verlauf des Finales dieses frühen Klavierwerks von 1828 wird von Schumann im Grunde dazu genutzt, das Verschwinden bzw. die Zerstörung des musikalischen Geschehens zu zelebrieren. Es beginnt mit der Präsentation eines 16-taktigen periodischen Gebildes in überdeutlicher, vollendeter Symmetrie. Im Periodenbau mit dem Prinzip der Sequenzierung wie in der harmonischen Struktur mit Halb- und Ganzschluß drängt sich der Eindruck eines in sich stimmigen, symmetrischen Ganzen geradezu auf. Im weiteren Verlauf des Stücks offenbart sich in Schumanns Umgang mit diesem Basismaterial eine erstaunliche Kompositionsweise, nämlich die Dekonstruktion von Themenmaterial und -struktur. Schon beim erneuten Erscheinen des ersten Themas (T. 17) zeigen sich erste Auflösungstendenzen: Nach 6 Takten bricht die rechte Hand plötzlich (in T. 23) ab und verläßt den bis dahin parallel geführten Satz, die linke führt das

Finale
12.
f
1.
2.
sempre f
Più lento
mf
f
mf
sfz
p

Papillons op. 2, Finale

Thema noch einen Takt weiter, um sich dann in eine Begleitfigur zu einem neuen achttaktigen Gebilde, dem *Papillon*-Thema[210], zu wandeln.Im nächsten Abschnitt (T. 25 ff.) werden dann zwei achttaktige Perioden gegeneinandergesetzt, doch erscheinen sie phasenverschoben: Während die rechte Hand ab T. 25 mit dem *Papillon*-Thema beginnt, wird sie von der linken zunächst begleitet. Ab T. 31 wird die linke Hand dann zur Gegenstimme, indem sie mit dem ursprünglichen Final-Thema einsetzt. Auch ein zweites Mal hebt sie, ebenso versetzt, mit dieser Periode an (T. 39), um dann aber bereits nach drei Takten erneut zu einer Begleitstimme zu werden (T. 42). Die ehemals festgefügte Periodik wird in ihrer Stabilität in Frage gestellt und so zum Moment von Nichtidentität. Ab T. 47 werden erneut die beiden Perioden gegenübergestellt. Diesmal beginnt die linke Hand, die rechte folgt zwei Takte versetzt. Schumann steigert den Eindruck von Ungleichzeitigkeit noch, indem er die rechte Hand ab ihrem zweiten Periodentakt immer eine Achtel hinterherhinken läßt. Was im Abschnitt zuvor (T. 25 ff.) noch eher als kontrapunktische Spielerei erschien, wird jetzt für den Hörer wie für den Interpreten Ernst: Es scheint, als seien die Perioden als kompositorische Elemente auseinandergefallen und nun, neu zusammengesetzt, passen sie plötzlich nicht mehr. Das Gefüge scheint zerrissen. Statt des Versuchs, doch noch Stimmigkeit herzustellen, folgt die Auflösung des *Papillon*-Themas: Der erste Aufgang des Themas wird von Mal zu Mal um genau eine Achtel verkürzt. Die fast akribische Systematik der Elimination des Themas steht zum Phänomen des Verschwindens in eigentümlich ironischer Verschränkung. Ebenso kontrastieren Konstanz der Begleitstimme und Dekonstruktion der Melodie. Ist, wie in T. 73 mit der Pause und Fermate angezeigt, die Elimination der Melodie geglückt, bleibt schließlich nur noch die Dekonstruktion der Begleitstimme. Schon mit dem Verschwinden des letzten Melodiepartikels (T. 69) wird aus dem kontrapunktischen Thema wieder eine Begleitstimme; die-

210 Der Einfachheit halber bezeichne ich dieses Thema als Papillons-Thema. Es erscheint erstmalig im ersten Stück der *Papillons* als Kopfmotiv.

se wird in den folgenden 15 Takten noch einmal zelebriert, um auch sie am Schluß im Nichts verschwinden zu lassen. Hierfür verwendet Schumann ein ungewöhnliches musikalisches Mittel: nicht nur das *Erklingen* eines arpeggierten Akkords ist auskomponiert, sondern auch sein *Verklingen* in einem aus der Metrik des Stücks herausfallenden Takt. (T. 89/90)[211] Als ironischer Schluß- und Höhepunkt taucht dann auf dem letzten verbliebenen Ton des arpeggierten Akkords eine plakative Schlußkadenz auf. Sie ist – wie schon zuvor in *Der Dichter spricht* – im Gegensatz zu ihrer tradierten Semantik weder Lösung noch Abschluß, sondern eher Versatzstück. In ihrer Überdeutlichkeit als scheinbare Lösungsformel verweist sie ironisch auf Unlösbarkeit. Statt das bunte musikalische Geschehen des *Papillons*-Zyklus also im Finale noch einmal abschließend triumphierend wirbeln und dynamisch in eine großangelegte Schlußwirkung münden zu lassen, läßt Schumann die musikalische Welt der *Papillons* verschwinden. Die in der Literatur häufig als solche bezeichneten sechs Turmuhrschläge[212], Symbole der realen Welt, lassen die phantastische Welt des Larventanzes verblassen. Es ist nicht die poetische Welt selbst, die vernichtet wird, sondern der Blick auf diese. Die poetische Perspektive wird für den Hörer mit der Zeit nicht mehr zugänglich, fast scheint es, als würde sie ihm gewaltsam entzogen. Schumanns Musik wird so zur komponierten Wahrnehmung.

Schumann, der in einigen Briefäußerungen eine Verbindung der *Papillons* mit Jean Pauls *Flegeljahren* herstellte[213], beschreibt in einem Brief an

---

[211] Dieter Schnebel (1981) betont in seiner Analyse des Finales der *Papillons*, daß diese "Schumannsche Erfindung [...] auf Techniken der neuesten Klaviermusik vorausweist". S. Dieter Schnebel: *Rückungen – Ver-rückungen. Psychoanalytische Betrachtungen zu Schumanns Leben und Werk*, in: Robert Schumann. Musik-Konzepte, Sonderband I, hrsg. von Heinz-Klaus Metzger und Rainer Riehn, München 1981, 4-89.

[212] Dieser Hinweis bezieht sich auf eine in späteren Drucken verbreitete Beischrift zum sechsmaligen Erklingen des a^2 im Finale der *Papillons* (T. 62 – 72), die möglicherweise, wie Boetticher (1976) vermutet, auf Clara zurückgeht: "Das Geräusch der Faschingsnacht verstummt. Die Turmuhr schlägt sechs." (78)

[213] S. zu diesem Zusammenhang das Kapitel III 2. 1. *Brüche und rascher Wechsel bei Jean Paul und Schumann.*

Henriette Voigt vom 22. August 1834 seinen Eindruck von der Schlußgestaltung des Romans:

> "[...] beim Schluß der Flegeljahre ist's mir, als würde das Stück (allerdings) geschlossen, es fiele aber der Vorhang nicht herunter." (BNF, 54)

Entsprechend gestaltet Schumann auch den Abschluß seiner Komposition: Um einen wenigstens vorläufigen Schlußpunkt des musikalischen Zyklus zu gestalten, wird die poetische Welt von der realen überlagert, die eine zugunsten der anderen ausgeblendet. Der spezifische Dualismus liegt hierbei in der Konstruktion der Dekonstruktion.

Manfred Hermann Schmid (1981) beschreibt in seiner Untersuchung *Musik als Abbild* ein ähnliches Phänomen verschwindender Musik im Freischütz-Walzer Carl Maria von Webers und kommt zu dem Schluß:

> "Der Walzer von Weber [...] enthält zwei Arten von Musik. Die Musik wird nicht nur leiser, sie verwandelt sich. Aus der direkten Musik des Tanzes wird die indirekte des gewesenen Tanzes."[214]

Schmid hält diese Eigenart des Walzers Webers für einen möglichen kompositorischen Anknüpfungspunkt für Schumanns *Papillons*.

> "Zwischen Schumanns Musik und ihr Publikum schiebt sich ein drittes Medium, der Komponist als subjektiver Hörer."[215]

In bezug auf die an Tanz- und Ballszenen orientierte Musik Schumanns, zu der sicherlich auch die *Papillons* zu zählen sind, bemerkt Schmid, daß sich in Schumanns Musik "der Beobachter, nicht der Tänzer" spiegelt.[216] Diese gewandelte Perspektive vergleicht er mit der Landschaftsmalerei des 19. Jahrhunderts und der gelegentlich erscheinenden silhouettenhaften Gestalt im Vordergrund.[217] Das ja auch bereits von Carl Gustav Carus mit Blick auf

---

[214] Manfred Hermann Schmid: *Musik als Abbild. Studien zum Werk von Weber, Schumann und Wagner*, Tutzing 1981, 25.

[215] Ebd., 27.

[216] Ebd., 32.

[217] Ebd., 33.

die ästhetische Funktion der Engel genannte Vergleichsobjekt der ***gegen die Tiefe des Bildes gekehrte[n] Gestalt*** der Landschaftsmaler bezeichnet offensichtlich ein künstlerisches Phänomen, das sowohl die Musik wie die bildende Kunst ausprägen kann:[218] die Eröffnung einer neuen Perspektive durch das Moment kompositorischer Selbstreflexivität. Die ***bildlichen Beschauer des Bildes***, wie Carus die Engel bei Raphael nennt, repräsentieren diese Doppelbödigkeit. Sie sind Übergangszeichen und dennoch stellen sie sich auch durch ihre Existenz zwischen das eigentliche Bild und den Betrachter. Daß sie dabei eine unmittelbare Wahrnehmung der Madonna durch den Betrachter nicht verhindern, liegt an der bereits beschriebenen Horizontschichtung des Bildes, die der Madonna wie den Engeln einen jeweils eigenen Horizont zuweist.

Und somit offenbart sich auch hier die Brisanz, die eine solche Technik in der Musik hat. In der Musik Schumanns lassen sich – wie gezeigt – die Horizontschichtungen im Vollzug der erklingenden Musik nicht mehr trennen, der Hörer ist der Perspektive der Musik ausgeliefert, die unterschiedlichen Perspektiven von Tänzer und Beobachter etwa sind nicht auseinander zu halten. Ähnlich wie der innere Monolog in Schnitzlers ***Fräulein Else*** präsentiert Schumann das Geschehen aus der subjektiven Sicht des Beobachters.

---

218 Freilich sind die Ausprägungen dieses Phänomens verschieden und abhängig vom jeweiligen historischen Standpunkt. Es ist vor allem Carus "romantischer" Blick, der die Engel bei Raphael und die in einem Landschaftsgemälde integrierte Figur gleichsetzt, obwohl zwischen ihnen eine deutliche ästhetische Differenz besteht. Es sei, ohne den gesamten ästhetischen Zusammenhang darlegen zu wollen, nur darauf hingewiesen, daß die Engel bei Raphael den Betrachter anschauen, uns die erwähnte Person im Landschaftsbild des 19. Jahrhunderts aber den Rücken zuwendet. Allein in diesem Detail zeigt sich die grundsätzlich andere ästhetische Grundhaltung und grundlegende epochale Differenz.

2. "Schwindel der Seele" Rezeptionsmomente in Dichtung und Musik

2.1. Brüche und rascher Wechsel bei Jean Paul und Schumann

"Wer Shakespeare und Jean Paul versteht,
wird anders componiren, als der seine Weisheit
allein aus Marpurg ect. herholt."

(GS IV, 206)

Robert Schumanns Annahme einer kunstübergreifenden Ästhetik beschränkt sich nicht allein auf die bildende Kunst, sondern erstreckt sich bekanntermaßen vor allem auch auf das Gebiet sprachlicher Kunst. Setzt man erneut – wie im Falle der Raphaelschen Madonna – voraus, daß die Anregungen, die ein Musiker von der Nachbarkunst erhalten kann, nicht vorrangig von einer inhaltlich-bildlichen Ebene ausgehen, sondern allgemeinen künstlerischen Prinzipien entspringen[219], so ist zunächst zu bemerken, daß sich Dichtung und Musik in einem Punkt treffen, der sie von der Malerei unterscheidet: Im Gegensatz zur Malerei, bei der mit Th. W. Adornos Worten "das absolut Gleichzeitige wie ein Zeitverlauf erscheint, der den Atem anhält"[220], ist Dichtung und Musik das Moment der Folge eines Vorher und Nachher eigen, etwa im Erzählvorgang des Romans oder im Verlauf eines erklingenden musikalischen Werks. Aus diesem Grunde soll es im folgenden

---

219 S. hierzu auch Appel (1991), 12-15. Er weist auf die "strukturellen Momente der literarisch-poetischen Durchdringung seines kompositorischen Denkens" (13) hin und sieht Schumanns Musik "vom literarischen Geist strukturell geprägt [...]: Narrative Verläufe, rhetorische Emphase, Digressionen, Rückblenden, rezitatorische Gesten, epigrammatische Zuspitzungen und Aphoristik sind über die Literaturrezeption gewonnene Strukurformen, die Schumann ins Kompositorische konvertierte." (13) Eine die literarische Inspiration auf strukturelle Weise fassende Interpretation bietet auch Stephan Münch: *"Fantasiestücke in Kreislers Manier". Robert Schumanns Kreisleriana op. 16 und die Musikanschauung E.T.A. Hoffmanns*, in: Die Musikforschung 45 (1992), 255-275.

220 Theodor W. Adorno: *Über einige Relationen zwischen Musik und Malerei*, in: Gesammelte Schriften, hrsg. von Rolf Tiedemann, Bd. 16: Musikalische Schriften I-III, Frankfurt 1978, 628.

um zwei kompositionstechnische Phänomene gehen, die den Ablauf des sprachlichen bzw. musikalischen Kunstwerks berühren: Bruch und rascher Wechsel. Eindrucksvolle Belege dafür, daß Schumann die Begriffe Bruch und Wechsel in struktureller Abstraktion benutzt hat, bietet die Mottosammlung Schumanns. In ihr versieht Schumann immer wieder einzelne Exzerpte mit Überschriften und Randbemerkungen, die oftmals ein zentrales Motiv des Exzerpts benennen.[221] Diese in notwendiger Abstraktion von der Herkunft der jeweiligen Exzerpte gefundenen Überschriften verweisen auf die Richtung und Motivation, mit der Schumann das jeweilige Motto betrachtete.

2.1.1. Bruch

So zeigt ein Exzerpt aus Friedrich Schillers *Glocke* mit seiner Überschrift *Bruch* den strukturellen Blick des Komponisten Schumann:

> "Bruch
>
> Der Meister kann die Form zerbrechen
> Mit weiser Hand, zur rechten Zeit,
> Doch wehe, wenn in Flammenbächen
> Das glühende Erz sich selbst befreit."[222]

Wolfdietrich Rasch (1961) weist in seiner Arbeit über die Erzählweise Jean Pauls[223] – bezeichnenderweise mit musikalischen Begrifflichkeiten wie *Dissonanz* und *kontrapunktische Stimme* – auf die Existenz von erzählerischen Momenten hin, die sich der "epischen Integration"[224] verweigern. Am Ende

[221] Wie Hotaki (1998 b) in seiner Einführung zur Mottosammlung ausführt, beziehen sich diese Randbemerkungen (wie in Heft IX) oder Überschriften (wie in Heft I der Sammlung) vor allem auf zentrale inhaltliche Motive, den Namen von Komponisten oder den Titel einer Komposition, "die Schumann offenbar mit dem Inhalt des Exzerptes assoziiert hat." (64)
[222] MS I, E 11.
[223] Wolfdietrich Rasch: *Die Erzählweise Jean Pauls. Metaphernspiele und dissonante Strukturen*, München 1961.
[224] Ebd., 14.

des ersten Kapitels des Romans *Siebenkäs* läßt Jean Paul den Titelhelden seinen ersten Kuß erleben. Über einen ganzen Abschnitt wird eine poetische Stimmung entwickelt, die ihren Höhepunkt in der metaphorischen Beschreibung des Puders der Frau findet:

> "Der auf den Bräutigam gefallene verräterische Puderschnee – dieser Schmetterlingsstaub, der vom kleinsten Anfassen dieser weißen Schmetterlinge an den Fingern bleibt." (JP II, 48)

Der Erzähler führt den Leser so zunächst in eine entfernte Metaphernwelt, dann fügt er aber gleich anschließend im Nebensatz an:

> "daher Pitt mit Bedacht 1795 eine Taxe auf den Puder legte." (ebd.)

Die *poetische* Entrückung wird durch die *prosaische* Konkretisierung der Zeit ("1795") und durch den Wirklichkeitsbezug – William Pitt (1759-1806) war englischer Premierminister und so dem zeitgenössischen Leser möglicherweise bekannt – zerstört. Geradezu als Inbegriff prosaischer Zweckmäßigkeit kann die Tatsache der Steuererhebung gelten. Doch dieser Bruch wird weder näher erklärt noch in einen Zusammenhang gestellt und auch später nicht mehr aufgegriffen. Die verbindende Konjunktion "daher" bleibt in ihrer logischen Verknüpfung vage: Sie ist eine Fußangel, in der sich der Leser zunächst verfängt, wenn er sich entschließt, ihrem Sinn oder ihrer Bedeutung nachzugehen. Der prosaische Ton des Satzes läßt sich nicht in die poetische Metaphernwelt integrieren. "Die entrückte Stimmung zerreißt."[225] Robert Schumann hat solche und ähnliche Merkmale der Erzählweise Jean Pauls wahrgenommen. Er schreibt 1828 in sein Tagebuch:

> "Kein Leben ist lauter Poësie, so wie keines rein tragisch; u. es gukt die Prosa u. der Humor nur zu sehr hervor; das wußte Jean Paul recht wohl u. darum gießt er nach jeder Poësie Eimer eiskalten Witzes hintenach." (TB I, 142)

---

[225] Ebd., 51.

Bemerkenswerterweise äußert sich Schumann gleich im Anschluß auch zu den Konsequenzen, die eine solche literarische Technik für den Rezipienten hat:

> "Wie im Leben oft, so stört es im Lesen." (ebd.)

Der abrupte Bruch, das plötzliche Einbrechen der Prosa in die poetische Welt, die Konfrontation von *Poësie* und *eiskaltem Witz* wird zum beabsichtigten störenden Moment, zum komponierten Stolperstein im Lesevorgang. Es ist möglich, daß Schumann durch solche literarischen Strukturmomente auch in seinem eigenen Komponieren angeregt worden sein könnte. An Simonin de Sire schreibt er:

> "Kennen Sie nicht Jean Paul, unseren großen Schriftsteller? von diesem hab' ich mehr Contrapunkt gelernt, als von meinem Musiklehrer."[226]

Neben der Annahme der Möglichkeit künstlerischer Grenzüberschreitung, die er mit der zeitgenössischen romantischen Kunstauffassung teilt, verweist Schumann mit dem Ausdruck *Contrapunkt*, also einer originär musikalischen Begrifflichkeit, auf eine Ebene der literarischen Inspiration, die weit über die der rein inhaltlich-bildlichen hinausgeht. In Zusammenhang mit den *Papillons op. 2* hat Schumann mehrfach und ausdrücklich auf Jean Pauls Roman *Flegeljahre* hingewiesen. An Henriette Vogt etwa schreibt Schumann am 22. August 1834 über die *Papillons*:

> "Manches könnten Sie von mir darüber erfahren, wenn es nicht Jean Paul besser thäte. Haben Sie einmal eine freie Minute, so bitt' ich Sie, das letzte Capitel der Flegeljahre zu lesen, wo alles schwarz auf weiß steht [...]" (BNF, 54)

Solche und ähnliche Äußerungen Schumanns[227] zu seinen *Papillons* haben in der Forschung zu einer Kontroverse geführt, inwieweit sich die Musik auf konkrete Szenen des Romankapitels beziehen läßt.[228]

---

226 Am 15. März 1839. (BNF, 149)

227 U.a. auch im Brief an Ludwig Rellstab vom 19.4.1832. (JB, 167 f.)

228 Hermann Abert (1917) präsentiert eine poetisierende Deutung der *Papillons*: "Da haben wir den Ballsaal mit Walzerklang und Lichtgefunkel (Nr. 1 und 2), den grotesken Riesenstiefel mit dem Schulmeister

"Aber so ist der Deutsche – ich habe ihm etwas an Jean Paul u. an den einzelnen Scenen zu rathen gegeben – er verlangt aber im Augenblick, schwarz auf weiß zu hören, wo Vult flucht, was er flucht – u. wo Jacobine stekt." (TB I, 401)

Dies schreibt Schumann als Reaktion auf Ludwig Rellstabs Rezension der *Papillons* in der *Iris*[229] in sein Tagebuch, und es scheint, als habe er damit musikwissenschaftliche Untersuchungen wie etwa die von Hermann Abert (1917) Wolfgang Boetticher (1941) oder Jacques Chailley (1984) vorausgeahnt, die um konkrete Zuordnung einzelner Textstellen zu den verschiede-

(Nr.3), die Szene im Trinkzimmer (Nr. 6) [...]" S. Hermann Abert: *Robert Schumann*, 3., neu bearbeitete und vermehrte Auflage, Berlin 1917, 65. (Berühmte Musiker. Lebens- und Charakterbilder nebst Einführung in die Werke der Meister, Bd. XV). Boetticher (1941 und 1976) versucht anhand von Anstreichungen und Notizen in Schumanns Handexemplar des Romans Bezüge zwischen Musik und Roman herzustellen: "Im Handexemplar Schumanns von Jean Pauls "Flegeljahren" im Schum. Arch. Zwickau sind mit Tinte einzelne Textpassagen angestrichen und am Rand mit römischen Ziffern numeriert. Damit zeigt sich mit zwingender Kongruenz zu den Nrn. I-X die literarische Basis, wobei die Frage einer Priorität oder Posteriorität zurücktritt." Boetticher (1976), 50. Jaques Chailley (1984) nennt die *Papillons* gar eine "Illustration jenes "Balls" aus den Flegeljahren des Jean Paul." (57). S. Jacques Chailley: *Zum Symbolismus bei Robert Schumann mit besonderer Berücksichtigung der Papillons op. 2*, in: Robert Schumann. Ein romantisches Erbe in neuer Forschung, hrsg. von der Robert-Schumann-Gesellschaft, Düsseldorf 1984, 57-66. Marcel Brion (1955) hält es für nicht entscheidend, ob Schumann im einzelnen seine musikalischen Themen nach dem letzten Kapitel der "Flegeljahre" formuliert hat oder nicht, viel wichtiger ist ihm Schumanns "Seelenzustand, in den er sich während der Komposition von op. 2 versenkt sah: dieser beispielhafte romantische Zustand, jene unbestimmbare Mischung widerspruchsvoller Gefühle während des Maskenballes, der für die Romantiker immer das Symbol der Täuschung und der Sehnsucht ist." (122) S. Marcel Brion: *Robert Schumann und die Welt der Romantik*, Zürich 1955. Akio Mayeda (1992) formuliert es vorsichtiger: "Wir haben gesehen, wie die drei Papillons Nr. 9 bis 11 von Jean Pauls Text her deutbar sind bzw. deutbare Züge in sich tragen. Schumann hat die Handlung der "Flegeljahre" weder geschildert noch gemalt." (111) Dietel (1989) dagegen spricht sich gegen eine Zuordnung von überschriftartigen Stichwörtern und der musikalischen Faktur der einzelnen Papillons aus. "Spiegelt die Textauswahl und deren Reihenfolge ohnehin schon wenig vom Kunstganzen und Gehalt des Jean Paulschen Romankapitels [...], so gerät die Analogie vollends zur Belanglosigkeit, folgt man Boettichers Verfahren, den Abbildungsvorgang zwischen Text und Musik wiederum auf winzige Details der angestrichenen Passagen zu beschränken. So gedeutet, enthalten die Papillons eben so viel an Jean Paulscher Dichtung wie eine beliebige als "Maskenball" interpretierbare Folge von Tanzsätzen." (184) Edler (1982) sieht in den Anstreichungen bloß eine "nachträgliche assoziative Identifikation". (121) Auch Höckner (1997) stellt eine Verbindung zwischen dem letzten Kapitel der Flegeljahre und Schumanns Komposition her, er faßt diese aber mit Hilfe der ästhetischen Kategorie der "Ferne" und bezieht sich dabei auch auf den im Kapitel enthaltenen Traum Walts. (66 ff.) Berthold Hoeckner: *Schumann and Romantic Distance*, in: Journal of the American Musicological Society, 50 (1997), 55-132.

229 Rellstab bezeichnet die Papillons darin unter anderem als "Chifferschrift [...], zu der der Schlüssel fehlt". Schumanns Abschrift dieser Kritik findet sich in seinem Tagebuch unter der Überschrift "Zur Besserung" (TB I, 424 f.).

nen Stücken des Werkes bemüht sind. Jenseits der Überlegungen, ob die Zuordnung von durch Anstreichungen gekennzeichneten Abschnitten in Schumanns Handexemplar der Jean Paulschen *Flegeljahre* und der entsprechenden Stücke der *Papillons* plausibel und gerechtfertigt erscheint, stellt sich die Frage, ob Schumann sich nicht über die einfache Bildlichkeit hinaus auch auf einer strukturellen Ebene Jean Pauls Romanschaffen angenähert haben könnte.

Im Mittelteil des *10. Papillons* entfaltet sich über 55 Takte eine liebliche Walzermelodie, begleitet durch nachschlagende Figuren in der rechten Hand über einer kantablen auf- und absteigenden Linie im Baß.

Papillons op. 2, Nr. 10, T. 25-30
© Mit freundlicher Genehmigung des G. Henle Verlags München

Es entsteht der Eindruck sanften Wiegens, die Musik strahlt Harmonie und Ganzheit aus. Zwischenzeitlich (T. 41-48) scheint sie sich sogar ganz der poetischen Welt öffnen zu wollen: Die zwei, sich jeweils über vier Takte aufschwingenden Melodielinien sind ein Rückgriff auf die Motivik der ersten einleitenden Takte des Zyklus. Diese Melodik hatte zu Beginn des Zyklus die Aufgabe, in knappen sechs Takten einen poetischen Raum für die folgende Musik zu öffnen. Im zehnten Stück bestätigt sich dieser öffnende Charakter im Ausklingen auf dem Dominantseptakkord (T. 48). Als Antwort kehrt dann die Walzerbewegung zurück.

Papillons op. 2, Nr. 10, T. 41-52

Doch plötzlich wird diese einmal entstandene Atmosphäre, die langsam im Diminuendo auszuklingen scheint, durch den unvorbereiteten Einfall von vier ff-Takten jäh unterbrochen.

Papillons op. 2, Nr. 10, T. 65-71

Die unerbittliche rhythmische Prägnanz und Akzentuierung, die Staccatoartikulation wie auch die extreme Dynamik des Fortissimo stehen im krassen Gegensatz zum vorherigen Geschehen. Diese Takte bleiben aber – genauso wie der Nebensatz Jean Pauls – unerklärt, werden nicht einordnend aufgegriffen. Stattdessen wird nach einer Generalpause an das ursprüngliche Muster des wiegenden Walzers wieder angeknüpft, diesmal in noch zarterem Licht, bis es sich im ppp verliert.

Solche kompositorischen Brüche sind für die Zeit um 1830 ungewöhnlich: Zwar kennt der zeitgenössische Hörer überraschende kompositorische Wendungen, sie werden aber meist, wenn schon nicht vorbereitet, so doch wenigstens im Nachhinein durch die Einordnung in die Großform in ihrer Existenz gerechtfertigt. Entsprechende Anknüpfungspunkte fand Schumann bekanntermaßen bei Beethoven. Sein früher, 1834 veröffenlichter skizzenhafter Artikel zu den Sinfonien Beethovens macht deutlich, wie Schumann die von seinen Vorgängern und Zeitgenossen oftmals als ***bizarr*** empfundenen kompositorischen Eigenheiten unter dem Begriff des ***Komischen*** zu fassen versucht[230]. In unserem Zusammenhang des musikalischen ***Bruchs*** ist das Beispiel der vierten Sinfonie interessant, wo es bei Schumann heißt:

> "Die [Figur] im Adagio der B dur-Symphonie ist zumal im Baß oder in der Pauke ein ordentlicher Falstaff." (GS I, 184)

Appel (1981 a) analysiert diese Stelle im zweiten Satz der 4. Symphonie und kommt zu dem Schluß:

> "Der 2. Satz der 4. Symphonie Beethovens beginnt mit einer achttaktigen Pianokantilene, die durch den Forteeinfall des Orchestertuttis in Takt 9 durch besagte Figur zunichte gemacht wird; d. h. der lyrische Effekt wird durch den hereinpolterndeп Tuttitakt völlig zerstört."[231]

Für dieses Phänomen der ***Vernichtung von Kantilenen***[232] in der Klaviermusik Robert Schumanns mag ***musikalisch*** Ludwig van Beethoven[233], ***literarisch*** Jean Paul Pate gestanden haben. Es wundert deshalb nicht, daß in der Behoven-Rezeption bis zur Mitte des 19. Jahrhunderts der Vergleich "Beethoven – unser musikalischer Jean Paul" zum festen Topos wurde.[234]

---

230 *Das Komische in der Musik*, in: GS I, 185.

231 Appel (1981 a), 187.

232 Ebd.

233 Bereits Franz Brendel (1845) wies darauf hin, daß sich Beethoven und Schumann im Prinzip des Humors treffen: "Diese Entgegensetzung, diese Zerlegung der Composition in Gegensätze, diese Schwankungen und Kämpfe sind tiefbedeutsam; sie zeigen uns den Humor als das Princip der früheren Schumann'schen Compositionen – dasselbe Princip,welches schon bei Beethoven zu immer entschiedenerer Geltung gelangte." S. Franz Brendel: ***Robert Schumann mit Rücksicht auf Mendelssohn-Bartholdy und die Entwicklung der modernen Tonkunst überhaupt***, in: NZfM 21 (1845), 90.

234 S. zu diesem Topos in der Beethovenrezeption: Elisabeth Eleonore Bauer: ***Beethoven– unser musikali-***

2.1.2. Rascher Wechsel

Gleich zweimal, direkt aufeinander folgend notiert Schumann in seine Mottosammlung Auszüge aus einem Gedicht Johann Georg Jacobis.[235] Im ersten Fall findet er selbst die Überschrift *Vom Wechsel*, um den für ihn interessanten Aspekt hervorzuheben. Beim zweiten Exzerpt erfüllt diese Aufgabe die Unterstreichung des Begriffs in der ersten Zeile der Strophe.

> "Vom Wechsel
> Nicht schneller kann der Winde Wehn
> Des Thurms Posaunenengel drehen,
> Als wir vom Wonnenrausch zu Schmerzen
> Von andachtsvollem Ernst zum Schertzen
> Von Furcht zu Hof[f]nung uebergehen."[236]

> "Im steten Wechsel gleich dem trüben
> Und hellen Himmel, wenn das Licht
> Durch wandelbare Wolken bricht,
> Ist menschliches Bewundern, Lieben
> Und Hassen. Ihrer Wünsche Ziel
> Verrükt ein Ungefähr: sie treiben
> Umher sich unter Wollen, Sträuben,
> Genuß und Arbeit, Sorg' u. Spiel. –"[237]

---

scher Jean Paul. Anmerkungen zu einer Analogie, in: Beethoven. Analecta Varia, Musik-Konzepte 56, hrsg. von Heinz-Klaus Metzger und Rainer Riehn, München 1987, 83-105. Bauer macht deutlich, daß sich dieser Vergleichstopos aufgrund der von vielen Zeitgenossen Beethovens als bizarr wahrgenommen Kompositionsweise gebildet hat. Dabei wird Ungewohntes in der musikalischen Gestaltung oftmals mit dem Humor-Konzept Jean Pauls assoziiert. (86 f.) Martin Geck (1993) weist in diesem Zusammenhang auf einen wichtigen ästhetischen Unterschied von Jean Pauls Humor-Prinzip und Beethovens kompositorischem Schaffen hin, auf das für Beethoven entscheidende Nebeneinander von idealistischem *und* humoristischem Konzept: "Im Gegensatz zu Jean Paul ist Beethoven zu sehr Idealist, um auf die *Siebte* [Sinfonie] verzichten zu können, während ihm doch schon die *Achte* als Ausdruck des Überdrusses an der Welt im Kopf herumschwirrt. Doch gemeinsam mit Jean Paul ist er insofern Humorist, als er selbige Achte gleich mitliefert und mit ihr den Blick auf die "tolle Welt" und die menschliche "Torheit". (69)

[235] Der Titel des Gedichts lautet: *Bey Gelegenheit der Bemerkung eines Recensenten: Daß ein Almanach kein Quodlibet wäre*. (MS V, Anm. 21 f., 374)

[236] MS V, E 21.

[237] Ebd., E 22.

Schumann wagt in seinen frühen *Papillons* ein ästhetisches Experiment, zumal wenn er das Prinzip der Unvorhersehbarkeit und des Aphoristischen auch auf die Form des gesamten Zyklus überträgt. Die Abfolge der aphoristisch kurzen Einzelstücke ist durch einen raschen Bilder- und Charakterwechsel gekennzeichnet. Es entsteht so der Eindruck von Flüchtigkeit. Hinzu kommt eine fragmentarische Offenheit der einzelnen Stücke. Die Schlüsse sind häufig keine Abschlüsse in dem Sinne, daß ein musikalischer Prozeß logisch zuende geführt wird. Sie wirken oftmals fast beliebig gesetzt, so als könnte das Stück auch noch in ähnlicher Weise weitergehen.[238] So findet man bei einigen Stücken das Phänomen des Verklingens eines über einen längeren Zeitraum beibehaltenen rhythmisch-motivischen Musters (z. B. in Nr. 7 und Nr. 10) oder auch den Abbruch eines Stücks: Zwar ist im achten *Papillon* mit dem Schluß des Stücks auch gerade die achttaktige Periode beendet, aber die das ganze Stück beherrschende rhythmische Figur erscheint im letzten Takt unvollständig, das letzte Viertel scheint abgerissen:

Papillons op. 2, Nr. 8, T. 26-32

Im Nachhinein urteilt Schumann über seine *Papillons*, daß in ihnen "der Wechsel zu rasch und die Farben zu bunt sind".[239] Auch in Jean Pauls Erzählweise wird dieser *rasche Wechsel* zum Prinzip. In der Beschreibung einer Hochzeitstafel im *Siebenkäs* etwa springt der Erzähler von einer Metaphern-

[238] Zur Gestaltung von Anfang und Ende einer Komposition siehe auch das Kapitel III 1. 5. *Die bildlichen Beschauer des Bildes*.
[239] TB I, 407.

welt zur nächsten: Auf den "Teich-Karpfen, der den Propheten Jonas hätte verschlingen können, der aber das Schicksal des Mannes selber teilte", folgt sofort das "gebackene Hühnerhaus einer Pastete, worein das Geflügel, wie das Volk in einem Landtagssaal, seine besten Glieder abgeschickt hatte".[240] Gerade noch in der Bildlichkeit der alttestamentarischen Geschichte findet sich der Leser, wenn er dem Erzähler folgt, im "Landtagssaal" wieder.

In der Musik nähert sich der schnelle Wechsel aphoristischer Bilder nach Schumann den Grenzen der Möglichkeit der Rezeption, da

> "der Zuhörer noch die vorige Seite im Kopfe hat, während der Spieler bald fertig ist." (TB I, 407)

Eine Gefahr sieht Schumann im "Sich-selbst-vernichten der Papillons".[241] Wenn Jean Paul in seinen Romanen heterogenste Bildbereiche rasant aufeinander folgen läßt, so bleiben diese dennoch auf eine konsequent geführte Handlungsebene bezogen. Von ihr aus entfalten sich Assoziationen und Kommentare des Erzählers, die in sich Heterogenes verbinden und in Differenz zur Handlungsebene treten können. Die Handlungsstruktur der Erzählung bleibt mehr oder weniger stabilisierende Größe. Vor allem aber ist es die vermittelnde Person des Erzählers, die den Zusammenhalt garantiert.[242]

Kommt es in diesem frühen Klavierstück Schumanns deshalb zum Phänomen des *Sich-selbst-Vernichtens*, weil der Musik prinzipiell eine so eindeutig feste Größe fehlt und Schumann sich mit kompositorischen Brüchen und raschen Wechseln nicht auf einer sekundären Ebene des Kommentars befindet, sondern direkt in die Struktur und somit in die musikalische Substanz eingreift?

---

[240] JP II, 43.

[241] TB I, 407.

[242] S. hierzu auch Rasch (1961): "Innerhalb der Romanstruktur, die Einheit und Zusammenhang durch den gemeinsamen Beziehungspunkt des Erzählers schafft, sind die Abschweifungen im Grunde keine Abschweifungen mehr. Denn die Handlung, von der sie allerdings wegführen, ist nur noch ein Zweig, und nicht mehr der Ast. Von diesem Ast, von der Selbstdarstellung des Erzählers führen sie nicht weg." (20)

2.2. "Verwirrte Phantasie" als Rezeptionsphänom bei Jean Paul, Shakespeare/Tieck und Schumann

2.2.1. Das "Darlehn unserer Ansicht" – Humoristische Sinnlichkeit bei Jean Paul

Rasch (1961) zeigt am Beispiel eines Kapitels aus Jean Pauls *Siebenkäs*, daß dort das Verhältnis des Umfangs von reinen Handlungsmomenten und den Digressionen bzw. Erzählerkommentaren in einem Verhältnis von Eins zu Vier steht.[243] Die bei diesem poetischen Prinzip entstehende Bilderflut ist Teil des Konzepts romantischen Humors[244], den Jean Paul in seiner *Vorschule der Ästhetik* unter der Überschrift "Humoristische Totalität" so faßt:

> "Der Humor, als das umgekehrte Erhabene, vernichtet nicht das Einzelne, sondern das Endliche durch den Kontrast mit der Idee. Es gibt für ihn keine einzelne Torheit, keine Toren, sondern nur Torheit und eine tolle Welt; er hebt – ungleich dem gemeinen Spaßmacher mit seinen Seitenhieben – keine einzelne Narrheit heraus, sondern er erniedrigt das Große, aber – ungleich der Parodie – um ihm das Kleine, und erhöhet das Kleine, aber – ungleich der Ironie – um ihm das Große an die Seite zu setzen und so beide zu vernichten, weil vor der Unendlichkeit alles gleich ist und nichts." (JP V, 125)

Jean Paul stellt dabei fest, "daß also das Komische, wie das Erhabene, nie im Objekte wohnt, sondern im Subjekte."[245] Es bedarf laut Jean Paul "unserer Kenntnis" (111), also modern gesprochen unseres Erfahrungshorizonts, um einen *Kontrast* herzustellen zu können. Er gibt dazu unter anderem folgendes Beispiel:

> "Wenn der Dichter Ariosto seinem ihn ausscheltenden Vater ergeben zuhört: so liegt die Äußerlichkeit des Vaters wie des Sohnes von jedem Lächerlichen so lange

---

[243] Rasch (1961), 13.

[244] Dabei ist die 'Bilderflut' nur ein Aspekt des von Jean Paul gemeinten Begriffs Humor. Es soll in diesem Zusammenhang nicht umfassend auf die Rolle des Humors in Schumanns Schaffen eingegangen werden. Dies hat Appel (1981 a) bereits in seiner Untersuchung zur Humoreske ausführlich getan.

[245] JP V, 110.

ab, als man nicht das Innere des Sohnes erfährt, nämlich daß er in einem Lustspiel einen Poltervater ausarbeitet und daher den seinigen als einen gefundenen Vorfechter, goldenen Spiegel und eine anschauliche Poetik des theatralischen Vaters aufmerksam betrachtet, so wie dessen Gesichtszüge als mimischen Bauriß dazu; – jetzo erst macht das Darlehn unserer Ansicht beide komisch, so wenig an sich sonst ein zankender Vater [...] es ist." (JP V, 112)

Somit ist das Komische ein Rezeptionsphänomen, es bedarf wie Jean Paul es metaphorisch formuliert, des *Darlehns unserer Ansicht*, erst dann entfaltet sich die volle Wirkung. Um seine These zu verdeutliche, gibt er das extreme Beispiel des

> "zeilenweise[n] Hinüberlesen[s] von einer Zeitung-Halbseite in die andere, wo auf einen Augenblick durch die Täuschung oder Unterschiebung eines absichtlichen Verbindens und Wahl-Handelns die Wirkung eintreten muß, damit man lacht." (JP V, 111)

Der Zeitungsartikel *an sich* ist also nicht komisch und reizt zum Lachen, sondern die durch die außergewöhnliche Rezeptionsprämisse geschlossenen "unfruchtbaren Ehen des Unähnlichen"[246] sind es. Jean Paul betont in diesem Zusammenhang:

> "bloß die Allmacht und Schnelle der sinnlichen Anschauung zwingt und reißt uns in dieses Irrspiel hinein." (JP V, 111)

In seiner weiteren Argumentation wird diese These zur Voraussetzung seiner Definition der *Humoristischen Sinnlichkeit*. Diese wird in der *Vorschule der Ästhetik* unter § 35 beschrieben und stellt einen von vier Bestandteilen des Humors dar[247]:

> "Da es ohne Sinnlichkeit überhaupt kein Komisches gibt: so kann sie bei dem Humor als ein Exponent der angewandten Endlichkeit nie zu farbig werden. Die überfließende Darstellung, sowohl durch die Bilder und Kontraste des Witzes als

---

246 JP V, 111.

247 Neben der "Humoristischen Sinnlichkeit" nennt er (1) Die humoristiosche Totalität, (2) Die vernichtende oder unendliche Idee des Humors und (3) Die humoristische Subjektivität. (JP V, 124 ff.).

der Phantasie, d.h. durch Gruppen und durch Farben, soll mit der Sinnlichkeit die Seele füllen und mit jenem Dithyrambus sie entflammen." (JP V, 139)

Eine literarische Technik, die die Wirkung der in diesem Sinne gefaßten humoristischen Sinnlichkeit unterstützt, ist in Jean Pauls Vorstellung die "Darstellung der Bewegung, besonders der schnellen, oder der Ruhe neben jener." (143, § 35) Gerade in diesem Punkt kann der Musiker Schumann anknüpfen, denn die in der Zeit musikalisch gestaltete Bewegung ist sein künstlerisches Metier. Entsprechend konstituiert sich das Phänomen des *raschen Wechsels* bei Schumann nicht nur in einem allgemeinen Charakterwechsel, sondern gerade auch im scharfen Kontrast von Tempi und von Bewegungsmustern.

Schumanns Kompositionstechniken und -prinzipien mit Jean Pauls ästhetischem Konzept des Humors und vielmehr noch mit seinen literarischen Techniken in den Romanen zu assoziieren, ist naheliegend. Doch darf sich diese vergleichende Betrachtung nicht auf die Analyse von Einzelaspekten beschränken, an denen sich der Humor offensichtlich zeigt. Es gehört für Jean Paul zur Eigenart des Humors, daß er "das Ganze durchzieht und unsichtbar beseelt, [...] also nicht einzelne Glieder vordrängt, mithin nicht stellenweise mit den Fingern zu zeigen ist."[248]

Entsprechend analysiert Appel (1981 a) den *Humor* in Schumanns Musik nicht im Hinblick auf humoristische Passagen und Einzelphänomene, sondern als "wesentliches Stilprinzip des frühen Schumannschen Klavierwerks".[249] Dabei kommt er zu Ergebnissen, die den Humor nicht nur als Kompositionsprinzip, sondern auch als Rezeptionsphänomen betreffen:

> "Als relationaler Begriff kennzeichnet der Humor das Maß der individuellen und originellen Abweichung gegenüber bestehenden Konventionen."[250]

---

[248] Jean Paul: *Kleine Nachschule zur ästetischen Vorschule, VII. Programm, Über die humoristische Dichtkunst, § 9 Wert des Humors* (JP V, 469)

[249] Appel (1981 a), 208.

[250] Ebd., 206.

So kann es auch nicht zur Ausprägung einer durch kompositorische Regeln definierten Gattung Humoreske kommen, denn der "Sinn der Humoreske ist es gerade, sich den Zwängen von Gattungsnormen zu entziehen." (ebd.)

Humor als kompositorische Grundhaltung hat deshalb Konsequenzen für die mögliche Rezeption durch den Hörer:

> "Der Sinnschwund des Humoristischen, das sich durch die Verletzung zeitgebundener Normen artikuliert, ist unvermeidlich, weil die Brisanz des einstmals Normverletzenden mit der Auflösung der Norm korreliert: der kompositionsgeschichtliche Fortschritt neutralisiert das Humoristische."[251]

Das Phänomen, daß eine solche Musik ihren kompositionsgeschichtlichen Standort in den Momenten ihrer musikalischen Gestaltung reflektiert, läßt die Bedeutung des – historisch geprägten – Erwartungshorizonts des Hörers erkennen: Er wird zum Spielball des humoristischen Komponisten.

2.2.2. "Getäuschte Phantasie" – Zerstreute Aufmerksamkeit bei Shakespeare / Tieck

Die Reaktion der zeitgenössischen Jean Paul-Kritik auf seine Technik der Brüche und raschen Wechsel bestätigt das Jean Paul-Bild vom "Inbegriff eines kontroversen Autors"[252]. August Klingemann etwa bewertet die literarische Konzeption des Romans *Titan* in seiner Rezension von 1803 in der *Zeitung für die elegante Welt* durchaus positiv:

> "Ein Irrgarten bleibt es in dieser und mehreren Rücksichten immer – aber ein Zauberer hat ihn angelegt."[253]

---

[251] Ebd., 207.

[252] Kurt Wölfel: *Johann Paul Friedrich Richter. Leben, Werk, Wirkung*, in: Jean Paul–Studien, hrsg. von Bernhard Buschendorf, Frankfurt a. M. 1989, 47.

[253] Zitiert nach Kurt Wölfel (Hrsg.): *Sammlung der zeitgenössischen Rezensionen zu Jean Pauls Werken*, 4 Bde., Bd. II: Jahrbuch der Jean-Paul-Gesellschaft 16, München 1981, 153.

Dagegen heißt es in einer Besprechung des gleichen Romans in der "Neuen allgemeinen deutschen Bibliothek" (1801):

> "In keinem seiner Werke ist jedoch diese Bilderjagd weiter getrieben, als in dem vor uns liegenden; vielleicht, weil in keinem der gehaltlose Stoff dieser leidigen Nachhülfe mehr bedurfte. Metapher drängt sich an Metapher, Anspielung an Anspielung, Vergleichung an Vergleichung! Daß es hierbey des Dichters kleinste Sorge gewesen ist, auf Ort und Zeit, Natur und Wahrheit, Zweckmäßigkeit und Bedürfniß zu sehen, versteht sich von selbst."[254]

Auch Robert Schumann hatte es beim Publikum mit seiner *Bilderjagd*, den *Papillons*, schwer: Nach einer Soirée im Hause Wieck, bei der Clara das Werk zur Aufführung brachte, notierte Schumann am 28. Mai 1832 in sein Tagebuch:

> "Die Papillons schienen mir die Gesellschaft nicht au fait gesetzt zu haben – denn sie sah[en] sich auffällig an u. konnte die raschen Wechsel nicht faßen." (TB I, 399)

Ähnlich problematisch sieht Robert Schumann auch die Rezeption seines *Carnavals* durch das zeitgenössische Publikum. In einem Brief an Clara schreibt er:

> "Im Carnaval hebt immer ein Stück das Andre auf, was nicht Alle vertragen können." (JB, 298)

In Schumanns Bericht zur Aufführung seines *Carnavals op. 9* durch Franz Liszt in der *NZfM* beschreibt er die Publikumsreaktion, die er dann auch auf das kompositorische Konzept des *raschen Wechsels* bezieht:

> "Mag manches darin den und jenen reizen, so wechseln doch auch die musikalischen Stimmungen zu rasch, als daß ein ganzes Publicum folgen könnte, das nicht alle Minuten aufgescheucht sein will. Dies hatte mein liebenswürdiger Freund, wie gesagt, nicht berücksichtigt, und mit so großem Antheil, so genialisch er spielte, der Einzelne war vielleicht damit zu treffen, die ganze Masse aber nicht zu heben." (GS III, 241)

---

[254] Zitiert nach Kurt Wölfel (Hrsg.): *Sammlung der zeitgenössischen Rezensionen zu Jean Pauls Werken*, 4 Bde., Bd. III: Jahrbuch der Jean-Paul-Gesellschaft 18, München 1983, 31.

Die Verunsicherung des zeitgenössischen Publikums gegenüber dieser Musik ist verständlich, folgt sie doch einem ästhetischen Prinzip, das Ludwig Tieck auf literarischem Gebiet im Hinblick auf *Shakespeares Behandlung des Wunderbaren* so formuliert:

> "[...] wir finden nichts, worauf wir unser Auge fixieren könnten; die Seele wird in eine Art Schwindel versetzt, in welchem sie sich am Ende gezwungen der Täuschung überläßt, da sie alle Kennzeichen der Wahrheit oder des Irrtums verloren hat."[255]

Zu diesem Zweck, um den *Schwindel der Seele* auszulösen,

> "um das Wunderbare vollkommen täuschend zu machen, scheint die *Menge* und ununterbrochene Wirkung der übernatürlichen Wesen selbst nicht hinreichend, sondern *Mannigfaltigkeit* der dargestellten Wesen scheint unentbehrlich."[256]

Die wenigen Zeugnisse der Shakespeare-Rezeption Robert Schumanns[257] zeigen, daß auch Schumann solche Momente schon früh wahrgenommen hat, schreibt er doch bereits als Neunzehnjähriger am 25. Februar 1830 in seinen *Hottentotteniana* im Zusammenhang mit Händel:

> "ebendeshalb ist er Shakespeare unähnlich, der immer tanzt u. die Welt durch andre Gläser ansah." (TB I, 230)

Interessanterweise beschreibt Schumann sein 1838 komponiertes und im Tagebuch als *Macbeth-Novellette* geführtes Klavierstück[258] bei seiner getrennten Vorabveröffentlichung als

---

[255] Ludwig Tieck: *Über Shakespeare's Behandlung des Wunderbaren*, in: ders.: Schriften in zwölf Bänden, hrsg. von Hans Peter Balmes u.a., Band 1. Schriften 1789-1794, hrsg. von Achim Hölter, Frankfurt a. M. 1991, 685-722, 704. Erscheinungsjahr dieser frühen Schrift des 20jährigen Tieck ist das Jahr 1793.

[256] Ebd., 699.

[257] Eine Zusammenstellung von Zeugnissen zu Schumanns Shakespeare-Rezeption gibt Joachim Draheim, *Schumann und Shakespeare*, in: NZfM 142 (1981), 237-244. S. ebenso Susanne Hoy-Draheim: *Robert Schumanns Opernpläne nach Dramen von William Shakespeare*, in: Robert Schumann und die Dichter. Ein Musiker als Leser. Katalog zur Ausstellung des Heinrich-Heine-Instituts in Verbindung mit dem Robert-Schumann-Haus in Zwickau und der Robert-Schumann-Forschungsstelle e.V. in Düsseldorf, bearbeitet von Bernhard R. Appel und Inge Hermstrüwer, hrsg. von Joseph A. Kruse, Düsseldorf 1991, 100-105.

[258] Laut Eintrag vom 3. Februar 1838. Es handelt sich hierbei um das Intermezzo (h-Moll) aus der Novellette op. 21, Nr. 3; vgl. TB II, 50 + Anm. 161.

> "Bruchstück aus einem größeren Satz, wo er noch mehr als hier den Eindruck eines wilden phantastischen Schattenspiels hinterlassen mag."[259]

Dieser Veröffentlichung gab er ein Motto aus Shakespeares Macbeth bei, das aber in der Erstausgabe (1839) bei Breitkopf & Härtel wieder getilgt wurde:[260]

> When shall we three meet again
> In thunder, lightning, or in rain!
> *Macbeth, Act I.*

Es sind bezeichnenderweise die Eröffnungszeilen des Dramas, die mit dem Auftritt der drei Hexen bereits die Ebene des rauschhaft Wunderbaren anklingen lassen. Schumanns Anknüpfungspunkte an Shakespeare liegen wohl in erster Linie in der von Tieck betrachteten Behandlung des Wunderbaren und in den damit verbundenen Momenten von Farbigkeit und Fülle in den Dramen, in denen er eine Entsprechung zu seinem eigenen Komponieren als *wildem phantastischen Schattenspiel* sehen konnte. Was Shakespeare mit der Mannigfaltigkeit seiner übernatürlichen Wesen, Jean Paul mit der rasanten Abfolge heterogener Bildbereiche und Schumann mit seinen Brüchen und raschen Wechseln auf der Ebene der Kompositionsstruktur erreichen, ist – wie Tieck es in Hinsicht auf Shakespeare beschreibt –, daß

> "der Zuschauer nie auf irgend einen Gegenstand einen festen und bleibenden Blick heftet, daß der Dichter die Aufmerksamkeit beständig zerstreut und die Phantasie in einer gewisse Verwirrung erhält, damit seine Phantome nicht zu viele körperliche Konsistenz erhalten und dadurch unwahrscheinlich werden."[261]

---

[259] In den Besprechungen der Musikbeilagen des Jahrgangs 1838 der *Neuen Zeitschrift für Musik* (KR II, 332)

[260] S. hierzu Bernhard R. Appel: *Kompositionen Robert Schumanns in den Musikbeilagen der Neuen Zeitschrift für Musik*, in: Schumann-Studien 5, im Auftrag der Robert-Schumann-Gesellschaft Zwickau hrsg. von Gerd Nauhaus, Köln 1996, S. 65-82.

[261] Tieck (1991), 702.

Tieck spricht hier von der spezifischen Struktur und der sich daraus ergebenden Rezeption von sprachlicher Kunst[262]. Ähnliches trifft noch in weit größerem Maße auf die Instrumentalmusik zu. Im Drama, auf das sich Tieck in seinen Ausführungen ja bezieht, aber auch im Roman, dem zentralen Sujet frühromantischer Theorie, wird die beschriebene ästhetische Technik zum Mittel, die logisch geführte, mehr oder weniger stringente Handlungsstruktur auf Augenblicke zu durchbrechen und den *festen Blick* und die Aufmerksamkeit des Lesers bzw. Zuschauers zu zerstreuen und eine *gewisse Verwirrung* zu stiften. Sucht man in der Instrumentalmusik entsprechend der Handlungsstruktur in der Dichtung eine ähnlich feste Größe[263], bleibt nur die Idee eines möglicherweise vorhandenen und wahrnehmbaren formalen Gerüstes. Doch setzt die Technik des raschen Wechsels und des Bruchs bei Schumann eben auf dieser strukturellen Ebene an und greift somit bei der Musik direkt in die eigentlich stabilisierenden Formkräfte ein. Brisant wird diese künstlerische Technik in der Musik eben dadurch, daß die Musik für Schumann bereits sui generis Verwirrung stiftet:

> "Töne sind verschleyerte Venusformen; wir sehen sie durch den Schleyer lächeln; aber wir dürfen den Schleyer nicht heben; darum stillt die Musik nicht etwa den Streit der Gefühle, sondern regt sie auf u. läßt jenes verworrene, unnennbare Etwas zurük." (TB I, 96)

Dies hat besonders für die ästhetische Einschätzung der frühen Zyklen Schumanns, wie etwa der *Papillons* Konsequenzen, denn für Tieck verhindert die *Zerstreuung der Aufmerksamkeit*,

---

262 Auch in Tiecks eigenen Dichtungen ist dieses künstlerische Gestaltungsprinzip zu finden. S. Manfred Frank (1989) über Tiecks Dichtungen: "Alle sind artifiziell gebrochen durch eine ihrer Textur eingewobene Reflexivität. Im *Magelone*-Zyklus etwa lösen, ohne Angabe von logisch strukturierenden Konjunktionen, die widersprechensten Gefühle einander ab: Verzweiflung mündet, im Abstand weniger Verse, in Jubel, Treue streift an Verführung, Rettung ist von Unheil, Lust "kaum" von Schmerz zu unterscheiden." S. Manfred Frank: *Einführung in die frühromantische Ästhetik*, Frankfurt a. M. 1989, 373.

263 Wie wir es zuvor schon in ähnlicher Weise im Kapitel II 4. *Zwischen Ornament und Hieroglyphe: Arabeske op.18* in der Frage des Dualismus von Konturhaftem und Ornamentalem getan haben.

> "daß wir nicht ein zu festes und prüfendes Auge auf die Wesen seiner [des Dichters] Imagination heften, das sie nicht aushalten würden."[264]

Verzichtet man auf die notwendige Gesamtschau eines Zyklus und würde sich in der Beurteilung auf die Struktur der einzelnen Stücke konzentrieren, so könnte das eintreten, was Tieck prognostizierte: Sie würden vielleicht als Einzelwesen unter dem *prüfenden Auge* nicht standhalten. Aber eben darum geht es Schumann nicht, das zeigt sowohl die bereits erwähnte Gesamtschau der *Etüden* Hellers als Tagebuch wie auch die zuvor untersuchte Rezension der *Deutschen Tänze* Schuberts. Das Werk erschließt sich abhängig von der jeweiligen Rezeptionshaltung. *Entweder* hält der Hörer an seinem *bleibenden* und *prüfenden Blick* fest, was zur Folge haben kann, daß sich das Werk vor seinen Augen in alle Einzelteile auflöst[265], *oder* er faßt Mut und läßt sich auf die Verwirrung und den möglichen Schwindel der Seele ein, indem er die synthetisierende Kraft seiner zurückspiegelnden Phantasie nutzt. Schumanns Bild für dieses Moment der Phantasie, das *matte* Licht oder *Mondlicht*[266], korrespondiert mit Tiecks Vorstellung von der "Kunst [...], den richtenden Verstand einzuschläfern".[267]

Die appellative Kraft und ästhetische Brisanz der *Papillons* können sich nur im hörenden Sich-Ausliefern an das Prinzip des Flüchtigen selbst erschließen, wie es Schumann in einem Tagebucheintrag beschreibt:

> "Das Merkmal unserer Zeit ist das Unstäte, die Flucht u. Jagd aller Ideen, Träume, Meinungen, Glauben." (TB I, 310)

Dies ähnelt dem Phänomen der fliehenden Zeit, wie Jean Paul es in seiner *Vorschule der Ästhetik* (§ 66) in bezug auf die dem Drama innewohnende Gegenwärtigkeit formuliert:

---

264 Tieck (1991), 704.

265 Wie etwa Dietels (1989) Blick auf die *Papillons* gezeigt hat. S. auch das Kapitel II 7. *Musik auf dem Papier und Werkkonzept.*

266 Vgl. Kap. I 1.2. *Das synthetisierende Moment.*

267 Tieck (1991), 686.

> "Aber die Gegenwart, gleichsam das durchsichtige Eisfeld zwischen zwei Zeiten, zerfließt und gefrieret in gleichem Maße, und nichts dauert an ihr als ihr ewiges Fliehen – Und die innere Welt, welche die Zeiten schafft und vormißt, verdoppelt und beschleunigt sie daher; in ihr *ist* nur das *Werden*, wie in der äußern das *Sein* nur *wird;* Sterben, Leiden und Fühlen tragen in sich den Pulsschlag der Schnelligkeit und des Ablaufs. [...] wie die Worte fliehen und fliegen, so müssens die Zustände. Im Drama ist eine herrschende Leidenschaft; diese muß steigen, fallen, fliehen, kommen, nur nicht halten." (JP V, 239 f.)

2.3. Faden und Fäden: Zu einer ästhetischen Kategorie

Brüche, rascher Wechsel und flüchtiger Schattenriß sind Schumanns Möglichkeiten, durch die Art der musikalischen Gestaltung Verwirrung und Verunsicherung beim Hörer zu schaffen – als Voraussetzung für die Tätigkeit der zurückspiegelnden Phantasie. Im Drama Shakespeares wie im Roman Jean Pauls steht diesen verwirrenden Momenten als stabilisierende Größe doch ein nachvollziehbarer Handlungsablauf bzw. ein integrierender Erzähler entgegen. Interessantes offenbart in dieser Frage Schumanns eigenes Romanprojekt, über das er im Juni 1831 in seinem Tagebuch berichtet:

> "Unterwegs entstand in mir die Idee zu den "Wunderkindern"; Charaktere u. Personen fehlen mir nicht, aber Handlung u. Verbindung der Fäden." (TB I, 342)

Auch in seinem literarischen Schaffen spiegelt sich also nach seiner eigenen Einschätzung seine große Begabung zur Personenzeichnung, doch fehlen ihm bezeichnenderweise gerade verbindende Strukturen, Handlungsstränge oder eine Erzählkonzeption als Gegenpol zur ausgeprägten Charakteristik.

Auch das Flüchtige und Schattenrißartige der Musik, das *wilde, phantastische Schattenspiel* verlangt nach einem solchen Gegenpol, denn kaum ein Hörer erträgt diese Verwirrung, ohne in seiner Not nach einem Faden zu suchen, der ihn durch das Chaos leiten soll, wie Schumann in seiner Besprechung der *Fantasia capricciosa* von Julius Schapler meint:

"Wir vermissen in der Phantasie einen wahrhaft schönen musikalischen Gedanken und den innerlichen Faden, der auch die phantastische Unordnung durchschimmern soll, will sie anders im Bezirk der Kunst anerkannt sein." (GS IV, 201)

Im Falle der *Papillons* erschließt sich dieses stabilisierende Moment nicht auf den ersten Blick. Schumann schreibt über sein frühes Opus 2 in einem Brief an Rellstab, daß "der Faden, der sie in einander schlingen soll kaum sichtbar ist."[268] Oder an Castelli, "daß der Faden, der sie umschlingen soll, schwer zu fassen ist."[269] Bemerkenswert ist, daß er nicht davon spricht, der Faden sei nicht *vorhanden*, sondern davon, er sei *kaum sichtbar*. Der Begriff des Fadens taucht in Schumanns Äußerungen zur Musik anderer Komponisten, aber auch seiner eigenen immer wieder auf. Betrachtet man ihn näher, so kann man feststellen, daß er zu einer ästhetischen Kategorie in Schumanns musikalischem Denken wird, sei sie auch auf den ersten Blick noch so schillernd und widersprüchlich.

Das Bild eines Fadens zur Beschreibung von Musik stammt nicht erst von Schumann, sondern hat sich bereits seit der Jahrhundertwende und innerhalb der ersten Jahrzehnte des 19. Jahrhunderts fast zu einem Topos der Musikbeschreibung und -kritik herausgebildet.[270] Um sich ihm zu nähern, ist es interessant, die jeweiligen Gegenbegriffe und den dahinterliegenden ästhetischen Diskurs zu betrachten. Sowohl Forchert (1966)[271] als auch Bauer (1987) zeigen, daß der Begriff seinen Ursprung bereits in der Beethovenrezeption zu Beginn des Jahrhunderts findet. Gerade die frühe Beethovenrezeption nutzt das Bild des Fadens als Gegenbild zum *Labyrinth* und verweist somit auf den mythologischen Ursprung des Bildes in der Sage der Ariadne. Das Labyrinth wiederum wird zum Bild für die von den Zeitgenossen wahr-

---

[268] JB, 167.

[269] BNF, 36.

[270] S. zur Verbreitung des Bildes des *Fadens* in der Musikkritik im 19. Jh., Heike Stumpf: "*...wollet mir jetzt durch die phantastisch verschlungenen Kreuzgänge folgen!*": *Metaphorisches Sprechen in der Musikkritik der ersten Hälfte des 19. Jahrhunderts*, Frankfurt a. M. 1996, darin das Kap. II. 6 b) *Tonverbindungen: "Contrapunctisches Gewebe" und "goldener Faden"*, 134-140.

[271] Forchert (1966), 197.

genommene Regel- und Formlosigkeit des Beethovenschen Schaffens, die oftmals mit dem Verdikt der *Bizarrerie*[272] belegt wurde. Je nach ästhetischem Standpunkt des Autors erfährt das Bild des Labyrinths eine positive oder negative Konnotation.[273] Neben der synonym verwendeten Bedeutung für einen Zustand undurchdringlicher Wirrnis finden sich aber auch positive Einschätzungen, wie es das Bild des *labyrinthischen Zauberhains*[274] im Hinblick auf Streichquartette Beethovens zeigt. In einer 1817 in der AMZ erschienenen Rezension der Klaviersonate op. 101 von Ludwig van Beethoven heißt es entsprechend:

> "Wahrlich, hier in seinem 101sten Werke ergreift uns Bewunderung und erneuete Hochachtung, wenn wir so mit dem grossen Seelenmaler auf fremden, nie betretenen Wegen – gleichsam an Ariadnes Faden durch labyrinthische Krümmungen wandeln [...]."[275]

Fast immer jedoch, sei das Bild positiv oder negativ gedeutet, verlangt der Autor im Anschluß an die Erwähnung des Labyrinths nach einem Faden, oftmals konkret nach einem *Ariadne*faden. Nimmt man die metaphorische Sprache ernst, so bedeutet dies, daß sich der Hörer bzw. Rezensent beim Hören des entsprechenden Werkes in eine bedrängte bzw. bedrohliche Situation gesetzt sieht, aus der es zu entkommen gilt. Dies würde der weiter oben beschriebenen verständlichen Verunsicherung des Hörers angesichts der Unbestimmtheit und Verwirrung der musikalischen Struktur entsprechen. Daß der sich bedingende Gegensatz von Labyrinth und Faden sozusagen strukturell in der Musik verankert zu sein scheint, zeigt Wackenroders häufig genutztes Bild des *Labyrinths der Töne*, das er nicht auf einzelne Mu-

---

[272] Zum Begriff des Bizarren siehe Bodo Bischoffs Exkurs *Zum Begriff des Bizarren und zu seiner Verwendung in Rezensionen Beethovenscher Werke*, in: Bischoff (1994), 71ff.

[273] Weitere Beispiele zur Verwendung des Begriffs *Labyrinth* in den Musik-Rezensionen des 19. Jahrhunderts finden sich bei Stumpf (1996), 70 ff.

[274] AMZ 19 (1817), Sp. 807: Der Hörer "fühlt sich in diesen labyrinthischen Zauberhainen immer heimischer. Aber allerdings ist, um sich in ihnen nicht zu verirren, ein geistiger Faden Ariadnes vonnöthen, da gegentheils im eigenen Kohlgarten sich ein jeder leicht zurechte findet."

[275] AMZ 19 (1817), Sp. 687.

sikwerke bezieht, sondern auf die Musik schlechthin.[276] Die Musik als *Labyrinth* verlangt also *wesensmäßig* nach einem Faden. Es ist Aufgabe des Komponisten, diesen Faden mehr oder weniger sichtbar zu gestalten. Gerade in Zeiten kompositorischer Weiterentwicklung und innovativer Normverletzung wird der Ruf nach einem Faden lauter, weil das ursprüngliche Formverständnis, das Orientierung und das Gefühl der Ganzheit vermittelte, in Frage gestellt wird. Dies zeigt deutlich das Beispiel Beethoven. Bauer (1987) weist nach, daß das Bild des Fadens vor allem in der frühen Beethovenrezeption zu finden ist und parallel zur Etablierung des Komponisten im Musikleben und entsprechend der relativen Gewöhnung an Normverletzungen, wie sie die Zeitlichkeit jeglicher Innovation mit sich bringt, in der Häufigkeit deutlich abnimmt.[277] Zwar wird der einheitsstiftende Faden in den Rezensionen immer wieder gesucht und beschworen, worin er letztlich aber bestehen könnte, bleibt offen. Er wird nicht gefunden, und sein Fehlen – negativ gedeutet – zum Bild des Mangels oder – positiv gedeutet – zum Ausdruck der Zukunftsgerichtetheit und Offenheit des musikalischen Kunstwerks.

Wie Forchert (1966) in seinen *Studien zum Musikverständnis im frühen 19. Jahrhundert* eindrucksvoll an Quellen aus dem Musikschrifttum der Zeit darlegt, führt ein Weg, den die Autoren in ihren Schriften zur Musik auf der Suche nach dem einheitsstiftenden Faden beschreiten, auch in den Bereich des außermusikalischen Programms. Das kann – wie Forchert deutlich macht – ganz unterschiedliche Ausprägungen finden: seien es nun dramatische oder rhetorische Deutungsversuche oder programmatische Annäherungen wie etwa das Bild eines Seelengemäldes, musikalischer Malerei, die Annahme einer autobiographischen Selbstdarstellung des Komponisten oder die Ideeninterpretation in philosophisch-poetischer Überhöhung.[278] Deutlich zeigt sich, daß das Konstituieren eines Fadens eine Vermittlung von eröffne-

---

[276] Bauer (1987), 91.
[277] Ebd., 93.
[278] Forchert (1966), 91ff.

tem Erwartungshorizont des Werks und Erfahrungshorizont des Rezipienten darstellt, der das Labyrinth des Werks mit Hilfe seiner zurückspiegelnden Phantasie zu durchdringen sucht.

Faden

Schumanns Verwendung des Begriffs *Faden* greift auf der einen Seite diese Tradition der Musikkritik auf, gibt ihm aber eine eigene Prägung. Eine der ersten Rezensionen Schumanns, in denen die Kategorie des Fadens auftaucht, ist die über verschiedene *Klaviersonaten* von Löwe:

> "Wenn in der brillanten Sonate der Faden mehr sicht- und fühlbar war, so spinnt er sich in der elegischen mehr geistig fort." (GS I, 98/99)

Augenscheinlich gibt es für Schumann unterschiedliche Erscheinungsformen des Fadens, die eng mit unterschiedlichen Ebenen der Rezeption verbunden sind: Ist der Faden *mehr sicht- und fühlbar*, so ist er der optischen Rezeption genauso zugänglich wie dem musikalischen Erfühlen. Er scheint konkreter als der nur in einem geistigen Prozeß wahrnehmbare Faden der elegischen Sonate. Was genau Schumann unter *geistig* versteht, bleibt unklar, es scheint aber, als liege diese Ebene hinter der konkreten, vordergründigen und sinnlich wahrnehmbaren der brillanten Sonate. Erscheint der Faden in der brillanten Sonate analysierbar, ist der der elegischen nur erahnbar. Deutlich wird in seinen Äußerungen die Funktion eines Fadens, wenn er denn existiert. So über ein *Trio* von Taubert:

> "Das Trio stell' ich denn bei Weitem höher in Arbeit, Erfindung, Originalität, in Allem, so flüchtig es auch empfangen und wiedergegeben scheint. Es ist ein Ganzes und wird durch einen innern Knoten zusammengehalten, wie man es nur in den besseren Werken antrifft." (GS II, 150)

Qualitätsmerkmal eines Fadens kann es also sein, einen *inneren Knoten* zu bilden. Ähnliches beschreibt Schumann auch im Hinblick auf Beethovens Symphonien,

> "wo Schlag auf Schlag die Ideen wechselnd erschienen und doch durch ein inneres geistiges Band verkettet" sind. (GS III, 134)

Hier wird dem Faden oder in diesem Falle dem geistigen Band die Fähigkeit und Aufgabe zugesprochen, rasche Wechsel, wie gezeigt auch ein Merkmal Schumannschen Komponierens, zu einem Ganzen zu verketten. Trotzdem bleiben die Äußerungen, auf welche Weise dies bei Beethoven geschieht oder geschehen kann, sehr unspezifisch. Bei der Frage nach dem *Wie* dieser Verkettung muß man zwei Ebenen unterscheiden, die bei Schumann anklingen, meist jedoch miteinander verwoben sind: Es ist zum einen der *Faden* als musikalische Kategorie formaler Gestaltung und zum anderen der *Faden* als ästhetische Dimension, eng verbunden mit dem Wahrnehmungsvorgang der hörenden Rezeption.

Einen Hinweis auf die Bedeutung des Fadens als Moment der Organisation des musikalischen Materials gibt eine Äußerung Schumanns zu Frédéric Chopin:

> "Chopin hat doch Formen; unter den wunderlichen Gebilden seiner Musik zieht sich doch immer der rosige Faden einer Melodie fort." (GS III, 162)

Gegenbegriff zu Faden ist hier das *wunderliche Gebilde* ganz im Sinne des Labyrinth-Bildes. Bemerkenswerterweise hat Schumann dem Begriff Faden hier deutlich einem musikalischen Phänomen, der Melodie, zugeordnet. In der bereits erwähnten Besprechung der *brillanten Sonate* von Löwe, in der der Faden mehr *sicht- und fühlbar* sei, analysiert Schumann in einer bissigen Rezension die melodischen Verknüpfungen: Schumann beschreibt, wie er die Sonate vom Blatt spielt und immer wieder dem gleichen oder verwandten Motiv begegnet. Die entsprechenden Ausschnitte des Werkes, die Schumann in Notenschrift unerbittlich abdrucken läßt, wirken fast wie Indizien in einem Schauprozeß. Im Verlaufe des Vom-Blatt-Spielens wird er dann immer ungehaltener:

> "Himmel, dacht' ich während des Fortspielens, vier Mal einem Menschen zu sagen, daß man wenig sage, scheint mir doch zu viel." (GS I, 95)

und weiter:

> "Ein Allegro agitato folgt; als wolle es mich nun gar ärgern, springt mir entgegen:[es folgt ein Notenbeispiel]

> Im Scherzo fing ich an, mich über meine Wuth heimlich zu ärgern und glaubte Ruhe zu haben vor der Figur. Das Finale beginnt: harmlos spiel' ich fort, da klingt pianissimo legatissimo das fürchterlich bekannte: [Notenbeispiel]
> guckt in runden und eckigten Gestalten aller Orten hervor und nun vollends zum Schluß, um mich ganz außer mir zu bringen, tipft und tapft es: [Notenbeispiel]
> Zwei Stunden lang klang mir die Figur in den Ohren nach..." (GS I, 96)

Diese Art der motivischen Verknüpfung der Sätze, dieser überdeutliche, fast penetrant zu nennende *sicht- und fühlbare* Faden ist nicht das von Schumann angestrebte Ideal. Nicht ohne Sinn spricht Schumann ja im Falle Chopins von einem *Fortziehen* des Melodiefadens. In einer Fußnote zur Löwe-Rezension verweist er dann auch auf etwas bereits in anderem Zusammenhang von ihm Geäußertes:

> "Wollt ihr wissen, was durch Fleiß, Vorliebe, vor allem durch Genie aus einem einfachen Gedanken gemacht werden kann, so leset in Beethoven und sehet zu, wie er ihn in die Höhe zieht und adelt und wie sich das anfangs gemeine Wort in seinem Mund endlich wie zu einem hohen Weltenspruch gestaltet." (GS I, 97)[279]

Den Versuch, musikalische Einheit durch den bewußten Umgang mit dem melodischen Material zu stiften, ohne aber von motivischer Arbeit im klassischen Sinne sprechen zu können, findet sich auch in Schumanns eigenen Kompositionen: So konstatiert etwa Peter Schleuning (1986) in seinen Überlegungen zum ersten Satz der *Fantasie C-Dur* op. 17 Robert Schumanns einen melodischen Faden, der – entsprechend dem Schlegel-Motto, das Schumann der *Fantasie* voranstellte[280] – nur für den wahrnehmbar ist, der ***heimlich lauschet***: Hierbei geht es nicht um traditionelle melodisch-motivische Arbeit, sondern um ein Prinzip, daß Schleuning unter dem Aspekt *Verhüllung – Enthüllung* analysiert. Im Hinblick auf die Verwendung

---

[279] Für Bodo Bischoff (1994) richtet sich Schumanns Augenmerk im Zusammenhang mit der Kategorie des innerlichen Fadens bei Beethoven in erster Linie "auf die Entwicklung musikalischer Gedanken und Gestaltungsmittel, auf ihre Beziehung zueinander, auf die Art und Weise, wie sich die ganze Komposition in allen ihren Schichten inhaltlich entfaltet." S. Bischoff (1994), 294.

[280] S. Anm. 115.

des Beethoven-Zitats aus dem Lied *Nimm sie hin denn diese Lieder* in diesem Satz kommt Schleuning zu dem Schluß:

> "Der Satz ist eine kontinuierliche Enthüllung, also eine "Ent-Wicklung" (im Wortsinn) eines Beethoven-Denkmals, das real erst 1845 in Bonn zu sehen ist, hier im Satz aber bereits akustisch enthüllt wird. Die Gedanken, Reden, Gerüchte, Gefühle, Spenden und Verhandlungen, die vor dem Abziehen des Tuches von der Bonner Bronze stehen, sind in der Verschlungenheit, Widersprüchlichkeit und Vielschichtigkeit des gesamten Satzes vor der Zitat-Enthüllung komponiert. Diese Technik der allmählichen Enthüllung bezieht sich nicht nur auf die Motivik, sondern auch auf die Tonartentwicklung."[281]

Die Besonderheit dieser Technik in der *Fantasie* ist, daß Schumanns Ausgangspunkt das Ende ist, an dem das anvisierte Zitat zum ersten Mal klar und deutlich in Erscheinung tritt[282]. Der Weg dorthin geht über assoziative und hintergründige Motivbeziehungen.[283] Der *Ton*, der sich auf diese Art und Weise durch den ganzen Satz zieht, hat aber nicht die plakative Qualität der Motivik der von Schumann rezensierten Löwe-Sonate, sondern *tönet leise* und ist nur für den wahrnehmbar, der *heimlich lauschet.*

Eine in diesem Zusammenhang ebenfalls relevante Technik der musikalisch-motivischen Gestaltung faßt Appel (1981 a) im Hinblick auf die *Humoreske* unter dem Begriff des musikalischen Mottos. Das musikalische Motto, sei es Zitat, soggetto cavato oder ein traditionelles oder individuelles Intervallmodell, wird dem kompositorischen Prozeß analog zu einem literarischen Motto vorangestellt[284]: Dieses Motto wird dann von Schumann

---

[281] Schleuning (1986), 83.

[282] Vgl. zur Interpretation der *Fantasie op. 17* im Hinblick auf einen melodischen Faden auch Bodo Bischoff (1994), darin besonders das Kapitel *Beethoven und der innerliche Faden*, 223 - 231: "Die mehr oder weniger latente Allgegenwart der Melodiezeile *Nimm sie hin denn, diese Lieder* überzieht den Zyklus mit motivischen Keimbahnen, aus denen sich thematische Individuen entwickeln, die gestufte Gemeinsamkeiten mit der Ursprungsgestalt aufweisen." (226)

[283] Schleuning (1986), 83.

[284] Appel (1981 a), 79.

Transfigurationsprozessen unterworfen, doch finden diese nicht offensichtlich, sondern möglichst versteckt statt:

> "Gemeint ist eine assoziative Variation, eine Art Metamorphose thematischer Gedanken, aus der heraus die zugundeliegende Themen- bzw. Mottogestalt kaum erkennbar ist."[285]

Deutlich hat dies Auswirkungen auf den Eindruck von Einheit:

> "Die Einheit des Werkes wird nicht mehr, wie dies bei den Klassikern der Fall war, vermittels des Themas, sondern durch eine praethematische Substanz hergestellt, welche das Motto formuliert. Da die Beziehung zwischen Motto und Thema bei Schumann äußerst esoterische Züge trägt, stößt der Analytiker zwangsläufig an die Grenzen seiner Erkenntnismöglichkeiten."[286]

Ähnlich diesen von Schleuning und Appel aufgezeigten assoziativen Variations- und Motivbeziehungen[287] identifiziert Köhler (1994 b) in Schumanns Kompositionen ein *variatives Prinzip*[288], das eine "unbegrenzt scheinende Folge von Ähnlichkeiten"[289] produziert. Er wertet dies als Ausdruck

---

285 Ebd., 73.

286 Ebd., 73 f.

287 Andere Untersuchungen zielen in eine ähnliche Richtung, etwa wenn Rudolphe Réti Schumanns *Kinderszenen* als "quasi Thema mit Variationen" analysiert. S. Rudolphe Réti: *The Thematic Process in Music*, London 1951; wiederabgedruckt in deutscher Übersetzung in: Robert Schumann. Musik-Konzepte, Sonderband II, hrsg. von Heinz-Klaus Metzger / Rainer Riehn, München 1982, 275-298. Ebenso Michael Struck (1984), der solcher Art "musikalisch-poetischer Verknüpfungen" speziell für Schumanns späten Kompositionen nachweist. S. Michael Struck: *Die umstrittenen späten Instrumentalwerke Schumanns*, Hamburg 1984 (Hamburger Beiträge zur Musikwissenschaft; Bd. 29), darin besonders Kap. 6: *Musikalisch-"poetische" Verknüpfungen und Ähnlichkeiten*, 643-666.

288 Vgl. hierzu auch Hans Hering: *Das Variative in Schumanns frühem Klavierwerk*, in: Melos / NZ 5 / 1975, 347-354: "Strenggenommen handelt es sich hierbei nicht mehr um eigentliche Variationen, sondern um freie Weiterentwicklungen, die mit dem zugrundeliegenden Modell nur noch durch einzelne variative Beziehungen verknüpft sind." Die Möglichkeit der "Integration des variativen Prinzips in Großformen wie Sonate und Konzert" (350) hat Konsequenzen für die Großform: "Gerade die geistvoll kombinierende Synthese, die in den Großformen zu thematischer Konzentration, in den Zyklen zum substantiellen Zusammenschluß unter einer einheitlichen Grundidee führt, überwölbt die vermeintlich nur improvisierte und spontane Aneinanderreihung einzelner Stücke. Das berührt nicht das oft Erlebnishafte, das zur Gestaltung drängt, aber in ihm gehen Intention und Reflexion eine unlösbare Verbindung ein." (353)

289 Köhler (1994 b), 190.

des Prinzips analogischen Denkens[290] bei Schumann und weist dabei auf die spezifische Qualität dieser Technik hin, "Disperates auszugleichen, aber auch Homogenes aufzuspalten".[291] Aus diesem Grunde

> "neigt das strukturelle Gefüge zur Labilität, nicht zuletzt, weil sich durch die wurzelhafte Verwandtschaft vieler Gedanken des gleichen Tonwerks scharfe Konturen verwischen."[292]

Der im Sinne der musikalischen Gestaltung relevante Faden steht also im Spannungsfeld von Stabilität und Labilität; er kann verbinden, kann aber auch durch sein variierendes Moment vorgegebene stabile Größen wie etwa die Periodenbildung in Frage stellen. Köhler (1994 b) erscheint es plausibel, daß Schumann aus diesem Grunde auch außerhalb des musikalischen Materials nach weiter ausgreifenden Anwendungsmöglichkeiten für das Analogieprinzip suchte.[293]

Der Faden in Schumanns *Papillons* ist nach Schumanns eigener Auskunft ***kaum sichtbar***. Auch in Zusammenhang mit diesem Werk gibt es analytische Bestrebungen, eine thematisch-motivische Einheit zu rekonstruieren.[294] Natürlich stellt sich im Falle der *Papillons* die Frage, ob nicht auch die von Schumann bewußt veröffentlichten Hinweise auf einen Bezug zu Jean Pauls

---

290 S. hierzu auch *Einleitung*, Anm. 7.

291 Köhler (1994 b), 191. Kompositorische Konsequenzen sind nach Köhler: die additive Kettung der musikalischen Gedanken, (...) Umakzentuierung, Isolierung, Eliminierung, Intensivierung, Reduzierung von Motiven, metrische Verlagerungen, harmonische Umfunktionierungen, Umfärbungen und schließlich charakteristische Umwertungen bis hin zur Entfremdung. (Köhler 1994 b, 197)

292 Ebd., 197.

293 Zu diesem außermusikalischen Bezugssystem gehören für Köhler (1994 b) "psychische Vorgänge (Reflexe eigenen Erlebens), Vorstellungen von Charakteren oder Situationen (Literatur, Szene, Bild), Texte, chiffrierte Tonsymbole oder semantisch belegte Tonfolgen, auch Bewegungs- und sonstige Vorstellungen." (197)

294 Mayeda (1992) weist in seinem Kapitel: *Zur poetisch-musikalischen Struktur der Papillons* auf die motivischen Beziehungen der einzelnen Papillons und der vorangestellten Introduzione hin. (96 ff.) Ebenso Barbara Meier (1995), die die *Papillons* durch "verborgene Filiationen, durch Zitate oder durch Varianten zuvor erklungener Motive" verbunden sieht. S. Barbara Meier: *"Opern ohne Text"*, in: Festschrift für Klaus Hortschansky zum 60. Geburtstag, hrsg. v. Axel Beer und Laurenz Lütteken, Tutzing 1995, 413-423, 415 ff.

Flegeljahren möglicherweise als Teil des *kaum sichtbaren Fadens* zu werten sind. Wie schon im vorangegangenen Kapitel dargelegt, könnten sich diese Äußerungen Schumanns nicht nur auf eine bildlich-inhaltliche Entsprechung beziehen, sondern Hinweis auf ein ästhetisches Verfahren sein, das die Dichtungen Jean Pauls und die Komposition Schumanns verbindet. In diesem Sinne sind es nicht allein die motivischen und rhythmischen Beziehungen innerhalb des Zyklus oder das geäußerte bildliche "Programm", was den Zyklus zusammenhält, sondern in letzter Konsequenz das *Prinzip des Flüchtigen* selbst. Hier offenbart sich ein romantisches Paradoxon: Im *Sich-selbst-Vernichten*, also im destruktiven Moment, liegt der konstruktive Faden. Diese Vorstellung vom Faden jenseits der Verknüpfungen im musikalischen Material erweitert die Kategorie des Fadens um eine poetisch-ästhetische Dimension, die sich dem Anspruch der Analysierbarkeit gänzlich entzieht.

Fäden

Eine Steigerung der Komplexität und im Grunde auch ein Infragestellen der ersehnten künstlerischen Einheit stellt die Tatsache dar, daß Schumann das Bild des Fadens auch im Plural benutzt. Nicht auszudenken, wenn Theseus mehrere Fäden zur Verfügung hätte, um den Weg aus dem Labyrinth zu finden. Hier zeigt sich die ästhetische Bedeutung des Plurals *Fäden*: Es geht nicht in erster Linie darum, der Verwirrung und der Wirrnis des musikalischen Labyrinths zu entkommen. Die Schwierigkeit, ja Unlösbarkeit dieser Aufgabe wird anerkannt, womit aber die Sehnsucht nach Lösung nicht in gleichem Maße überwunden ist. Was bleibt, ist die Möglichkeit, die Fäden, die vielgestaltigen und manchmal auch verworrenen, zu verfolgen. Das ästhetische Erleben liegt nicht im Weg hinaus, nicht in der Lösung, sondern im Erfahren und Durchwandern der Wirrnis selbst und der Entdeckung von spinnenden Fäden, die der aufmerksame Wanderer erkennen mag. Eben diese ästhetische Position Schumanns spiegelt sich in seiner parallelen Verwendung der Begriffe Faden und Fäden. In seiner Sehnsucht nach dem verbindenden Faden stimmt er mit seinen Vorgängern überein, nur zeigt sich in seinen musikschriftstellerischen Beiträgen, daß dieser ersehnte Faden eben meist nur zu erahnen bleibt, mehr geistig als materiell vorhanden ist.

Im Eingeständnis der unerfüllbaren Sehnsucht nach einem deutlich wahrnehmbaren, Ganzheit stiftenden Faden wird der Blick frei auf die spinnenden Fäden, auf die Schlegelsche *künstlich geordnete Verwirrung, auf die reizende Symmetrie von Widersprüchen.*[295] Zu entdecken ist dann zum Beispiel an Clara Wiecks *Soiréen* der

> "Reichthum an ungewöhnlichen Mitteln, eine Macht, die heimlichern, tiefer spinnenden Fäden der Harmonie zu verwirren und auseinander zu legen." (GS II, 97)

Schumanns Vergleich von J. S. Bachs Klaviermusik mit derjenigen Domenico Scarlattis fällt zwar eindeutig zugunsten Bachs aus, doch beschreibt er treffend die unterschiedlichen kompositorischen Konzepte der beiden Komponisten:

> "Die so zu sagen geharnischte Ordnung Bach'schen Ideenganges ist in ihm nicht zu finden; er ist bei weitem gehaltloser, flüchtiger, rhapsodischer; man hat zu thun, ihm immer zu folgen, so schnell verwebt und löst er die Fäden." (GS III, 90)

An Schuberts *Ersten Walzern* ist zu beobachten,

> "wie sich die übrigen [Walzer] um jenen herumdrehen, ihn mit duftigen Fäden mehr oder weniger einspinnen". (GS II, 12)

Es scheint, als würden für Schumann auf diese Weise Besonderheiten der Musik wahrnehmbar, die sonst durch die Fixierung auf das Verdikt des fehlenden Zusammenhangs allein als Mangel empfunden würden. In den Äußerungen Schumanns spiegelt sich das Bestreben, sich jenseits der Suche nach Ganzheit auf die künstlerische Struktur einzulassen, den Fäden und nicht *einem* Faden zu folgen. Gerade die Doppeldeutigkeit, mit der Schumann die Begriffe Faden und Fäden in seinem musikschriftstellerischen Schaffen nebeneinander benutzt, zeigt den besonderen musikgeschichtlichen Standort Robert Schumanns: Wie seine Zeitgenossen ist er als Rezensent

---

295 Friedrich Schlegel in seinem *Gespräch über die Poesie* über die Struktur der Poesie. (KA II, 318 f.) Vgl. das Kapitel II 4. *Zwischen Ornament und Hieroglyphe: Arabeske op.18*, 61.

stets noch auf der Suche nach dem einheitsstiftenden Faden. Wenn er ihn denn auffindet, dann entweder plakativ, vordergründig wie in der Löwe-Sonate, oder hintergründig, aber in Sprache nicht faß- und beschreibbar wie etwa im Werk Beethovens, das ihm durch *ein geistiges Band verkettet* erscheint. Gleichzeitig und durchaus im Widerspruch zu der Verwendung des Begriffs im Singular nutzt Schumann den Plural Fäden als Möglichkeit der Beschreibung verwobener kompositorischer Strukturen, die der Aufmerksamkeit des Rezipienten entgehen würden, weil sie dem der Betrachtung zugrundeliegenden Konzept der Einheitsstiftung widersprechen würden. Zu diesen Fäden im Sinne eines appellativen Charakters des musikalischen Werkes gehören neben den motivischen Verspinnungen die Momente, die das Werk über sich hinausweisen lassen, so etwa die schon zuvor beschriebene *musikalische Intertextualität*. Sie sind die dem Werk eingeschriebenen Momente eines Rezeptionsnetzwerks: Das Werk spinnt Fäden, an die der Rezipient anknüpfen kann, um mit Hilfe seiner zurückspiegelnden Phantasie wiederum Fäden zu spinnen.

3. Zwischen "Träumerei" und "Traumes Wirren" Traum, Kunstrezeption und Opiumvergiftung

Carl Gustav Carus sieht das *Visionsartige,* das für ihn *geistige* Moment der Komposition der Sixtinischen Madonna Raphaels im "Verlassen der gewöhnlichen Gesetze der Sinnesvorgänge".[296] Bezeichnenderweise genau an dieser Stelle seiner Untersuchung zieht Carus zum ersten und einzigen Mal Parallelen zur Musik. Er verweist auf eine Bemerkung Mozarts zu "seiner besten Art der Composition":

> "sie gehe in ihm wie in einem schönen und starken Traume vor – und er überhöre nun auch im Geiste das dergestalt fertig gewordene Musikstück *nicht so, wie es nachher gehört werden müsse*, d. h. eins nach dem anderen, sondern *Alles zugleich* – so daß er ein Musikstück dann im Geiste *auf einmal* überblicke wie ein Bild, oder wie einen hübschen Menschen."[297]

Mozarts von Carus angeführte Äußerung benennt einen bestimmten Zustand der schöpferischen Phantasie, für den er das Bild des *schönen und starken Traumes* findet. In seiner weiteren Argumentation verweist Carus auf ähnliche Zustände des Menschen: das zweite Gesicht, Nahtod-Erlebnisse, bei denen

> "dem Menschen beim Untersinken im Wasser, oder bei einer Opiumvergiftung, die Geschichte seines Lebens, nicht wie sie nach einander sich begeben hatte, sondern auf einmal, wie ein einziges Bild erschienen war."[298]

---

[296] Carus (1857), 17. Carus steht damit in bemerkenswerter Nähe zu E. T. A. Hoffmanns Formulierung im Zusammenhang mit der Wirkung der reinen Instrumentalmusik: "Die Musik schließt dem Menschen ein unbekanntes Reich auf; eine Welt, die nichts gemein hat mit der äußeren Sinnenwelt, die ihn umgibt, und in der er alle durch Begriffe bestimmbaren Gefühle zurückläßt, um sich dem Unaussprechlichen hinzugeben." E.T.A. Hoffmann: *Schriften zur Musik*, hrsg. v. Friedrich Schnapp, München 1963, 34.

[297] Carus (1857), 17. Es sei hierbei auf eine augenfällige, wenn wohl auch mehr zufällige Parallele zwischen Carus und Schumann hingewiesen: Beide nennen in ihrer kunstübergreifenden Perspektive Raphael als Vertreter der bildenden Kunst sowie Mozart beispielhaft für die Musik: "Der gebildete Musiker wird an einer Raphael'schen Madonna mit gleichem Nutzen studiren können, wie der Maler an einer Mozart'schen Symphonie." (siehe Kapitel III 1. 1. *Einleitung*)

[298] Carus (1857), 17.

All diese Beispiele sind für Carus "merkwürdige Verweise einer zeitweise möglichen Freiheit von den sonst uns normalen Schranken der Sinnlichkeit".[299] Und genau dies ist der Aspekt der künstlerischen Struktur der *Sixtinischen Madonna*, auf den Carus mit Formulierungen wie das *Verlassen der gewöhnlichen Gesetze der Sinnesvorgänge* und *perspektivischen Gesetze* oder *das Hinwegschwinden der Symmetrie* abhebt. Es geht um die Möglichkeiten, innerhalb der Kunst die Grenzen der außerhalb des künstlerischen Raumes geltenden Wahrnehmungsweisen zu überschreiten. Dabei ist der Traum ein Bild für die Sphäre der zurückspiegelnden Phantasie oder *spielenden* Phantasie, wie Ludwig Tieck sie in seiner Shakespeare-Untersuchung nennt:

> "[...] daß der Dichter nicht unsre Gutmütigkeit in Anspruch nimmt, sondern die Phantasie, selbst wider unsern Willen, so spannt, daß wir die Regeln der Ästhetik, mit allen Begriffen unsers aufgeklärten Jahrhunderts vergessen, und uns ganz dem schönen Wahnsinn des Dichters überlassen; daß sich die Seele, nach dem Rausch, willig der Bezauberung von neuem hingibt, und die spielende Phantasie durch keine plötzliche und widrige Überraschung aus ihren Träumen geweckt wird."[300]

Tiecks Worte offenbaren die zentralen Bedingungen für den Rezeptionsprozeß des *nachschaffenden Hörers*: eine appellative Struktur des Kunstwerks, die den Rezipienten *in Anspruch nimmt*, das *Vergessen* eines bloß analytisch-rationalen Verstehens, das *Überlassen*, also Einlassen, auf die Welt des Kunstwerks, die Tätigkeit einer *spielenden*, zurückspiegelnden Phantasie und schließlich der Zustand des *Traumes*, des matten Lichts, wie Schumann sagen würde. Beispiel für eine solche Rezeption ist Schumanns Blick auf die *Ersten Walzer* Franz Schuberts:

> "– aber wie sich die übrigen [Walzer] um jenen herumdrehn, ihn mit duftigen Fäden mehr oder weniger einspinnen und wie sich durch alle eine so schwärmerische

---

299 Ebd.

300 Tieck (1991), 685.

> Gedankenlosigkeit zieht, daß man es selbst wird und beim letzten noch im ersten zu spielen glaubt – ist gar gut." (GS II, 12)[301]

Bei diesem Phänomen der *schwärmerischen Gedankenlosigkeit* sind die Momente des Rezeptionsprozesses zu erkennen: Aufgrund der Struktur des Werkes, seiner *einspinnenden Fäden*, wird der Hörer selbst so gedankenlos, daß er die Übersicht über die zeitliche Sukzession verliert. In sein Tagebuch notiert Schumann: "Sichselbstvergessen ist höchste Poesie".[302]

Das Bild des *Traums* wird auch bei Ludwig Tieck zur eindrucksvollen Metapher für den Rezeptionsprozeß:

> "Mitten im Traume ist die Seele sehr oft im Begriff, den Phantomen selbst nicht zu glauben, sich von der Täuschung loszureißen, und alles nur für betrügerische Traumgestalten zu erklären. In solchen Augenblicken, wo der Geist gleichsam mit sich selber zankt, ist der Schlafende immer dem Erwachen nahe; denn die Phantasien verlieren an ihrer täuschenden Wirklichkeit, die Urteilskraft sondert sich ab, und der ganze Zauber ist im Begriff zu verschwinden. Träumt man aber weiter, so entsteht die Nicht-Unterbrechung der Illusion jedesmal von der unendlichen Menge neuer magischer Gestalten, die die Phantasie unerschöpflich hervorbringt. [...] Wir verlieren in einer unaufhörlichen Verwirrung den Maßstab, nach dem wir sonst die Wahrheit zu messen pflegen; eben, weil nicht Wirkliches unsre Aufmerksamkeit auf sich heftet, verlieren wir in der ununterbrochenen Beschäftigung unsrer Phantasie, die Erinnerung an die Wirklichkeit; der Faden ist hinter uns abgerissen, der uns durch das rätselhafte Labyrinth leitete; und wir geben uns am Ende völlig den Unbegreiflichkeiten Preis: [...] weil wir von der wirklichen Welt gänzlich abgeschnitten sind, so verliert sich unser Mißtrauen gegen die fremdartigen Wesen, und nur erst beim Erwachen werden wir überzeugt, daß sie Täuschung waren."[303]

Tiecks besondere Verwendung der Begriffe *Faden* und *Labyrinth* in diesem Zusammenhang zeigt deutlich den ästhetischen Wandel, der sich auch in den Schriften Schumanns in der parallelen Verwendung der Begriffe Fa-

---

301 Vgl. auch S. 171.

302 TB I, 378.

303 Tieck (1991), 691 f.

den und Fäden andeutet[304]: Der aus dem Labyrinth herausführende Faden ist *abgerissen*. Doch erst dieses *Abgeschnittensein* des Betrachters, Hörers oder Lesers von der wirklichen Welt, macht den Blick frei für das Zauberische des künstlerischen Werkes[305]:

> "Wir sind nun in einer bezaubernden Welt festgehalten: wohin wir uns wenden, tritt uns ein Wunder entgegen; alles, was wir anrühren, ist von einer fremdartigen Natur; jeder Ton, der uns antwortet, erschallt aus einem übernatürlichen Wesen."[306]

Mit ähnlichen Worten wie Tieck, der in seiner Auseinandersetzung mit den Dramen Shakespeares ja davon spricht, daß das *Labyrinth* der künstlerischen Struktur "die Seele in eine Art Schwindel versetzt"[307], beschreibt J. W. von Goethe die – zuvor erwähnten – Arabeskenentwürfe *Vier Zeiten* Runges:

> "Sie sind ein wahres Labyrinth dunkler Beziehungen, dem Beschauer, durch das fast Unergründliche des Sinnes, gleichsam schwindelerregend [...]"[308]

Die beiden Titel von Klavierwerken Schumanns, die den Begriff des Traumes aufnehmen[309], *Träumerei* aus den *Kinderszenen* und *Traumes Wir-*

---

[304] S. Kapitel III 2. 3. *Faden und Fäden: Zu einer ästhetischen Kategorie.*

[305] Schumann notiert in seiner *Mottosammlung*: "Im Raum, wie in den Schöpfungen des Verstandes, fangen die Traumbilder da an, wo die zuverlässigen Kenntniße aufhören. A. v. Humboldt". (MS V, E 188)

[306] Tieck (1991), 691.

[307] Ebd., 704. S. hierzu Kap. III 2.2.2. *Getäuschte Phantasie. Zerstreute Aufmerksamkeit bei Shakespeare /Tieck.*

[308] Johann Heinrich Meyer / Johann Wolfgang von Goethe: *Neudeutsche religios-patriotische Kunst* (1817), in: J. W. Goethe: *Schriften zur Kunst*, Zürich 1954, Anm. 129, 717; Zitiert nach Busch, 56. Lingner (1996) weist daraufhin, daß schon Philipp Otto Runge seine Arabesken als "Leitfaden zu schönen Träumen" bezeichnet. S. Michael Lingner: *Zwischen Ausdrucksbewegung und Begriffsbildung. Zur Vorgeschichte und Bedeutung von Adolf Hölzels Ornamentik als Übergangsphänomen der modernen Kunstgeschichte*, in: Ornament und Geschichte. Studien zum Strukturwandel des Ornaments in der Moderne, hrsg. von Ursula Franke und Heinz Paetzold, Bonn 1996, 191-203, 196.

[309] Schumanns Affinität zum poetischen Motiv des Traumes zeigt sich auch in der Textauswahl seiner Lieder. Patrick Dinslage (1991) weist darauf hin, daß in der ursprünglichen, noch zwanzig Lieder umfassenden Sammlung von Heine-Liedern, der späteren Dichterliebe, die ursprüngliche Dreiergruppe *Mein Wagen rollet langsam*, *Ich hab' im Traum geweinet* und *Allnächtlich im Traume* durch das Motiv des Traumes miteinander verbunden sind. S. Patrick Dinslage: *Traum, Phantasmagorie und Ironie in den Heine-Liedern Robert Schumanns, dargestellt an* Mein Wagen rollet langsam *op. 142/4*, in: Schumann und seine Dichter. Bericht über das 4. Internationale Schumann-Symposion am 13. und 14. Juni 1991 im Rahmen des 4. Schumann-Festes Düsseldorf, hrsg. von Matthias Wendt, Mainz 1991, S. 33-42. (Schumann-Forschungen;

ren aus den *Fantasiestücken*, zeigen deutlich das Spektrum, in dem sich das Nachschaffen des Hörers bewegen kann: Es geht nicht allein um Träumen als *Einschläfern des richtenden Verstandes*, als Hinwegträumen aus der Realität, als poetische Innigkeit, als *schwärmerische Gedankenlosigkeit*, sondern auch um die Brisanz der beständigen Verwirrung der Phantasie, also um Traumes Wirren.[310] Im Grunde entspricht dieser Dualismus von Träumerei und Traumes Wirren den gegensätzlichen inneren Haltungen der Doppelnatur Schumanns: dem schwärmerischen, träumenden Eusebius steht der fortstürmende, leidenschaftliche, Verwirrung stiftende Florestan gegenüber.

Der Verwendung des Traums bei Mozart/Carus, Tieck und Schumann als Bild für einen von der wirklichen Welt abgeschiedenen Ort, wo die *spielende* (Tieck) und *zurückspiegelnde* (Schumann) Phantasie des Rezipienten die Grenzen der üblichen Sinneswahrnehmung der wirklichen Welt überschreiten kann[311], entspricht auch Jean Pauls Beschreibung des Traums in seiner *Vorschule der Ästhetik*: Für ihn ist Traum dort, "wo die Tore um den ganzen Horizont der Wirklichkeit die ganze Nacht offen stehen."[312] Voraussetzung all dieser mit Traum, Schwindel der Seele oder auch Opiumvergiftung benannten Bewußtseinszustände bei der Rezeption ist die appellative Struktur des Kunstwerks als notwendige Bedingung für die zurückspiegelnde Phantasie und den mit ihr verbundenen Prozeß des Nachschaffens.

Bd. 4), 33 ff.

[310] Die auch von Schumann gezogene Verbindung von Traum und poetischer Welt jenseits der Wirklichkeit zeigt sich auch in seiner Beschreibung der *Charakteristischen Studien op. 95* von Ignaz Moscheles: "Es bleiben noch das "Kindermährchen" und der "Traum" übrig, die mir als die zartesten und poetischsten der Sammlung gelten. Hier, wo sie ins Uebersinnliche, in das Geisterreich hinüberspielt, übt die Musik ihre volle Gewalt." (GS III, 19)

[311] Zum allgemein wachsenden Interesse an dem Phänomen Traum in der romatischen Literatur siehe auch das Kapitel *Traumpsychologie und Traumsymbolik*, in: Ulrich Hubert: *Karl Philipp Moritz und die Anfänge der Romantik*, Frankfurt a. M., 1971, 110 ff.

[312] JP V, 97. Zur Bedeutung des Traumes in Jean Pauls Romanschaffen siehe Hermann Meyer: *Jean Pauls "Flegeljahre"*, in: Jean Paul, hrsg. von Uwe Schweikert, Darmstadt 1974, 208-265. Meyer zeigt an Beispielen aus den *Flegeljahren*, wie "eng verschwistert" die Begriffe *Traum* und *Phantasie* in Jean Pauls dichterischem Schaffen sind. (218 ff.)

IV Zusammenfassung

Die Untersuchung hat in ihrer immer wieder durchscheinenden kunstübergreifenden Perspektive versucht, kompositorische Strukturen in der Klaviermusik Robert Schumanns vor dem ästhetischen Hintergrund der Rezeptionsphänomene von Literatur und Malerei auf ihr Potential für das Nachschaffen des Hörers hin zu beleuchten. Die Malerei als Kunst des Raumes bot hierzu als Folie ihr Spiel mit Perspektive (Raphael) und Symmetrie bzw. Wiederholung (Runge) an. In bezug auf die Dichtung und literarischen Rezeptionsweisen war es sowohl die Erzähltechnik Jean Pauls mit ihrer Bilderfülle und ihren sich der epischen Intergation widersetzenden Momenten wie auch die von Tieck untersuchte Behandlung des Wunderbaren in den Dramen Shakespeares, die den Blick auf die kunstverbindenden Rezeptionsweisen eröffneten.

Bei der diesen Wahrnehmungsmöglichkeiten entsprechenden appellativen Gestaltung des musikalischen Kunstwerks bei Schumann zeigte sich ein grundsätzlicher Dualismus in der Wirkungsbedingung von System und Systemlosigkeit. Raphael verzichtet nicht gänzlich auf jegliche Perspektive, sondern etabliert sie, um sie dann doch wiederum in Frage zu stellen. Nur so kann es zum Phänomen des Hinwegschwindens der Symmetrie kommen. Im Bereich der musikalischen Kunst kann sich die Bestimmtheit des Systems sowohl auf historisch vorgegebene Gattungs- und Formbegriffe beziehen wie auch auf die erst vom musikalischen Kunstwerk selbst aufgestellten individuellen kompositorischen Prinzipien, die dann im Verlaufe der Komposition wieder durchbrochen werden können. Für Schumann als Repräsentant der Zeitkunst Musik bedeutet dies den Versuch, sich mit den Grenzen der eigenen Kunst, also der Dimension des Zeitlichen in all seinen Ausprägungen, auseinanderzusetzen. Dabei wurden vor allem folgende kompositorische Gestaltungsmöglichkeiten beobachtet:

- Die fliehende Zeit im Sinne eines raschen Wechsels kurzer fragmentartiger Stücke
- Die unterbrochene Kontinuität in der Technik des kompositorischen Bruchs
- Die Gleichzeitigkeit der Ungleichzeitigkeit mit Hilfe eines doppelten metrischen Rahmens
- Die Zeithorizonte in der Schichtung von heterogenen Metren.
- Die individuelle Gestaltung von Anfang und Ende eines Stücks, das sich in den Zeitstrom stellt
- Zitate und Intertextualität, die in ihrer Erinnerungsqualität die zeitliche Sukzession durchbrechen können
- Aufhebung der Gerichtetheit des kompositorischen Entwicklungsgedankens in der Wiederholungsstruktur der *Arabeske* oder des Fantasiestücks *Des Abends*, das in seinem Charakter als Stimmungsbild in sich zu kreisen scheint

Im Spannungsfeld zwischen *Träumerei* und *Traumes Wirren* scheint sich auch oftmals unsere heutige Rezeption der Schumannschen Klavierwerke im Konzertbetrieb zu bewegen:

> "Die Philister haben Schumann eingeholt. Was er gegen sie aufgeboten hat: Poesie, hat sich zu einer neuen hausbackenen Prosa verselbständigt."[313]

Hingewiesen sei nur auf die Karriere der *Träumerei* aus den *Kinderszenen* im allgemeinen Musikbetrieb, die in ihrer kommerziellen Aneignung ein weit verbreitetes Klischee bedient: Robert Schumann als Träumer am Klavier.

Aufgabe der heutigen Interpreten muß es sein, den experimentellen Geist der Musik aufleben oder weiterleben zu lassen. Schon beim Musiklesen stellt Schumann dabei Ansprüche an die zurückspiegelnde Phantasie des In-

---

[313] Károly Csipák / Reinhard Kapp: *Träumerei*, in: Musica 35 (1981), Heft 5, 438-443, 439.

terpreten, indem er ihn etwa mit der Heterogenität zweier verschiedener Zeichensysteme (Collage Sprache-Musik) konfrontiert oder ihn mit Phänomenen wie den *Sphinxen* im *Carnaval* und der *inneren Stimme* in der *Humoreske* überrascht. So wird die Musik Schumanns in ihrer Erscheinungsweise als *Musik auf dem Papier* bereits zur Appellstruktur für den ausführenden Musiker oder mitlesenden Hörer. Es ist außerdem seine Aufgabe, den Erwartungshorizont, den das Werk durch seine Struktur eröffnet, mit seinem eigenen Erfahrungshorizont zu vermitteln, um wiederum durch die klangliche Realisation des Werks eine appellative Struktur für den Hörer zu bieten. Dabei ergibt sich aber das Problem, daß etwa das Phänomen von Brüchen in der Kompositionsstruktur von der Geschichtlichkeit der Wahrnehmung solcher Innovationen überrollt wird. Und dennoch scheint es einen Weg jenseits der glatten Interpretation zu geben, etwa durch einen bewußten Umgang mit kompositorischen Widerstandsprinzipien, wie etwa dem Kampf gleichzeitig erscheinender differierender Metrik. Solche Momente können auch noch für den heutigen Hörer ihre Brisanz in der erklingenden Musik entfalten.

Dabei gilt es einem zentralen ästhetischen Moment der Klaviermusik Robert Schumanns Rechnung zu tragen, der von C. G. Carus für die Rezeption von Kunst postulierten "zeitweise möglichen Freiheit von den sonst uns normalen Schranken der Sinnlichkeit." (a.a.O.)

V Abbildungsverzeichnis

VI Literaturverzeichnis

Abegg, Werner: *Musikästhetik und Musikkritik bei Eduard Hanslick*, Regensburg 1974. (Studien zur Musikgeschichte des 19. Jahrhunderts; Bd. 44)

Abert, Hermann: *Robert Schumann*, 3., neu bearbeitete und vermehrte Auflage, Berlin 1917. (Berühmte Musiker. Lebens- und Charakterbilder nebst Einführung in die Werke der Meister; Bd. XV)

Adorno, Theodor W.: *Der getreue Korrepetitor. Lehrschriften zur musikalischen Praxis*, in: Gesammelte Schriften, hrsg. von Rolf Tiedemann, Bd. 15, Frankfurt a. M. 1976, S. 157-402.

Adorno, Theodor W.: *Über einige Relationen zwischen Musik und Malerei*, in: Schriften, hrsg. von Rolf Tiedemann, Bd. 16: Musikalische Schriften I-III, Frankfurt a. M. 1978, S. 628-642.

Appel, Bernhard R.: *Robert Schumanns Humoreske für Klavier op. 20. Zum musikalischen Humor in der ersten Hälfte des 19. Jahrhunderts unter besonderer Berücksichtigung des Formproblems*, Phil. Diss., Saarbrücken 1981. (1981 a)

Appel, Bernhard R.: *Schumanns Davidsbund. Geistes- und sozialgeschichtliche Voraussetzungen einer romantischen Idee*, in: Archiv für Musikwissenschaft 38 (1981), S. 1-23. (1981 b)

Appel, Bernhard R.: *Robert Schumann und die Malerei*, in: Schumann und die Düsseldorfer Malerschule. Ausstellung vom 1.-19. 6. 1988 im David-Hansemann-Haus Düsseldorf, im Rahmen des 3. Schumann-Festes, hrsg. von der Robert-Schumann-Gesellschaft, Düsseldorf 1988, S. 7-27.

Appel, Bernhard R.: *Robert Schumann als Leser*, in: ders. / Hermstrüwer, Inge (Bearb.): Robert Schumann und die Dichter. Ein Musiker als Leser. Katalog zur Ausstellung des Heinrich-Heine-Instituts in Verbindung mit dem Robert-Schumann-Haus in Zwickau und der Robert-Schumann-Forschungsstelle e.V. in Düsseldorf, Düsseldorf 1991, S. 12-16.

Appel, Bernhard R.: *"Mehr Malerei als Ausdruck der Empfindung". Illustrierende und illustrierte Musik im Düsseldorf des 19. Jahrhunderts*, in: Akademie und Musik. Erscheinungsweisen und Wirkungen des Akademiegedankens in Kultur- und Musikgeschichte. Institutionen, Veranstaltungen, Schriften. Festschrift für Werner Braun zum 65. Geburtstag; zugleich Bericht über das Symposium "Der Akademiegedanke in der Geschichte der Musik und angrenzender Fächer" (Saarbrücken, 1991), hrsg. von Wolf Frobenius u.a., Saarbrücken 1993, S. 255-268. (Saarbrücker Studien zur Musikwissenschaft, NF; 7)

Appel, Bernhard R.: *Kompositionen Robert Schumanns in den Musikbeilagen der Neuen Zeitschrift für Musik*, in: Schumann-Studien 5, im Auftrag der Robert-Schumann-Gesellschaft Zwickau hrsg. von Gerd Nauhaus, Köln 1996, S. 65-82.

Bauer, Elisabeth Eleonore: *Beethoven – unser musikalischer Jean Paul. Anmerkungen zu einer Analogie*, in: Beethoven. Analecta Varia. Musik-Konzepte 56, hrsg. von Heinz-Klaus Metzger und Rainer Riehn, München 1987, S. 83-105.

Beaufils, Marcel: *Mythos und Maske bei Robert Schumann*, in: Sammelbände der Robert-Schumann-Gesellschaft I (1966), Leipzig 1967, S. 66-77.

Behler, Ernst: *Die Zeitschriften der Brüder Schlegel*, Darmstadt 1983.

Behler, Ernst / Hörisch, Jochen (Hrsg.): *Die Aktualität der Frühromantik*, Paderborn 1987.

Behler, Ernst: *Studien zur Romantik und zur idealistischen Philosophie*, Paderborn 1988.

Benjamin, Walter : *Der Begriff der Kunstkritik in der deutschen Romantik*, in: Gesammelte Schriften, hrsg. von Rolf Tiedemann und Hermann Schweppenhäuser, Bd. I.I, Frankfurt a. M. 1974, S. 7-122.

Bischoff, Bodo: *"Entzückung" und "Bizarres". Zur Beethoven-Rezeption des jungen Schumann 1828/29*, in: Schumann-Studien 3/4, im Auftrag der Robert-Schumann-Gesellschaft Zwickau hrsg. von Gerd Nauhaus, Köln 1994, S. 241-250.

Bischoff, Bodo: *Monument für Beethoven. Die Entwicklung der Beethoven-Rezeption Robert Schumanns*, Köln-Rheinkassel 1994.

Blumröder, Christoph von : *"Streben nach musikalischen Verhältnissen...". Novalis und die romantische Musikauffassung*, in: Die Musikforschung 33 (1980), S. 312-318.

Bockemühl, Michael: *Die Wirklichkeit des Bildes. Bildrezeption als Bildproduktion. Rothko, Newman, Rembrandt, Raphael*, Stuttgart 1985.

Böhn, Andreas: *Vollendete Mimesis. Wirklichkeitsdarstellung und Selbstbezüglichkeit in Theorie und literarischer Praxis*, Berlin 1992.

Boetticher, Wolfgang: *Zur Zitatpraxis in Robert Schumanns frühen Klavierwerken*, in: Festschrift für H. Husmann (Speculum Musicae Artis), hrsg. von H. Becker und R. Gerlach, München 1970, S. 63-73.

Boetticher, Wolfgang: *Robert Schumanns Klavierwerke. Neue biographische und textkritische Untersuchungen*, Teil 1: Opus 1-6, Wilhelmshaven 1976, Teil 2: Opus 7-13, Wilhelmshaven 1984. (Quellenkataloge zur Musikgeschichte, hrsg. von Richard Schaal, Bde. 9 und 10 A)

Boetticher, Wolfgang: *Robert Schumann. Einführung in Persönlichkeit und Werk*, Berlin 1941.

Bormann, Alexander v.: *Der Töne Licht. Zum frühromantischen Programm der Wortmusik*, in: Behler, Ernst / Hörisch, Jochen (Hrsg.): Die Aktualität der Frühromantik, Paderborn 1987, S. 191-207.

Bracht, Hans-Joachim: *Schumanns "Papillons" und die Ästhetik der Frühromantik*, in: Archiv für Musikwissenschaft 50 (1993), S. 71-85.

Brandstetter, Gabriele und Norbert: *Phantastik in der Musik*, in: Phantastik in Literatur und Kunst, hrsg. von Christian W. Thomsen und Jens Malte Fischer, Darmstadt 1980, S. 514-530.

Brendel, Franz : *Robert Schumann mit Rücksicht auf Mendelssohn-Bartholdy und die Entwicklung der modernen Tonkunst überhaupt*, in: NZfM Bd. 22 (1845). Nr. 15 (19. 1. 1845), Nr. 19 (5. 3. 1845), Nr. 21 (12. 3. 1845).

Briefe und Dokumente im Schumannhaus Bonn-Endenich, im Auftrag des Vereins Schumannhaus Bonn hrsg. von Thomas Synforzik, Bonn 1993.

Brinkmann, Reinhold: *Lied als individuelle Struktur. Ausgewählte Kommentare zu Schumanns "Zwielicht"*, in: Analysen. Beiträge zu einer Problemgeschichte des Komponierens. Festschrift für Hans Heinrich Eggebrecht zum 65. Geburtstag, Stuttgart 1984, S. 257-275.

Brion, Marcel: *Robert Schumann und die Welt der Romantik*, Zürich 1955.

Brüderlin, Markus: *Die Einheit in der Differenz. Die Bedeutung des Ornaments für die abstrakte Kunst des 20. Jahrhunderts. Von Philipp Otto Runge bis Frank Stella*, Phil. Diss. (microf.), Bergische Universität -GH Wuppertal 1994.

Busch, Werner: *Die notwendige Arabeske. Wirklichkeitsaneignung und Stilisierung in der deutschen Kunst des 19. Jahrhunderts*, Berlin 1985.

Cadenbach, Rainer: *Der implizite Hörer? Zum Begriff einer "Rezeptionsästhetik" als musikwissenschaftliche Disziplin*, in: Danuser, Hermann / Krummacher, Friedhelm (Hrsg.): Rezeptionsästhetik und Rezeptionsgeschichte in der Musikwissenschaft, Laaber 1991, S. 133-164. (Publikationen der Hochschule für Musik und Theater Hannover; Bd. 3)

Carus, Carl Gustav: *Ueber die Sixtinische Madonna des Raphael*, in: Jahrbücher der Schiller-Stiftung, Bd. 1, Dresden 1857, S. 1-22.

Chailley, Jacques: *Zum Symbolismus bei Robert Schumann mit besonderer Berücksichtigung der Papillons op. 2*, in: Robert Schumann. Ein romantisches Erbe in neuer Forschung, hrsg. von der Robert-Schumann-Gesellschaft Düsseldorf, Mainz 1984, S. 57-66.

Csipák, Károly / Kapp, Reinhard: *Träumerei*, in: Musica 35 (1981), Heft 5, S. 438-443.

Dällenbach, Lucien / Nibbrig, Christian L. Hart: *Fragmentarisches Vorwort*, in: Dällenbach, Lucien (Hrsg.): Fragment und Totalität, Frankfurt 1984, S. 7-17.

Dahlhaus, Carl: *Die Idee der absoluten Musik*, 2. Auflage, Kassel 1987.

Dahlhaus, Carl: *Musica poetica und musikalische Poesie*, in: Archiv für Musikwissenschaft 23 (1966), S. 110-124.

Dahlhaus, Carl: *Analyse und Werturteil*, Mainz 1970.

Dahlhaus, Carl: *Klassische und romantische Musikästhetik*, Laaber 1988.

Dahlhaus, Carl: *Klassizität, Romantik, Modernität. Zur Philosophie der Musikgeschichte im 19. Jahrhundert*, in: Die Ausbreitung des Historismus über die Musik. Aufsätze und Diskussionen, hrsg. von Walter Wiora, Regensburg 1969, S. 261-276.

Danuser, Hermann / Krummacher, Friedhelm (Hrsg.): *Rezeptionsästhetik und Rezeptionsgeschichte in der Musikwissenschaft*, Laaber 1991. (Publikationen der Hochschule für Musik und Theater Hannover; Bd. 3)

Dietel, Gerhard: *"Eine neue poetische Zeit". Musikanschauung und stilistische Tendenzen im Klavierwerk Schumanns*, Kassel 1989.

Dinslage, Patrick: *Traum, Phantasmagorie und Ironie in den Heine-Liedern Robert Schumanns, dargestellt an "Mein Wagen rollet langsam" op. 142/4*, in: Schumann und seine Dichter. Bericht über das 4. Internationale Schumann-Symposion am 13. und 14. Juni 1991 im Rahmen des 4. Schumann-Festes Düsseldorf, hrsg. von Matthias Wendt, Mainz 1991, S. 33-42. (Schumann-Forschungen; Bd. 4)

Draheim, Joachim: *Schumann und Shakespeare*, in: NZfM 142 (1981), S. 237-243.

Edler, Arnfried: *Robert Schumann und seine Zeit*, Laaber 1982.

Edler, Arnfried: *Landschaft und Mythos im* Manfred *von Byron und Schumann*, in: Festschrift für Klaus Hortschansky zum 60. Geburtstag, hrsg. von Axel Beer und Laurenz Lütteken, Tutzing 1995, S. 401-412.

Eger, Manfred: *Die Träumerei und andere Mißverständnisse. Jean Paul als Schlüssel zur Deutung und Wiedergabe der frühen Klavierwerke Robert Schumanns*, in: NZfM 142 (1981), S. 13-17.

Eggebrecht , Harald: *"Töne sind höhere Worte". Robert Schumanns poetische Klaviermusik*, in: Musik-Konzepte. Sonderband: Robert Schumann I, hrsg. von Heinz-Klaus Metzger und Rainer Riehn, München 1981, S. 105-115.

Eilert, Heide: *Das Kunstzitat in der erzählenden Dichtung. Studien zur Literatur um 1900*, Stuttgart 1991.

Fiske, Roger: *A Schumann Mystery*, in: Musical Times (1964), S. 574-578.

Floros, Constantin: *Schumanns musikalische Poetik*, in: Robert Schumann. Musik-Konzepte, Sonderband I, hrsg. von Heinz-Klaus Metzger und Rainer Riehn, München 1981, S. 90-104.

Forchert, Arno: *Studien zum Musikverständnis im frühen 19. Jahrhundert. Voraussetzungen und Aspekte der zeitgenössischen Deutung instrumentaler Musikwerke*, Habil. mschr., Berlin (FU) 1966.

Frank, Manfred: *Das "fragmentarische Universum" der Romantik*, in: Dällenbach, Lucien (Hrsg.): Fragment und Totalität, Frankfurt 1984, S. 212-224.

Frank, Manfred: *Einführung in die frühromantische Ästhetik*, Frankfurt a. M. 1989.

Frank, Manfred: *"Intellektuale Anschauung". Drei Stellungnahmen zu einem Deutungsversuch von Selbstbewußtsein. Kant, Fichte, Hölderlin/Novalis*, in: Behler, Ernst / Hörisch, Jochen (Hrsg.): Die Aktualität der Frühromantik, Paderborn 1987, S. 96-126.

Fricker, Hans Peter: *Die musikkritischen Schriften Robert Schumanns. Versuch einers literaturwissenschaftlichen Zugangs*, Bern 1983.

Geck, Martin: *Von Beethoven bis Mahler. Die Musik des deutschen Idealismus*, Stuttgart und Weimar 1993.

Geck, Martin: Johann Sebastian Bach. Johannespassion BWV 245, München 1991. (Meisterwerke der Musik. Werkmonographien zur Musikgeschichte; Bd. 55)

Geck, Martin: *Humor und Melancholie als kategoriale Bestimmungen der "absoluten" Musik*, in: Studien zur Musikgeschichte. Eine Festschrift für Ludwig Finscher, hrsg. von Annagrit Laubenthal unter Mitarbeit von Kara Kusan-Windweh, Kassel 1995, S. 309-316.

Gertler, Wolfgang: *Robert Schumann in seinen frühen Klavierwerken*, Wolfenbüttel und Berlin 1931.

Gieseler, Walter: *Schumanns frühe Klavierwerke im Spiegel der literarischen Romantik*, in: Robert Schumann. Universalgeist der Romantik. Beiträge zu seiner Persönlichkeit und seinem Werk, hrsg. von Julius Alf und Joseph A. Kruse, Düsseldorf 1981, S. 62-87.

Goethe, Johann Wolfgang: *Von Arabesken*, in: Sämtliche Werke nach Epochen seines Schaffens, hrsg. von Karl Richter, Münchner Ausgabe, Band 3.2. Italien und Weimar 1786-1790, hrsg. von J. Becker u.a., München 1990, S. 191-195.

Gruber, Gernot: *Robert Schumann: Fantasie op. 17, 1. Satz. Versuch einer Interpretation*, in: Musicologica Austriaca 4, Föhrenau 1984, S. 101-130.

Hering, Hans: *Das Variative in Schumanns frühem Klavierwerk*, in: Melos / NZ 5 / 1975, S. 347-354.

Hirsbrunner, Theo: *Geschlossene und offene Formen in der Musik*, in: Dällenbach, Lucien (Hrsg.): Fragment und Totalität, Frankfurt 1984, S. 106-114.

Höckner, Berthold: *Schumann and Romantic Distance*, in: Journal of the American Musicological Society. 50 (1997) Nr. 1, S. 55-132.

Höckner, Berthold: *Spricht der Dichter oder der Tondichter? Die multiple persona und Robert Schumanns Liederkreis op. 24*, in: Schumann und seine Dichter. Bericht über das 4. Internationale Schumann-Symposion am 13. und 14. Juni 1991 im Rahmen des 4. Schumann-Festes Düsseldorf, hrsg. von Matthias Wendt, Mainz 1991, S. 18-32. (Schumann-Forschungen; Bd.4)

Hoffmann, E.T.A.: *Schriften zur Musik*, hrsg. v. Friedrich Schnapp, München 1963.

Hofmann, Kurt: *Die Erstdrucke der Werke von Robert Schumann. Bibliographie. Mit Wiedergabe von 234 Titelblättern*, Tutzing 1979.

Holdener, Ephrem: *Jean Paul und die Frühromantik: Potenzierung und Parodie in den "Flegeljahren"*, Zürich und Paris 1993.

Houben, Eva-Maria: *Widerspruch und Widerstand. Studien zu einer Kategorie musikästhetischen Denkens*, Phil. Diss., Duisburg 1986.

Hotaki, Leander: *"Eine unendlich verwobene Fläche". Zur Dichtung Robert Schumanns*, in: Robert Schumann. Philologische, analytische, sozial- und rezeptionsgeschichtliche Aspekte, hrsg. von Wolf Frobenius, Ingeborg Maaß, Markus Waldura und Tobias Widmaier, Saarbrücken 1998, S. 255-267. (1998 a)

Hotaki, Leander: *Robert Schumanns Mottosammlung. Übertragung, Kommentar, Einführung*, Freiburg i. Br. 1998. (1998 b)

Hoy-Draheim, Susanne: *Robert Schumanns Opernpläne nach Dramen von William Shakespeare,* in: Appel, Bernhard / Hermstrüwer, Inge (Bearb.): Robert Schumann und die Dichter. Ein Musiker als Leser. Katalog zur Ausstellung des Heinrich-Heine-Instituts in Verbindung mit dem Robert-Schumann-Haus in Zwickau und der Robert-Schumann-Forschungsstelle e.V. in Düsseldorf, Düsseldorf 1991, S. 100-105.

Hubert, Ulrich: *Karl Philipp Moritz und die Anfänge der Romantik*, Frankfurt a. M. 1971.

Ingarden, Roman: *Konkretisation und Rekonstruktion*, in: Warning, Rainer (Hrsg.): Rezeptionsästhetik. Theorie und Praxis, 2. Auflage, München 1979, S. 42-70.

Iser, Wolfgang: *Der Akt des Lesens. Theorie ästhetischer Wirkung*, 2. Auflage, München 1984.

Jauß, Hans Robert: *Literaturgeschichte als Provokation*, Frankfurt a. M. 1970.

Jauß, Hans Robert: *Kleine Apologie der ästhetischen Erfahrung. Mit kunstgeschichtlichen Bemerkungen von Max Imdahl*, Konstanz 1972. (Konstanzer Universitätsreden)

Jauß, Hans Robert: *Ästhetische Erfahrung und literarische Hermeneutik*, Frankfurt a. M. 1982.

Jauß, Hans Robert: *Die Theorie der Rezeption - Rückschau auf ihre unerkannte Vorgeschichte.*, Konstanz 1987. (Konstanzer Universitätsreden)

Jauß, Hans Robert: *Studien zum Epochenwandel der ästhetischen Moderne*, Frankfurt a. M. 1990.

Katzenberger, Günter: *Robert Schumann. Klassiker des lyrischen Klavierstücks?*, in: Danuser, Hermann (Hrsg.): Gattungen der Musik und ihre Klassiker, Laaber 1988, S. 251-270.

Kemp, Wolfgang: *Der Anteil des Betrachters. Rezeptionsästhetische Studien zur Malerei des 19. Jahrhunderts*, München 1983.

Kemp, Wolfgang: *Der Betrachter im Bild. Kunstwissenschaft und Rezeptionsästhetik*, Köln 1985.

Knayer, C.: *R. Schumann als Meister der rhythmischen Verschiebungen. Eine Anregung für das Studium seiner Werke*, in: Musikpädagogische Blätter 37 (1914), Nr. 9 (S. 177-179), Nr. 10 (201-203) und Nr. 11 (231-233).

Knechtges-Obrecht, Irmgard: "*...auf daß das Aeußere einigermaßen dem inneren Charakter entspreche.*" *Robert Schumann und die Ausstattung seiner Notendrucke*, in: Schumann und die Düsseldorfer Malerschule. Ausstellung vom 1.-19. 6. 1988 im David-Hansemann-Haus im Rahmen des 3. Schumann-Festes, hrsg. von der Robert-Schumann-Gesellschaft, Düsseldorf 1988 S. 41-69.

Köhler, Hans Joachim: *Die Stichvorlage zum Erstdruck von Opus 21. Assoziationen zu Schumanns Noveletten*, in: Schumann-Studien 3/4, im Auftrag der Robert-Schumann-Gesellschaft Zwickau hrsg. von Gerd Nauhaus, Köln 1994, S. 75-94. (1994 a)

Köhler, Hans Joachim: *Schumann, der Autodidakt. Zum genetischen Zusammenhang von variativem Prinzip und poetischer Idee*, in: Schumann-Studien 3/4, im Auftrag der Robert-Schumann-Gesellschaft Zwickau hrsg. von Gerd Nauhaus, Köln 1994, S. 188-198. (1994 b)

Kötz, Hans: *Der Einfluß Jean Pauls auf Robert Schumann*, Weimar 1933.

Kossmaly, Carl: *Ueber Robert Schumann's Claviercompositionen*, in: Allgemeine musikalische Zeitung 47 (1844), Sp. 1-5, S. 17-21 und S. 33-37.

Krahe, Kristin R. M.: *Robert Schumanns Schulaufsatz: Warum erbittert uns Tadel in Sachen des Geschmackes mehr, als in anderen Dingen?*, in: Appel, Bernhard / Hermstrüwer, Inge (Bearb.): Robert Schumann und die Dichter. Ein Musiker als Leser. Katalog zur Ausstellung des Heinrich-Heine-Instituts in Verbindung mit dem Robert-Schumann-Haus in Zwickau und der Robert-Schumann-Forschungsstelle e.V. in Düsseldorf, Düsseldorf 1991, S. 33-39.

Kropfinger, Klaus: *Rezeptionsforschung*, in: Die Musik in Geschichte und Gegenwart. Allgemeine Enzyklopädie der Musik, begründet von Friedrich Blume, zweite, neubearbeitete Ausgabe, hrsg. von Ludwig Finscher, 21 Bände in zwei Teilen, Sachteil, Bd. 8, Kassel und Stuttgart 1998, Sp. 200-224.

Kross, Siegfried (Hrsg.): *Briefe und Notizen Robert und Clara Schumanns*, hrsg. und erläutert von Siegfried Kross, 2. wesentlich erweiterte Auflage, Bonn 1982.

Kruse, Joseph A.: *Robert Schumann als Dichter*, in: Alf, Julius / Kruse, J. A. (Hrsg.): Robert Schumann. Universalgeist der Romantik. Beiträge zu seiner Persönlichkeit und seinem Werk, Düsseldorf 1981, S. 40-61.

Kruse, Joseph A.: *Robert Schumanns Lektüre. Zeitgenössischer Kanon, individuelle Schwerpunkte, kompositionsspezifische Auswahl und seine Urteile als Leser*, in: Appel, Bernhard / Hermstrüwer, Inge (Bearb.): Robert Schumann und die Dichter. Ein Musiker als Leser. Katalog zur Ausstellung des Heinrich-Heine-Instituts in Verbindung mit dem Robert-Schumann-Haus in Zwickau und der Robert-Schumann-Forschungsstelle e.V. in Düsseldorf, Düsseldorf 1991, S. 123-134.

Kühn, Clemens: *Formenlehre der Musik*, Kassel 1987.

Lach, Robert: *Das Konstruktionsprinzip der Wiederholung in Musik, Sprache und Literatur*, Wien 1925. (Sitzungsberichte. Akademie der Wissenschaften in Wien, Philosophisch-Historische Klasse 201; Bd. 3)

Lichtenhahn, Ernst: *Die Bedeutung des Dichterischen im Werk Robert Schumanns*, Phil. Diss., Basel 1974.

Lingner, Michael: *Die Musikalisierung der Malerei bei P. O. Runge. Zur Vorgeschichte der Vergeistigung von Kunst*, in: Der Hang zum Gesamtkunstwerk. Europäische Utopien seit 1800. Ausstellungskatalog Kunsthaus Zürich 1983, Aarau 1983, S. 150-154.

Lingner, Michael: *Zwischen Ausdrucksbewegung und Begriffsbildung. Zur Vorgeschichte und Bedeutung von Adolf Hölzels Ornamentik als Übergangsphänomen der modernen Kunstgeschichte,* in: Ornament und Geschichte. Studien zum Strukturwandel des Ornaments in der Moderne, hrsg. v. Ursula Franke und Heinz Paetzold, Bonn 1996, S. 191-203.

Linke, Norbert / Kneip, Gustav: *Robert Schumann. Zur Aktualität romantischer Musik*, Wiesbaden 1978.

Litschauer, Walburga: *Vorwort,* in: Werke für Klavier zu zwei Händen, vorgelegt von Walburga Litschauer, Bd. 6, Tänze I, in: Franz Schubert. Neue Ausgabe sämtlicher Werke, hrsg. von der Internationalen Schubert-Gesellschaft, Kassel u.a. 1989, S. IX-XVIII.

Litschauer, Walburga: *Vorwort,* in: Werke für Klavier zu zwei Händen, vorgelegt von Walburga Litschauer, Bd. 7, Teil a, Tänze II, in: Franz Schubert. Neue Ausgabe sämtlicher Werke, hrsg. von der Internationalen Schubert-Gesellschaft, Kassel u.a. 1990, S. IX-XIV.

Lubkoll, Christine: *Mythos Musik. Poetische Entwürfe des Musikalischen in der Literatur um 1800*, Freiburg i. Br. 1995.

Mauser, Siegfried: *Rezeptionsästhetik als Paradigma postmoderner Theoriebildung*, in: Wiederaneignung und Neubestimmung. Der Fall "Postmoderne" in der Musik, hrsg. von Otto Kolleritsch, Wien und Graz 1993, S. 14-21.

Mayeda, Akio: *Robert Schumanns Weg zur Symphonie*, Mainz 1992.

Meier, Barbara: *Opern ohne Text*, in: Festschrift für Klaus Hortschansky zum 60. Geburtstag, hrsg. von Axel Beer und Laurenz Lütteken, Tutzing 1995, S. 414-423.

Meissner, Bernhard: *Geschichtsrezeption als Schaffenskorrelat. Studien zum Musikgeschichtsbild Robert Schumanns*, Bern 1985.

Menninghaus, Winfried: *Unendliche Verdopplung. Die frühromantische Grundlegung der Kunsttheorie im Begriff absoluter Selbstreflexion*, Frankfurt a. M. 1987.

Meyer, Hermann: *Jean Pauls "Flegeljahre"*, in: Jean Paul, hrsg. von Uwe Schweikert, Darmstadt 1974, S. 208-265.

Mies, P.: *Der zyklische Charakter der Klaviertänze bei Franz Schubert*, in: Bericht über den Internationalen musikwissenschaftlichen Kongreß Wien Mozartjahr 1956, hrsg. von E. Schenk, Wien 1958, S. 403-416.

de la Motte, Diether: *Harmonielehre*, Kassel 1976.

de la Motte-Haber, Helga: *Der einkomponierte Hörer*, in: dies. / Kopiez, Reinhard (Hrsg.): Der Hörer als Interpret, Frankfurt a. M. 1995, S. 35-42.

de la Motte-Haber, Helga / Kopiez, Reinhard (Hrsg.): *Der Hörer als Interpret*, Frankfurt a. M. 1995.

Münch, Stephan: *"Fantasiestücke in Kreislers Manier". Robert Schumanns Kreisleriana op. 16 und die Musikanschauung E.T.A. Hoffmanns*, in: Die Musikforschung 45 (1992), S. 255-275.

Nauhaus, Gerd: *Schumanns Lektürebüchlein*, in: Appel, Bernhard / Hermstrüwer, Inge (Bearb.): Robert Schumann und die Dichter. Ein Musiker als Leser. Katalog zur Ausstellung des Heinrich-Heine-Instituts in Verbindung mit dem Robert-Schumann-Haus in Zwickau und der Robert-Schumann-Forschungsstelle e.V. in Düsseldorf, Düsseldorf 1991, S. 50-87.

Naumann, Barbara: *"Musikalisches Ideen-Instrument". Das Musikalische in Poetik und Sprachtheorie der Frühromantik*, Stuttgart 1990.

Naumann, Barbara (Hrsg.): *Die Sehnsucht der Sprache nach der Musik. Texte zur musikalischen Poetik um 1800*, Stuttgart 1994.

Novalis: *Schriften. Die Werke Friedrich von Hardenbergs*, hrsg. v. P. Kluckhohn und R. Samuel, Stuttgart 1960-1975.

Otto, Frauke: *Robert Schumann als Jean Paul-Leser*, Frankfurt a.M. 1984.

Jean Paul: *Sämtliche Werke*, hrsg. von Norbert Miller, München 1959 ff.

Pikulik, Lothar: *Romantik als Ungenügen an der Normalität*, Frankfurt a. M. 1979.

Pikulik, Lothar: *Frühromantik. Epoche, Wesen, Wirkung*, München 1992.

Polheim, Karl Konrad.: *Die Arabeske. Ansichten und Ideen aus Friedrich Schlegels Poetik*, Wien/München/Paderborn 1966.

Puchelt, Gerhard: *Robert Schumann und die Variation für Klavier*, in: NZfM 127 (1966), S. 683-689.

Rasch, Wolfdietrich: *Die Erzählweise Jean Pauls. Metaphernspiele und dissonante Strukturen*, München 1961.

Réti, Rudolph: *Schumanns "Kinderszenen": quasi Thema mit Variationen*, in: Robert Schumann. Musik-Konzepte, Sonderband II, hrsg. von Heinz-Klaus Metzger und Rainer Riehn, München 1982, S. 275-298.

Robert Schumann und die Dichter. Ein Musiker als Leser. Katalog zur Ausstellung des Heinrich-Heine-Instituts in Verbindung mit dem Robert-Schumann-Haus in Zwickau und der Robert-Schumann-Forschungsstelle e.V. in Düsseldorf, bearbeitet von Bernhard R. Appel und Inge Hermstrüwer, hrsg. von Joseph A. Kruse, Düsseldorf 1991.

Rösing, Helmut (Hrsg.): *Rezeptionsforschung in der Musikwissenschaft*, Darmstadt 1983.

Rotermund, Erwin: *Musikalische und dichterische "Arabeske" bei E.T.A. Hoffmann*, in: Scher, Paul Steven (Hrsg.): Literatur und Musik. Ein Handbuch zur Theorie und Praxis eines komparatistischen Grenzgebietes, Berlin 1984.

Sams, Eric: *Hat Schumann in seinen Werken Chiffren benutzt?*, in: NZfM 127 (1966), S. 218-224.

Sams, Eric: *Schumanns Chiffren*, in: Musica 21 (1967), S. 178-179.

Sams, Eric: *Schumann and the tonal analogue*, in: Walker, Alan (Hrsg.): Schumann. The man and his music, London 1972, S. 390-405.

Schlegel, Friedrich: *Kritische Friedrich-Schlegel-Ausgabe*, hrsg. v. Ernst Behler, München 1967.

Schleuning, Peter: *"Ein einziger Liebesschrei" – "an die ferne Geliebte". Der erste Satz von Schumanns Klavierfantasie op. 1*, in: Musik, Deutung, Bedeutung. Festschrift für Harry Goldschmidt zum 75. Geburtstag, hrsg. von H.-W. Heister und H. Lück, Dortmund 1986, S. 80-85.

Schmid, Manfred Hermann: *Musik als Abbild. Studien zum Werk von Weber, Schumann und Wagner*, Tutzing 1981.

Schnebel, Dieter: *Rückungen – Verrückungen. Psychoanalytische Betrachtungen zu Schumanns Leben und Werk*, in: Musik-Konzepte. Sonderband I, hrsg. von Heinz-Klaus Metzger und Rainer Riehn, München 1981, S. 4-89.

Schneider, Gerd K. : *Ton- und Schriftsprache in Schnitzlers Fräulein Else und Schumanns Carnaval*, in: Modern Austrian Literature. Journal of the Int. Arthur Schnitzler Research Association. Binghamton, New York, Heft 2, 1969, S. 17-20.

Schnitzler, Arthur: *Fräulein Else*, in: Meistererzählungen, Frankfurt a. M. 1950, S. 473-526.

Schumann, Robert : *Gesammelte Schriften über Musik und Musiker*, 4 Bände, Reprint der Ausgabe Leipzig 1854, Wiesbaden 1985.

Schumann, Robert : *Gesammelte Schriften über Musik und Musiker*, hrsg. von Martin Kreisig, 5. Auflage, mit den durchgesehenen Nachträgen und Erläuterungen zur 4. Auflage und weiteren, 2 Bde., Leipzig 1914.

Schumann, Robert: *Tagebücher*, 3 Bände,

Bd. I: 1827-1838, hrsg. von Georg Eismann, Leipzig 1971, Basel und Frankfurt a. M. o. J.,

Bd. II: 1836-1854, hrsg. von Gerd Nauhaus, Leipzig 1987, Basel und Frankfurt a. M. o. J.,

Bd. III: Haushaltsbücher, 2 Teile,

Teil I: 1837-1847, hrsg. von Gerd Nauhaus, Leipzig 1982, Basel und Frankfurt a. M. o. J.,

Teil II: 1847-1856, hrsg. von Gerd Nauhaus, Leipzig 1982, Basel und Frankfurt a. M. o. J.

Schumann, Robert: *Jugendbriefe von Robert Schumann*, nach den Originalen mitgetheilt von Clara Schumann, Leipzig 1885.

Schumann, Robert: *Robert Schumann's Briefe. Neue Folge*, hrsg. von Gustav Jansen, 2. vermehrte und verbesserte Auflage, Leipzig 1904.

Schumann, Clara und Schumann, Robert: *Briefwechsel.* Kritische Gesamtausgabe, hrsg.von Eva Weisweiler, 3 Bände,

Bd. I: 1832-1838, Basel und Frankfurt a. M. 1984,

Bd. II: 1839, Basel und Frankfurt a.M. 1987.

Schumann und die Düsseldorfer Malerschule. Ausstellung vom 1.-19. 6. 1988 im David-Hansemann-Haus Düsseldorf, im Rahmen des 3. Schumann-Festes, hrsg. von der Robert-Schumann-Gesellschaft, Düsseldorf 1988.

Schwarz-Stambke, Brigitte: *"Etwas fortzubewegen, darf man nicht daraufstehen". Aspekte der musikalischen Zeit in den Davidsbündlertänzen op. 6*, in: Schumann-Studien 5, im Auftrag der Robert-Schumann-Gesellschaft Zwickau hrsg. von Gerd Nauhaus, Köln 1996, S. 25-33.

Simonett, Hans Peter: *Taktgruppengliederung und Form in Schumanns* Carnaval, Phil. Diss., Berlin 1978.

Sponheuer, Bernd: *Zur ästhetischen Dichotomie als Denkform in der ersten Hälfte des 19. Jahrhunderts. Eine historische Skizze am Beispiel Schumanns, Brendels und Hanslicks*, in: Archiv für Musikwissenschaft 37 (1980), S. 1-31.

di Stefano, Giovanni: *Der ferne Klang. Musik als poetisches Ideal in der deutschen Romantik*, in: Gier, Albert und Gruber, Gerold. W. (Hrsg.): Musik und Literatur. Komparatistische Studien zur Strukturverwandtschaft, Frankfurt a. M. 1995, S. 121-143.

Struck, Michael: *Die umstrittenen späten Instrumentalwerke Schumanns*, Hamburg 1984. (Hamburger Schriften zur Musikwissenschaft; Bd. 29)

Struck, Michael: *Literarischer Eindruck, poetischer Ausdruck und Struktur in Robert Schumanns Instrumentalmusik*, in: Appel, Bernhard / Hermstrüwer, Inge (Bearb.): Robert Schumann und die Dichter. Ein Musiker als Leser. Katalog zur Ausstellung des Heinrich-Heine-Instituts in Verbindung mit dem Robert-Schumann-Haus in Zwickau und der Robert-Schumann-Forschungsstelle e.V. in Düsseldorf, Düsseldorf 1991, S. 111-122.

Stumpf, Heike: "...*wollet mir jetzt durch die phantastisch verschlungenen Kreuzgänge folgen!*". *Metaphorisches Sprechen in der Musikkritik der ersten Hälfte des 19. Jahrhunderts*, Frankfurt a. M. 1996.

Tadday, Ulrich: *Das schöne Unendliche. Ästhetik, Kritik, Geschichte der romantischen Musikanschauung*, Stuttgart und Weimar 1999.

Tieck, Ludwig: *Franz Sternbald's Wanderungen. Eine altdeutsche Geschichte*. 1798, in: Ludwig Tieck's Schriften, 28 Bände, Berlin 1828-54, Bd. XVI, unveränderter photomechanischer Nachdruck, Berlin 1966.

Tieck, Ludwig : *Phantasus*, in: Schriften in zwölf Bänden, hrsg. von Hans Peter Balmes, Bd. VI, hrsg. von Manfred Frank u.a, Frankfurt a.M. 1985.

Tieck, Ludwig: *Über Shakespeare`s Behandlung des Wunderbaren*, in: Schriften in zwölf Bänden, hrsg. von Hans Peter Balmes, Bd. I: 1789-1794, hrsg. v. Achim Hölter, Frankfurt a.M. 1991, S. 685-722.

Traeger, Jörg : *Philipp Otto Runge und sein Werk. Monographie und kritischer Katalog*, München 1975.

Uerlings, Herbert : *Friedrich von Hardenberg, genannt Novalis. Werk und Forschung*, Stuttgart 1991.

Warning, Rainer (Hrsg.): *Rezeptionsästhetik. Theorie und Praxis*, 2. Auflage, München 1979.

Wölfel, Kurt: *Johann Paul Friedrich Richter. Leben, Werk, Wirkung*, in: Jean Paul–Studien, hrsg. von Bernhard Buschendorf, Frankfurt a. M. 1989.

Wölfel, Kurt (Hrsg.): *Sammlung der zeitgenössischen Rezensionen zu Jean Pauls Werken*, 4 Bde.,

Bd. II: Jahrbuch der Jean-Paul-Gesellschaft 16, München 1981,

Bd. III: Jahrbuch der Jean-Paul-Gesellschaft 18, München 1983.

Zymner, Rüdiger: *Manierismus. Zur poetischen Artistik bei Johann Fischart, Jean Paul und Arno Schmidt*, Paderborn 1995.

GPSR Compliance

The European Union's (EU) General Product Safety Regulation (GPSR) is a set of rules that requires consumer products to be safe and our obligations to ensure this.

If you have any concerns about our products, you can contact us on ProductSafety@springernature.com

In case Publisher is established outside the EU, the EU authorized representative is:

Springer Nature Customer Service Center GmbH
Europaplatz 3
69115 Heidelberg, Germany

Batch number: 10578184

Printed by Printforce, the Netherlands